碧巖物語

山田無文著

大法輪閣版

霊雲庭前の無文老師（昭和36年秋）

はしがき

釣れるとも釣れぬともわからんのに、一日釣竿を出して土堤に坐っておる馬鹿がある、それをまた横で見物している阿房がある。とよく落語できくが、あれは釣れるとも釣れぬともわからぬから面白いのである。あれが今日は五匹とか八匹とか、あるいは今日は一匹も釣れないと定(きま)っておったら、いっこう面白くないであろう。七匹まで釣ったがもう一匹釣らなければ家へ帰れない、雨は降りそうだし日は暮れる、というようなことにでもなったら、何とも情けない話である。そんなくらいなら始めから金を出して魚屋で買う方がましということになる。いわんや今日は一匹も釣れんと定っておるのに、いくら物好きでも閑人でも一日竿を出して眺めておる阿房はあるまい。

債券でも競馬でも野球でもゴルフでもパチンコでもそうだと思う。当るかも知れんが当らんかも知れん、勝つかも知れんが負けるかも知れんところに妙味がある。

人生もまたしかりである。若死にだかも知れんが長生きだかも知れん、成功するかも知れんがせんかも知れん、良い女房があたるかも知れんがあたらんかも知れん、子供の出来がすばらしいかも知れんがそうでないかも知れん、運が向くかも知れんが向かんかも知れん、何もかも知れん知れんで、わからんところに妙味がある。すべてがわかってしまったら、もう勉強する者も努力する者もなくなってしまうであろう。

この頃、大法輪閣主人がわざわざ使を派して、老僧に碧巌録をおもしろおかしく書けと言うて来た。おもしろおかしく書くにはおもしろおかしき人間でなければ書けぬ筈だが、さては老僧をおもしろおかしき人物とあなどりおったなと見たはヒガ目か。そうかも知れんがそうでないかも知れん。

そこで思ったことであるが、「そーもそも碧巌録といっぱ」と、いわれ因縁故事来歴から説き出し、垂示（すいじ）じゃ評唱（ひょうしょう）じゃ頌（じゅ）じゃと並べたてて、一々字句の解釈に浮身をやつしておったのでは、いっこうおもしろおかしくはなかろうということである。

なにしろかけねのないところで一百則あるのだから、毎月一則ずつ片づけても全部で八年四カ月かかる。それが果して続くか知れんが続かんかも知れん。わしがそれまで生きておるかも知れんがおらんかも知れん。

そこで行きあたりばったり、なにが出るやらなにを言うやら、どこで始まるのやらどこで終るのやら、完結するのやらせんのやら、なにもかもさっぱりわけのわからんところが、そもそもおもしろおかしきところであろうと存じて筆を執ることにした。（昭和二十九年一月）

無文しるす

目次

挿画　小杉放庵

碧巌物語

達磨廓然無聖

達磨廓然無聖（第一則）

垂示に云く、山を隔てて煙を見て、早く是れ火なることを知り、牆を隔てて角を見て、便ち是れ牛なることを知る。挙一明三。目機銖両。是れ衲僧家尋常の茶飯なり。衆流を截断するに至って、東涌西没、逆順縦横、与奪自在なり。正当恁麼の時、且らく道え、是れ什麼人の行履の処ぞ。雪竇が葛藤を看取せよ。

挙す、梁の武帝、達磨大師に問う、如何なるか是れ聖諦第一義。磨云く、廓然無聖。帝云く、朕に対するものは誰そ。磨云く、不識。帝契わず。達磨遂に江を渡って魏に至る。帝後に挙して志公に問う。志公云く、陛下還って此の人を識るや否や。帝云く、不識。志公云く、此は是れ観音大士、仏心印を伝うと。帝悔いて、遂に使を遣わして去って請ぜんとす。志公云く、道うこと莫かれ、陛下使を発して去って取らしめんと。闔国の人去るとも、佗亦回らじ。

頌に云く

聖諦廓然、何ぞ当に的を弁ずべき。
朕に対する者は誰そ。還って云う不識と。
玆に因って暗に江を渡る。
豈に荊棘を生ずることを免れんや。
闔国の人追えども再来せず。
千古万古空しく相憶う。
相憶うことを休めよ。
清風匝地何の極まりか有らん。
師左右を顧視して云く、
這裏還って祖師有り麼。
自ら云く、有り。
喚び来れ、老僧が与に洗脚せしめん。

一

「垂示に云く、山を隔てて煙を見て、早く是れ火なることを知り、牆を隔てて角を見て、便ち是れ牛なることを知る」。

圜悟禅師が、あらかじめ碧巌百則の一々の公案について、大切な心構えを示されたものがこの垂示である。これが実に簡明直截に禅の精神を示しておられるので、雪竇の本則、頌にも劣らぬ立派な尊といお示しであると思う。

山の向うに煙が見えたら、すぐ火が燃えておるなとわかる。しかもそれが山火事の煙であるか、炭焼きの煙であるか、民家の炊煙であるかさえ、解ってしまう。垣根の向うに角が二本出たら、子供でも牛がいるなと解ろう。何でもないことだ。

「挙一明三。目機銖両。是れ衲僧家尋常の茶飯なり」。

「一隅を挙げて、三隅を以て反えそうせざれば、即ち再びせず」という言葉が論語にあったが、四角いものなら、その一隅を見せたら、あとの三隅は見せなくても分るはずだ。それさえわからぬような、気転の利かぬものには、もう二度と教えまいと言われたのである。

目機銖両は、銖も両も、物の目方であるが、一目ちらと見ただけで、その目方がなんぼあるかちゃんとわかるようでないと、商売人にはなれまい。山師なら立木を一目見ただけで何百石くらいの材木がとれるか見てしまわねばならぬし、宿屋の女中はちょっと足元を見ただけで、客の品定めをしてしまうというわけじゃ。まして麦のお粥を長年食うた禅宗坊主なら、そのくらいの作略は朝飯前じゃわい。

「衆流を截断するに至って、東涌西没、逆順縦横、与奪自在なり」。

衆流はもろもろの流れである。煩悩妄想の流れ、保守じゃ進歩じゃとさまざまな思想の流れ、時代の流れ、マスコミ、オートメの流れなどと考えて見れば、世界そのものが大きな流れではある。人間は尊厳だの自由だのと己惚れて見ても、畢竟何かの流れに流されていない者はなかろう。

そのようなあらゆる自然と人為の複雑な流れを、一刀両断にたち截って、かえって流れを利用してゆくだけの力があってこそ、はじめて人間は尊厳だと言われる。自由だと言われよう。

そうなれば殺そうが活かそうが、与えようが奪おうが、出没自在、何ものにも拘束されることはない。そういう真の自由人になってこそはじめて一人前の禅僧と言われようが、果してそのように越格な人物がかつてあったであろうかナ。

「正当恁麼の時、且らく道え、是れ什麼人の行履の処ぞ。雪竇が葛藤を看取せよ」。

葛藤というのは世間でよく入組んだもめごとを指すが、ここでは文字言句の意味である。蔦葛が木に絡んでようやく育つように、理論というもの、文字言句というものは、真理に絡んでのみありうるものである。しかもその蔦葛が木を枯渇させてしまうように、文字言句が過ぎると、遂に真理を枯らしてしまう恐れがある。故に禅門はこの葛藤を截断して、不立文字、教外別伝の第一義を提唱するのである。

さてここに雪竇が碧巌録の巻頭第一にPRしておる菩提達磨のごときは、かの季節風と黒潮の流れに乗じて西来し、金陵城中、武帝の権勢には流されず、遂に魏の国、嵩山へ入って面壁九年の風流を楽しんだところ、まさに東涌西没、逆順縦横、与奪自在の達人と言えようか。雪竇の下文を見さっしゃいと圜悟の実に懇切な垂示である。

二

「挙す、梁の武帝、達磨大師に問う」。

梁の武帝とは、中国が南北朝と分れた頃の、南朝の梁という国の皇帝である。

達磨はいわずと知れた、禅宗の祖師菩提達磨大師である。インドから中国へ来られるのに、海路三年の日子を費され、艱難辛苦を嘗めつくし、梁の武帝の普通元年九月二十一日に、無事広州の港へ着かれたという。西暦の五百二十年であるから、今から千四百四十二年前に当る。

広州の知事、蕭昂は、武帝の従弟であったが、早速そのことを伝達したので、仏法帰依の厚かった武帝は、直ちにこの遠来の名僧を国都金陵(今日の南京)に迎え、宮中に請じて対談されることになった。その時達磨は、百五十歳に近い高齢で、武帝は五十七歳という分別盛りであったようだ。

開口一番、武帝がまず尋ねた言葉は、「朕即位以来寺を造り経を写し僧を度すること、挙げて記すべからず、何の功徳かある」ということじゃったという。この人は仏心天子と綽名され、自ら俗服の上に袈裟を着けて、仏典の講釈をされたというほどの大家だから、まさかこんな馬鹿げたことを尋ねたとは思わぬが、達磨の答は有難い。「並びに功徳なし」、全く無功徳じゃと。

キリストは「右の手が施こすことを、左の手に知らすな」と教えたが、功徳だと思ってなされた功徳は、功徳にはなるまい。道徳のためになされた道徳は、道徳ではあるまい。人間の善行為に、秤と物差しは不用である。

さすがに武帝も、その非を覚ったか、更に方向を変えて、より高い精神的問題に向って質問の矢を放った。

「如何なるか是れ聖諦第一義」。

武帝はその頃すでに、婁約法師や、後に出て来る宝志和尚や、傅大士、そして皇太子の昭明等と、そういう第一義というような高い問題について、深い研究を重ねておったのである。仏教には真諦門と俗諦門の二面があって、真諦門は出世間道であり、俗諦門は世間道であるが、釈尊の本懐はまさに真俗不二の妙道でなければならぬ。真俗不二の妙道こそ聖諦第一義であるというのだが、その第一義がなかなか捉めぬのである。

武帝は、官服に袈裟を着て、群臣のために聖経を講じたという、天下稀に見るところのいわゆる仏心天子である。物と心は不二であり、生活と信仰は不二であり、政治と宗教は不二であり、出家と在家は不二である、自分こそ釈尊の本懐である、聖諦第一義の実践者であると思うが如何でござるという自負心があったのかも知れん。

「磨云く、廓然無聖」。

廓然とは、カラリとして秋晴の空のように一点の雲もない境地である。聖と言えばすでに凡に対する聖であって、第一義ではなくなる。達磨の心境は、カラリとして、その聖と名づけられるものさえもない。ここが第一義じゃというわけである。

まあ大変な境界の相違と申す外はない。奥座敷に坐っておるものと、門前をうろうろするものとの違いほどの隔りはある。武帝はとにかくお人好しの有難やで、なんでも有難いもの聖なるものを追求して止まぬのに、達磨は頭からその聖なるものを奪ってしまわれたのである。有難いものなど微塵もないと突っぱねられては、武帝もとまどいせざるを得なかったであろう。

「朕に対するものは誰そ」。貴方は、釈尊の大法を嫡伝されたインドの高僧だと聞いてお招きしたのですが、それでは貴方も有難くないのですか、如何です。聖なるものがないとするといったい貴方はどなたですか。武帝は遂にこう追求せざるを得なかったであろう。

「磨云く、不識」。

すると達磨はいともさりげなく「識らん」と答えた。子供に「坊やなんというお名前」と聞くと、たいがい「知らん」と答える。童心は自ら霊妙にして、祖意に通ずるものがあると見えるナ。本来相も名前もないものを、へたに識っておるなどと言ったらおかしいじゃあるまいか。聖に非ず、凡に非ず、賢に非ず、愚に非ず、男に非ず、女に非ず、僧に非ず、俗に非ず、凡に非ず、聖に非ず。是れ什麽ぞ。

達磨廓然無聖

「帝契わず。達磨遂に江を渡って魏に至る」。

武帝はどうも達磨と、反りが合わなかったようだ。一々話が喰い違ってしまって、さっぱり要領を得ない。達磨は淡々としてありのままを述べておられるのだが、境界の相違というものは仕方のないもので、武帝にはすべて不可解であった。

達磨もこんな男といつまで話してもらちは開かんと思われたか、遂に揚子江を渡って、北の方魏の国へ行ってしまわれた。よく「蘆葉達磨」というて、水上の蘆の葉の上に達磨が立っておられる絵があるが、あれは葦の葉のごとき小舟に乗って揚子江を渡られたことを意味するものであろう。

「帝後に挙して志公に問う。志公云く、陛下還って此の人を識るや否や。帝云く、不識」。

この志公という人は、武帝の帰依しておられた高僧の一人で、宝志禅師と申す。なんでも変った経歴の人で、赤子のころ鷹がどこからかくわえて来て木上で育てておったのを、人間に救われたということで、奈良の良弁上人のような話である。いろいろな奇蹟を行って民衆に信仰されておったらしいが、この志公に武帝が達磨の一件を詳しく話して意見を求めた。

すると志公が武帝に尋ねた。「陛下はあのインド僧を誰だと思っておられますか。ご存知ないのですか」。すると武帝が、正直に「不識―識らん」と答えた。同じ不識でも、達磨の不識とは、白雲万里の差であろう。

「志公云く、此は是れ観音大士、仏心印を伝うと。帝悔いて、遂に使を遣わして去って請ぜんとす。志公云く、道うこと莫れ、陛下使を発して去って取らしめんと、闔国の人去るとも佗、亦回らじ」。

すると志公が、「それはとんでもないことを仕出かしました。あのお方は観音さまですよ。生身の観音さまが、仏祖嫡伝の大法をわが国に伝えるためにわざわざインドからお越し下されたのですよ」と囃したてたものだから、何条以ってたまろう。武帝大あわてにあわて、「今からでも遅くはあるまい、もう一度わが国へお帰り願おう」と言い出した。そこで志公が「それはお止めなさい。国中の人が、束になって迎えに行っても、二度と後を向くようなお方ではありません」と引導を渡したので、当時の国際的一大ニュースもこれでようやく一段落着いた次第である。

三

そこで雪竇が歌っていう。

「聖諦廓然、何ぞ当に的を弁ずべき」。

聖諦廓然は、武帝の言われた聖諦第一義と、達磨の申された廓然無聖を組合わせて、こう歌い出されたのである。何ぞ当に的を弁ずべきは、的がはっきりわからんということで、さっぱり見当がつかんということであろう。聖諦第一義はカラリとしてその聖さえもないところだと聞かされても、闇夜の牝牛で、なにがなにやら皆目わからん。

「還って云う、不識と。

玆に因って暗に江を渡る。

豈荊棘を生ずることを免れんや。

闔国の人追えども再来せず」。

武帝がわからんのも無理はない、達磨自ら「識らん」と言われたのじゃから。そこで達磨はこっそり小舟を傭うて、揚子江を夜逃げしてしまった。しかしそうなっては後がただではすむまいて。武帝も遂に「使を発して去って請ぜしめん」などと、泣きベソをかいたじゃないか。しかし国中が束になって追っかけても後をふりむく達磨では勿論なかった。

「千古万古空しく相憶う。

相憶うことを休めよ。

清風匝地何の極まりか有らん」。

さすがに達磨の面影を慕うて、日夜忘れることの出来なかった武帝は、その訃を聞いた時、如何ばかりか歎き悲しんだことであろう。哀悼の極みを賦し

て歌った。その一節に、

　ああ、之に見ゆれども見えず、
　　之に会えども会わず。
　今も昔も、之を恨み之を恨む。

とある。もっともじゃもっともじゃ。いつまでたっても忘れられる達磨じゃあるまい。しかし今さらなんぼ慕うて見ても、千古万古空しく相憶うじゃ。相憶うことを休めよ、もうそうくよくよしなさんな。あっさり諦めなされ。

　しかしこの雪竇の眼から見るならば、達磨は決して亡くなってはおられんぞ。尽乾坤、その清風はいまなお吹き匝(めぐ)っておるじゃないか。相慕う愚を休めて、一日も早く心眼を開きなされ。一木一草とて達磨でないものはござらぬぞ。

　「師左右を顧視して云く、
　這裏還って祖師有り麼(や)。
　自ら云く、有り。
　喚び来れ、老僧が与(ため)に洗脚(せんきゃく)せしめん」。

　そこで雪竇、講座の上から左右を顧み、大衆を視廻わして言われる。「どうじゃ、この中にも達磨の一人や二人はおろうがナ。おるわおるわ。さあここへ出さっしゃい。雪竇きょうは肩がこるよって、按摩でもさしてやるわい」。

（三十六年十月）

智門蓮華荷葉

智門蓮華荷葉（第二十一則）

垂示に云く、法幢を建て宗旨を立す、錦上に花を鋪く。籠頭を脱し角駄を卸す。太平の時節。或は若し格外の句を弁得せば、挙一明三。其れ或は未だ然らずんば、旧に依って処分を聴け。

挙す、僧、智門に問う、蓮華未だ水を出でざる時如何。智門云く、蓮華。僧云く、水を出でて後如何。門云く、荷葉。

頌に云く

蓮華荷葉君に報じて知らしむ。
水を出ずるは、何ぞ未だ出でざる時に如かん。
江北江南王老に問え。
一狐疑し了って一狐疑せん。

一

法幢は、今日ここに説法があると布告する旗幟である。大法の所在を表明する金看板でもある。かく根拠を明かにして、旗鼓堂々と達磨嫡伝の宗旨を宣揚するならば、その壮観、その偉容、錦上に花を舗くものと言えよう。

近来およそ礼拝祈禱等を執行するものは、ミソもクソも宗教と名づけられるが、本来宗教とか宗門と言えば、専ら達磨嫡伝の禅門に限られておったものだ。宗はオオモトであるから、仏法の宗家、如来禅の生粋のところを宗旨というたのである。宗派の色わけの意味ではない。

大荘厳経の転法輪品というに

唯だ願わくば世尊、諸の衆生を利益し、安楽し、愍念するが故に、大法雨を雨ふらし、大法幢を建て大法螺を吹き、大法鼓を撃ちたまえ。

とある。旗差し物を打ち立て、法螺貝を吹き鳴らし、少年鼓笛隊を先頭に、魔群に挑戦し、これを一撃に撃破したまえというのだから痛快じゃないか。仏教本来の姿には、たしかにそのような積極的伝道意欲があったはずだ。近時の仏法果して如何。法幢影うすく、宗旨声ひくく、笛吹かず鼓打たず、天下その所在さえ知らぬ有様といえよう。悲しむべし、悲しむべし。まま大法螺を吹くものはなきにしもあらずだが。

籠頭は、馬や牛の顔にはめられた、口籠である。道草を喰わさぬためであろうが、馬や牛にとっては窮屈千万なことであろう。角駄は背中に振分けに乗せられた荷物である。これも馬や牛にとっては厄介至極な重荷である。この窮屈な口籠をはずし、厄介な重荷を卸ろして貰ったら、さぞかし大安楽を得られよう。修行成就して坐禅という口籠をはずし、公案という重荷を卸ろして貰ったら、雲水も気楽になれようというもの。太平の時節である。

「胸に一物、背中に二物」という言葉があるが、現代人の苦悩を象徴するマンガになりそうだ。背中の二物はとにかく、「胸に一物」がはなはだよくない。「親子の関係ほどうるさいものはない。他人の方がよほどましだ、別居しよう」というようなことになる。愛情にからまれる分別過剰がそういうことになるのであろう。

芦屋から大阪へ通うある社長が、毎朝通勤の電車の中で、人のように新聞も見ず雑誌も読まず、静かに坐って数息観をやる。三百いくつ数えると大阪へ着くそうだが、会社へ着いても心気朗然、一点の雑念妄念もなく社員に対し事務がとれるので、一日社中が明朗だということである。人間関係は須らく無心をもって対処するに限る。太平の時節である。

ところでこの一対の名言句は、逆転して読むべきだとも思える。籠頭を脱し、角駄を卸ろすのは自利行で、太平の時節、更に法幢を建て、宗旨を立し、利他の行願に打って出るならば、方に錦上に花を舗くというものであろう。

そのように太平の時節をかち得、錦上更に花を舗くというような名僧とは、いったい何人の消息であろうか。本則の公案の主人公である智門和尚こそまさにその人であろう。こういう名僧の越格なる一句を聞いて、なるほどと合点のいくような怜利の漢ならば、挙一明三の自在を得られるであろう。もしまだそこまでは至らないというならば、ここに示されるところの公案をとっくり味わって見さっしゃい。と圜悟禅師の懇切なる垂示である。

二

本則の主人公である智門和尚というのは、雲門文偃禅師の高足である香林の澄遠禅師の法を嗣がれた、随州智門寺の住持光祚和尚のことである。香林の澄遠というのは実に大器晩成型の大人物で、十八年間雲門の侍者をしておって、雲門から顔を見るたびに「是れ什麼ぞ」と訊いつめられるが一言の返事も出来なかったという。「お早うございます」、「是れ什麼ぞ」。「お寝みなさい」、「是れ什麼ぞ」というあんばい。訊く方も訊く方だが、辛抱する方もよく辛抱したものだ。十八年目にようやく大悟徹底して、這箇(これ)がわかったという大器である。しかも十八年間常に紙の衣を着ておって、雲門大師の妙言句を漏らさずその場で書き止めたという。およそ侍者の標本のような大根機であった。古来この人のことを紙衣侍者とよんでおる。

またこの智門和尚は、この碧巌録の頌古の作者、雪竇(せっちょう)禅師のお師匠さまでもある。雪竇は最も親しい自分のお師匠さまの言葉を、その百則頌古の中に収録したものだから、いかにこの公案が雲門宗の生粋をゆく優れたものであるかということがわかろう。

ある時この智門和尚に一人の僧が尋ねた。「蓮華がまだ水を出ない時は如何ですか」と。智門は「蓮華」と答えた。「それなら水を出た後は如何ですか」と僧が再問すると、智門は「荷葉」と答えたというのである。

こういう問答は当時はしばしば行われたものらしく、幾つか類則がある。だいたい蓮華というものは、日本では葬式に使う不吉な花というように思われておるが、インドや中国では古来めでたい花ということになっておる。インドには阿弥陀経の中に記されておるような、青い蓮華や黄色い蓮華があるということである。

経中の王といわれる妙法蓮華経は、妙法を形容するのにこの蓮華をもってしておられるのである。釈尊出世の本懐である大乗仏教の真精神が蓮の花で形容されるというのは、どういうわけであろうか。維摩経の中に「高原陸地に蓮華を生ぜず」というお言葉があるように、蓮華というものは、決して高い山の上や清潔な陸地には咲かない。汚い泥田の中でなければ咲かないものである。また蓮華というものは、花が咲くと同時にその中に果が出来ておる。花の散ってから果の成るほかの花と全く趣を異にする。蓮華の特徴である。

大乗仏教というものがちょうどそういうものなのである。煩悩を断ち切った高原のような清潔なところで、菩提が発見されるのではなくして、煩悩の泥田の中でこそ、菩提も花を開くのである。また初発心時便成正覚と申して、菩提心を発せば、その時同時にもうちゃんと成仏の果は結ばれておるのである。凡聖不二、華果同時、まことに蓮華こそ大乗仏教の象徴である。

鹿児島の福昌寺無三和尚は、西郷南洲が参禅したという伝説のある人だが、もと貧農の出身であった。身分の低い者が、殿様の帰依を受けて、士分の上に坐るのを、日ごろ心よからず思った武士が、ある公の席上、和尚を恥かしめようと思って、一杯元気で盃をさしながら、「如何なるか是れ久志良村の土百姓」とやった。一座がどうなるかと思って見守っておると、和尚は極めて落着いたもので、微笑さえ浮かべながら「泥中の蓮華」と答えたので、殿様はじめ一同賛歎の声を放ったということである。

泥中の蓮華！　まさに名答である。

さてある僧が、智門和尚に尋ねていうには「蓮華未だ水を出でざる時如何」。智門は答えた。「蓮華」。「水を出でて後如何」。曰く「荷葉」。これはまさしく逆説である。水を出ない先が荷葉で、水を出て後が蓮華であるべきところを、水を出ない先が蓮華で、水を出てからが荷葉だと答えておるのである。

言葉を換えて言うならば、「凡夫が仏にならない先は如何」、「仏」。「仏となってのち如何」、「凡夫」といったと同じわけである。

凡夫が仏にならない先が仏で、仏になった後が凡夫、というのだから、逆説ではあるが、大乗仏教というものはそういうものであらねばなるまい。雲門宗の妙味が端的に味わわれる公案である。

凡聖一如、華果同時であり、衆生本来仏であって見れば、未だ仏に成らざる先が仏でなければならぬ。入鄽垂手、灰頭土面、悟了同未悟であれば、仏に成った後が凡夫であらねばならぬ。

智門蓮華荷葉

白隠禅師はその室号を闡提窟といわれたが、一闡提という原語は不成仏と飜訳されておるが、これに二つの意味がある。罪業深重、煩悩熾盛で、如何なる修行をしても永劫に仏になれないという意味と、菩薩が衆生済度のために民衆の中へ融けこんで、自ら仏という特権階級には入らないと誓う意味である。白隠禅師の場合は勿論後者である。本山へ上って今日ならば管長であるとか、紫衣の大和尚などにならず、一生駿河の松蔭寺という小庵に暮らされて、民衆と起居を共にし、一生を衆生済度に奔走されたのである。尊いことではないか。凡夫が仏となって後如何。凡夫でなければならぬ。

天竜寺の峨山和尚といえば、近世の名僧だが、伊深の泰竜老漢のところで一応修行がすみ、更に滴水禅師のもとで修行を成就されたが、友人の伊庭貞剛氏が「あなたも坐禅の上では修行がすんだか知れんが、人間の修行がまだ足らん」と言って、大阪の富田屋というお茶屋で、一月の間帳場へ坐って帳付けさせられたということである。その間に峨山和尚、社会の裏も表もわかり、人情の機微を学びつくし、あの大人格を完成されたという。

ある時、峨山和尚のところへ、当時の名僧方が二三訪ねて来られたので、どんなよい話があるかと思って、女将が聞いておったら「どこでよばれたうどんがうまかった」とやら「どこの点心の牡丹餅が大きかった」とやら、喰う話ばかりで、全く雲水と同じことだったそうだ。「蓮華水を出て後如何」。「荷葉」である。

三

そこで雪竇がこのお師匠さんの公案を歌っていう。「蓮華荷葉君に報じて知らしむ」。蓮華が荷葉か、荷葉が蓮華か、仏が凡夫か、凡夫が仏か、実にはっきり智門和尚は示してくれたじゃないか。

凡夫が仏で、仏が凡夫なら、いっそ仏にならぬがましじゃろう。「出水は何ぞ如かん未だ出でざる時に」だ。老僧なども今日老師だの先生だのと担がれて、よい気になって東奔西走、席暖まる暇もなく、坐禅などどこかへ置きわすれてしまったようだが、真っ向う公案ととり組んで夜のしんしんと更けわたるさえ忘れて坐った、雲水時代が最も懐しいじゃないか。もう一つ言うならば、いささか菩提心を起して頭を剃った、青道心の頃の自分が一番いとしいじゃないか。染めてくやしや京花いろに、もとの白地がましじゃもの。

「江北江南王老に問え」。江北江南は揚子江の北も南もで、四百余州どこまでもということ。王老は「王(わん)さん待ってて頂戴ね」と歌にもあるように、中国どこへ行ってもある、もっともありふれた名字じゃ。日本なら熊さん八つぁんというところである。

悟りの開けぬうちは、自分が仏であることも気がつかずに、仏がどこにあるかと血眼になって探し廻るものだ。「蓮華未だ水を出でざる時、蓮華」とわからないならば、仕方のないことだ。四百余州駈けずり廻って、何処かの熊さん八つぁんに尋ねて見るが良い。

「一狐疑し了って一狐疑せん」。狐というものは非常に疑い深いものだそうだ。路を横切るにも、左右前後仔細に見極めねば決して横切らないという。氷の上を渡る時も、じっと耳を澄して氷の下に水の音がするかせんかを聞きわけ、音のせんことを確かめなければ渡らぬという。仏というものを外に求めて、ああだろうかこうだろうか、ああでもないこうでもないと疑ってかかったら、「一狐疑し了って一狐疑せん」で、ついに救われる時はあるまい。

されば臨済禅師も口を極めて警告される。「なんじ、祖仏と別ならざらんことを要せば、但だ外に求むるなかれ」。「外に向って工夫を作す、総に是れ痴頑の漢」と。何が故ぞ「蓮華未だ水を出でざる時如何」。曰く「蓮華」。

一月十五日、成人の日に老僧、一二ヵ所頼まれて記念講演をやった。よく、青年は夢を持てとか、希望を持てとか、理想を持てとか言われるが、老僧はそうはよう申さなかった。人生が夢ではつまらんじゃないか。どうせ夢なら太く短かくというような大それた考えも起きかねまい。希望というてあてのないものをあてにしたら、向うから外れるにきまっておる。理想を持てと言っても、この世の中が理想通りに行ったためしがないじゃないか。キリストもソクラテスも孔子も、理想をすべて裏切られた人達であろう。

人の世にもし理想通りに行った人があるとするならば、それはお釈迦さまであろうか。お釈迦さまはキリストと違って八十まで長命され「わしの救うべき者は全部救ってやった。まだ救わない者には救われる因縁を残しておくぞ」と言って、二月十五日の夜半大往生を遂げられた。お釈迦さまこそ理想を全うされた方かと思うが、世間の凡人がそう理想通りにはゆくはずはない。

ところで、夢を持つな、希望はあてにならぬ、理想も駄目としたら、いったいどうしたらよいのだ。青年諸君はどういう覚悟で人生をスタートしたらよいのか。

そこで老僧は申したい。未来を夢見るよりも、明日に希望を持つよりも、理想にあこがれるよりも、今日の自分をよく熟視しなさいと。今日の己に無限の価値と尊厳を発見しなさいと。

今日生きておることが、どんなにすばらしいことか。人間に生れたことがなんと尊といことか。自己の尊厳と価値を自覚し、そこに自信を持つことが、そして今日を力一杯、充実して生きることが、もっとも大切なことであり、もっとも良い生き方ではないか。

バラを栽える人は、どんな花が咲くか、咲いたらどうしようかと、夢見る必要はない。品種が良くて茎がしっかりしていて、根が張っておれば、そしてよく手入れをすれば、良い花が咲くにきまっておるではないか。何がゆえぞ。

「蓮華未だ水を出でざる時如何」。
曰く「蓮華」。

（三十七年五月）

趙州驢を渡し馬を渡す

趙州驢を渡し馬を渡す（第五十二則）

挙す、僧、趙州に問う、久しく趙州の石橋と響く。到来すれば只略彴を見る。州云く、汝只略彴を見て、且つ石橋を見ず。僧云く、如何なるか是れ石橋。州云く、驢を渡し馬を渡す。

頌に云く

孤危立せず道方に高し。
海に入っては還須らく巨鼇を釣るべし。
笑うに堪えたり同時の灌渓老。
劈箭と云うことを解するも亦徒らに労す。

一

時に面白い話題があるから聞かっしゃい。

かの令名かくれもなき趙州老和尚のところへ、一人の僧が現れて訊ねた。

「久しく趙州の石橋、趙州の石橋と噂に聞いておりましたが、来て見ればさほどでもありませんな。何のことはない、まるでお粗末な丸木橋じゃありませんか」と。

石橋にことを借りて、天下の老和尚の力量を験めそうというのである。心にくい奴じゃ。趙州はきょとんとして答えた。

「お前はそのお粗末な丸木橋だけを見て、まだ本当の石橋を見ておらんのだよ」。

「それなら本当の石橋とはどんな橋ですか」。

「驢を渡し馬を渡す――馬も通れば、牛も通る、貴人も通れば乞食も通るわい」

と趙州の答であった。

趙州の石橋というのは、天台山の石橋、南嶽の石橋と共に、天下の三石橋と称せられる名勝の一つで、趙州城郊外にあってよほど立派な橋だったらしい。岩国の錦帯橋、嵐山の渡月橋、太宰府の太鼓橋と言ったようなものであろうか。

何でも太古の事、魯般という男がこの橋を造って「末代永劫、二度とかけ換える必要は絶対にない」と、大いにその堅牢を自慢したところ、たちまち神人が驢馬に乗って現われ、「本当に大丈夫か」と言って、笑いながら橋を渡ると、橋がグラグラひっくりかえりそうになった。そこで魯般はあわてて橋の下から両手でしっかりつっぱって、「いや大丈夫だ」と頑張った。それで橋の上には神人の騎った驢馬の四つの足痕が残り、橋の裏には魯般の手の痕型が、消えずに残っておるという伝説がある。そして後世唐代に李膺という人が改修したと言われる。

「久しく趙州の石橋と響く、到来すれば、只略彴（独木橋）を見る」

と。この僧実にえぐいことを言ったものだ。聞いて極楽見て地獄というほどでもないが、「来て見ればさほどでもなし富士の山」というところであろうか。

「趙州趙州とやかましいから、どんな立派な大和尚かと思ったのに、来て見りゃなんだ、こんな痩せぼけたサイ槌頭の皺苦茶坊主かい」

　と言ったあんばい、こういうのを十八問中の験主問と言って、相手の力量を試験しようというたちのわるい質問じゃ。

「お前はサイ槌頭ばかり見て、本当の大和尚が目に入らんのだ」

　と趙州が答えた。

「本当の大和尚とはどんな和尚でござるか」。

「驢を渡し馬を渡す――お前のようなジャジャ馬を済度するのさ」。

　これではさすがの僧も開いた口が塞らなかったであろう。

石橋は借物であって、いわゆる、借事問の形だが、この時代にはこんな問答が流行したと見える。

　ちょうど同じ頃、鄂州の灌渓志閑禅師という和尚のところへ、雲水が来て訊ねた。

「久しく灌渓灌渓と聞き及んだが、来て見ればこんな水たまりか」と。

「お前はただ水たまりばかり見て、まだ灌渓を見とらんのだ」。

　灌渓が答えた。

「そんなら灌渓とはいったい何でござるか」。

「劈箭急なり――奔流矢よりも急で、お前など寄りつけたものじゃないぞ」

　と、灌渓和尚は答えたが、趙州の「驢を渡し馬を渡す」とどうであろう。

　また黄竜和尚のところへ僧が行って訊ねた。

「黄竜黄竜とかねて聞いておったが、来て見ればこんな小さな縞蛇か」。

「お前はただ縞蛇を見て、まだ黄竜にお目にかかっておらんのじゃ」。

「黄竜の本体はどうでござる」。

「グネグネグネ」。

「たちまち金翅鳥王が大きな翼をひろげて現われたら、如何なさる」。

「おおこわ！」。

「そんなことではとって喰べられますぞ」。

「そうかい。それでは頂戴しようかい。大きにご馳走さま」。


僧はあべこべに頭から一呑みにされてしまった。こんな問答もあって、殆んど同工異曲のようだが、趙州の「驢を渡し馬を渡す」とどうであろうか。

二

「趙州の南、石橋の北、観音院裏に弥勒有り」と、趙州和尚は自ら、歌っておられるから、観音院という寺は、趙州城の南郊にあって、更にその南方に石橋があったと見える。しかも石橋を去る十里と記されてあるから、観音院と石橋とは日本の約六十丁ほど隔っておったものであろう。

この観音院に住職された従諗禅師のことを、中国の習慣によって、その地名を挙げて通称趙州和尚と申すのである。


始め青州の瑞像院へ入って沙弥となった。十八歳の時池州南泉山普願禅師の道声を聞いて、はるかにその門を叩いた。その時南泉和尚、大方草苅が過ぎたのであろう、疲れたと見えて、横になって寝ころびながら、この新到の沙弥に相見した。

「お前はどこから来たか」。

「瑞像院から参りました」。

「ほほう、では瑞像をとっくり拝んだじゃろうな」。

「いえ、瑞像は一向に見ませんでした。しかし寝仏をしっかり拝んでおります」。


南泉和尚、こいつ油断のならん奴と思ったか、ムクムクと起き上って、

「お前にはもうきまった師匠があるのか、ないの

か」。

「きまっております」。

「そりゃどこの誰だ」。

「仲冬厳寒、伏して惟みるに和尚尊体万福――この寒中お寒いのにお師匠様にはおマメで何より喜ばしゅう存じます」

と言って、南泉をすっかり師匠にして礼拝してしまった。南泉和尚もこの優れた働きが気に入って、特に目をかけ参禅を許されたということである。

少年の頃からかくのごとく舌頭上に大自在を得た趙州和尚は、古来口唇皮上に光を放つと称せられ、臨済のように一喝を吐くでもなく、徳山のように三十棒を振り廻すでもなく、極めて自然な日常会話の中に、実に立派な寸鉄胸を刺すような警句を吐いて相手をして反省開悟せしめるという、偉大なる力を持っておられた。

ある時趙州和尚が庭掃除をしておると、僧が来て尋ねた。

「和尚さんは大善知識だのに、それでも塵がありますか」。

「外から舞って来るでのう」。

趙州は答えた。すると僧は更に尋ねた。

「ここは元来清浄な伽藍です。どうして外から塵が舞い込みますか」。

「それ！ また一つ舞い込んだじゃないか」

と言った調子である。

またある時、雲水が尋ねた。

「道とはどんなものですか」。

「垣根の外にあるよ」。

「そんな道ではありません。天下の大道をお尋ねしておるのです」。

「ああ大道のことか、大道なら東海道五十三次江戸まで通じておるわい」

と言った有様。

また一日、和尚知客寮を連れて、石橋を見物に行った。さすがに「石橋は天下の雄勝なり」で、遠来の客があればまず案内をし、それでなくても時々遊びに行くような天下の名勝であったに違いない。観光価値充分である。

そこで趙州和尚、知客寮に尋ねた。

「こんなしっかりした石の太鼓橋をいったい誰が造ったろうかな」。

「李膺が造ったと聞いております」。

「そうか。いったいこれを造った時、どこから手を着けただろうな」。

首座はついに黙ってしまった。すると趙州和尚うそぶくがごとくつぶやいた。

「石橋石橋とやかましくもてはやしながら、どこから手を着けたかと問えば返事も出来ないなんて、何たる情ないことじゃ」と。

三

さてこの公案は、「久しく趙州の石橋と響く、到来すれば只略彴を見る」と、僧が頭から趙州をおさえてかかっておるのに対して、趙州は「汝只略彴を見て且つ石橋を見ず――お前のようなド盲にはこの石橋はわかるまいよ」と、柔かではあるが厳しく報いた。そこで僧が再び、「如何なるか是れ石橋」と切り込むと、「驢を渡し馬を渡す」。石橋の真価が形式や相貌にあるのではなくして、その内容と社会性にあることを示して、僧の反省と自覚を促しておられるのである。

五灯会元には僧が更に突こんで、「如何なるか略彴」と問うと、趙州は「個々人を渡す」と答えておる。

「個々人を渡す」。一人一人しか渡すことの出来ない独木橋が、小乗を象徴するものであるならば、驢を渡し馬を渡し、男を渡し女を渡し、善人を渡し悪人を渡し、仏を渡し魔を渡し、すべてを渡してゆく石橋は大乗を象徴すると申すべきであろうか。

「応に長者の身を以て得度すべき者には、即ち長者の身を現じて、而も為に説法したもう。応に居士の身を以て得度すべき者には、即ち居士の身を現じて、而も為に説法したもう」と、讃仰される観音三昧の法こそ、石橋の真骨頂であろう。

　人をのみ渡し渡して自らは
　　おかに上らぬ渡し守かな

と歌わるる自未得度先度他の行願こそ、石橋のころであろう。

博多の仙厓和尚は夜遊びに出る雲水のあることを聞かれると、ひそかにその帰りを待って、踏台の代りになって塀の内側に坐っておられた。夜行の僧は夜更けに帰って来て、いつもの踏台と大分様子が違うのでよくよく見ると、踏台と思いきや、それは大切な大和尚の頭であった。涕泣懺悔爾来改心して真面目な修行僧になったということである。驢を渡し馬を渡すじゃ。

盤珪国師は大衆の中に盗みをする僧があって、皆が擯斥せんことをうったえて来た時、「皆の者はどこへ行っても修行の出来る満足な人達じゃ。じゃが彼の僧は恐らくどこへ行ってもおいては貰えぬ憐れなキズ者じゃ。それを承知で追い出すことはわしには出来ぬ。それが悪けれりゃ、皆の者こそ名師を求めてどこなと行くがよい」と言われて、その賊僧をかばわれた。盗癖の僧もこの温い国師の思いやりに胸開けて、真実改心懺悔したということである。驢を渡し馬を渡すじゃ。

芭蕉は北陸のある宿で遊女と泊り合せ、親しくなって道伴れを頼まれたが、「自分は行衛定めぬ風雅の旅であるから同行はしかねる、しかし神仏をよくよく念じて行けば必ずご加護があるから、心安らかに旅するがよい」と、ねんごろに諭して別れたという。「一つ家に遊女も寝たり萩と月」はその時の句である。驢を渡し馬を渡すじゃ。

先師峨翁は、人から書を頼まれると、よく「道」という字を大きく書いて、その下に踏不瞋（踏めども瞋らず）と小さく書いて与えられた。面白い言葉だと思って、印を押しながらいつも感じたことだが、道はハイヤーが通ろうがトラックが通ろうが、馬力が通ろうが牛車が通ろうが、婆さんが通ろうが子供が通ろうが、浮浪者が通ろうが集団強盗が通ろうが、犬が小便しても猫が糞しても、じっと黙ってすべてを受け入れておる。どんなに踏みつけられても腹を立てない。驢を渡し馬を渡すじゃ。

先師が若いころ、先々師竜淵老漢から「お前のような横着者は少し世間へ出て苦労をして来い」というわけで、四国遍路をさせられたことがある。遍路道中伊予の大洲から今治の方へ行く辺りに、十夜の橋という橋がある。もとそこには橋がなくて往来の者が常に難渋しておったので、弘法大師がそれを憐んでお掛けになったという橋で、昔から遍路達は大師の徳をしのんで、その橋を渡る時には草鞋を脱いで跣になって渡る習慣になっておる。

ところが先師もまだ三十代の若い時であったから「俺は禅宗坊主だ。弘法も俺も同格だ。そこらの乞食遍路のように、草鞋を脱いで跣で渡るなんて、そんな不見識なことはせん」と思って、草鞋をはいたまま、大手を振って渡った。渡り終ると向側の橋の袂に立札が立ててあって、空海上人の歌が書いてある。

　行き悩む浮世の人を渡さずば
　　一夜を十夜の橋とおもはむ

二度三度くり返し読んでおったが、涙が出て涙が出てどうにもしようがない。また元へ戻って草鞋を脱いで、その橋を渡り直したと、しみじみ話されたことがある。驢を渡し馬を渡すじゃ。

夢窓国師は「驢を度し馬を度して足れりとせず、玉兎三更轂を推して過ぐ」と、嵐山の渡月橋を歌っておられるが、大臣も遊女も、出家も在家も、右翼も左翼も、猫も杓子も、嫌底の法なく、すべてを渡してあまさぬものが石橋であろう。

四

そこで雪竇大師は歌って言う。

孤危立せず道方に高し。
海に入っては還須らく巨鼇を釣るべし。
笑うに堪えたり同時の灌渓老。
劈箭と云うことを解するも亦徒に労す。

六十の歳から、八十の老境まで行脚を続けて、修行に修行を重ね、百二十歳までも長命されたという趙州和尚のごときは、真に天下の老和尚たるに価するものである。やたらに喝々と烏鳴きをするでもなく、大道の香具師のように無性に棒を振り廻すでもなく、封建時代の職業軍人みたいに無暗にビンタをはるでもなく、すっかり角がとれて円熟してしまって、嶮しさも峻しさもない、しかもそれでいて側へもよれぬ厳粛さがある。

人を畏縮せしめるような鋭い言葉は少しも吐かず平々凡々なことを言っておるが、天下の人をして、ウンともスンとも言わさぬ力がある。何としても、天下の壮観と言うべき存在だ。

そうした大海のようなひろびろとした度量がないと大物は育つまい。

天竜寺の峨山和尚は人の前では決して雲水を叱らなかったそうだ。どんな失敗をしても、「こう見えてもな、この男はなかなか偉いんだぜ、大学を出ておるんだ」等と、人の前では賞めておいて、人の帰られた後で、「あれはああせねばならぬ、これはこうじゃ」と、懇々と垂誡されたので、雲水達が皆この和尚のためならばと、生命がけで修行を励んだものだそうだ。

そして、明治以来の名僧と言われるほどの禅僧で峨山の門をくぐらん者はないと言われるくらい、多くの大人物がその門下から輩出したものである。海に入っては、須らく巨鼇を釣るべしじゃ。

「驢を渡し馬を渡す」。この趙州和尚の大雅量に比べると、同じような質問を受けながら、灌渓の志閑禅師が「劈箭急なり」と答えたことは、甚だどうも不首尾ではないか。何のためにそう孤危嶮峻でなければならんか。何のためにそう力まんならんか。その一語で相手の雲水が反省し悟りを開くとでも思ったであろうか。

もし相手を済度出来ないならば、独りその孤高性を誇って見ても、労して全く功なしじゃ。無駄骨と申すほかはない。笑止千万なことであろう。

高ぶらなくにおのずから
山の高きに鷲ぞ棲め。
波静かなる海原の
深き底いに鼈(かめ)や栖(す)む。
憐れなる哉そこはかと
こごしき岩の下かげは
雨風しげく荒(すさ)びいて
木々に花さく春も無し。

（三十年四月）

烏臼の屈棒

烏臼の屈棒（第七十五則）

垂示に云く、霊鋒の宝剣、常に現前に露わる。亦能く人を殺し、亦能く人を活かす。彼に在り此に在り、同じく得同じく失す。若し提持せんと要せば、提持するに一任す。若し平展せんと要せば、平展するに一任す。且らく道え、賓主に落ちず、回互に拘らざる時如何ん。試みに挙す看よ。

挙す、僧、定州和尚の会裏より来って烏臼に到る。烏臼問う、定州の法道、這裏と何似ぞ。僧云く、別ならず。臼云く、若し別ならざれば、更に彼の中に転じ去れ。といって便ち打つ。僧云く、棒頭に眼有らば、草々に人を打つことを得ざれ。臼云く、今日一箇を打著せり。といって也又打つこと三下す。僧便ち出で去る。臼云く、屈棒元来人の喫する在る有り。僧身を転じて云く、争奈せん、杓柄和尚の手裏に在り。臼云く、汝若し要せば、山僧汝に回与せん。僧近前して臼が手棒を奪って、臼を打つこと三下す。臼云く、屈棒屈棒。僧云く、人の喫する在る有り。臼云く、草々に箇の漢を打著せり。僧便ち礼拝す。臼云く、和尚却って恁麼にし去るや。僧大笑して出ず。臼云く、消得恁麼、消得恁麼。

頌に云く

呼ぶことは即ち易く、遣ることは即ち難し。
互換の機鋒子細に看よ。
劫石固うし来るも猶壊す可し。
滄溟深き処も、立ちどころに乾くべし。
烏臼老烏臼老。
幾何く般ぞ。
他に杓柄を与う太だ端無し。

一

この頃、山陰のある地方を旅行したら、狭い田圃(たんぼ)路から県道へ出たところに、白いペンキ塗りの標柱(ひょうちゅう)が立っておった。それに「車も人も正しい道を」と書いてあった。たそがれの薄暗の中にその字を読んで、老僧ちょっと考えさせられた。それは交通事故防止のための注意に違いないが、いったい今の日本に、車にも人にも正しい道があるだろうかと。

先般国連の都市調査団の一行が、阪神の都市を調査しておられたが、大阪の梅田ビルの屋上から、大阪の市街を下瞰して、日本には道路がない、そして駐車場がないと、あざやかに指摘しておられた。同感である。しかももう一つ言い残された言葉がある。それはあまりにも交通事故が多いということである。

この批判は、そのまま人間の社会にも通用出来るようである。今日の日本の社会には、道徳という道路がない。そして心の休まる駐車場がない。しかして衝突事故があまりに多すぎる。

「車も人も正しい道を」と言われるが、人間の正しい道が、今日どこにあるであろうか。克忠克孝という旧道は廃道になって、民主主義という新しい道が指定されたが、それはまだ予定地で、舗装もされておらなければ、踏み固められるほど通る人もない。今の世の中はまるで田畑でも公園でも他人の屋敷でもお構いなしに、ブレーキの利かない人間というダンプが暴走しておるようだ。他人を殺すくらいはおろか、妻が夫を殺し、夫が妻を殺し、親が子を殺し、子が親を殺す、とあっては、枕を高うして寝る場所もないであろう。

人間の尊重、人権の尊重ということは、最も大切な民主主義の精神であろうが、ややもすると、自己という人間とその人権だけが尊重されて、他人の人権や人格は無視され、かえって非民主的な結果になりかねない。自主性の自覚が誤って、排他的になり、封建思想に逆行しそうである。

　敗戦まで裁判所の玄関には、大きな菊の紋章が掲(かか)げてあって、天皇の名において人民は裁(さば)かれたのであるが、今日はそうではない。裁判官の良識によって、人民が裁かれることになった。とすると今日の社会において、人間の良識ほど権威あるものは他にないであろう。良識こそ今日の道徳の依所(よりどころ)であり、良識の自覚こそ、今日のわれわれの急務かと思われる。

　良識は、万人に共通で普遍的でなければならん。そして平等に尊厳でなければならん。この普遍的であって、平等に尊厳な、良識としての自主性を自覚することが、禅というものではなかろうか。良識を譬えていうならば、鏌鎁(ばくや)の名剣、正宗(まさむね)の名刀のようなものであろう。破邪顕正の霊鋒である。この霊鋒を正眼に構え、邪を殺し正を活す活殺(かっさつ)自在の働らきをして行かねばならん。

　しかしこの宝剣はわれ一人が所持するのではなくして、彼にも此にも、万人が等しく持っているのであるから、いかに霊剱であっても独走乱舞は謹しまねばならん。あるいは主となりあるいは賓となり、賓主互換の妙用を心得て、差す手引く手、上々下々、くんずほぐれつ、ハッシハッシと呼吸を合せ、甚深(じんじん)幽妙(ゆうみょう)の剣劇を舞わねばならんであろう。

　もし主となって大上段にこの宝剣を振りかぶらねばならん時には、みごとに振りかざすであろうし、もし賓となって宝剣を鞘(さや)におさめる場合には、悠然として差し控えるであろう。進退自由、与奪(よだつ)縦横であらねばならぬ。

　臨済(りんざい)禅師上堂の際、麻谷(まよく)が進み出て尋ねた。「大悲千手眼(せんじゅげん)、那箇(なこ)か是れ正眼」と。千手観音は手が千本あって、その一々の掌に眼がついておるということであるが、いったいどの眼がほんまの眼かというのである。二十六億の人間がみんな良識を持っておるとしたら、誰の良識が一番正しいか、というわけである。

臨済はすかさず、「大悲千手眼、那箇か是れ正眼」と逆襲した。すると麻谷は臨済の袖をそっと引張った。引張られるままに臨済が素直に講座から下りると、麻谷がするすると講座に登ってしまった。実に面白い。そこで今度は臨済が下手から「不審――今日は」と挨拶すると、麻谷がもじもじと尻込みした。この尻込みが上出来だと古人が言うとる。

すると臨済が麻谷の袖をツッと引張った。麻谷が素直に下へ降りると、臨済がまた講座へ上った。そこで芝居も大団結、麻谷がさっさと出てゆくと「やるまいぞ、やるまいぞ」とばかりに、臨済も退場というわけじゃ。

この臨済と麻谷のやりとりが手に入らんと臨済録はわからんと言われる。つまりこれが充分納得ゆけば、臨済録はみなわかったも同じじゃと言われる。互換の妙用これ以上のものはあるまい。

二

烏臼（うきゅう）は馬祖下の老宿であるが、ある時神秀禅師の法孫である定州和尚の会下（えか）から、一人の雲水がやって来た。そこで烏臼が尋ねた。「定州和尚の道場とわしのとこと、どうじゃ、大分様子が違うかナ」。「違いません」とその僧が答えた。すると烏臼が「違わんならこんなところへ来る必要はない、さっさと帰れ」と言って棒でなぐりつけた。

そこで僧が「そうでたらめに人をなぐるものじゃありません。相手をよく見て打ちなさい」ときめつけた。すると烏臼は「いやこれは久振りに骨こい奴をなぐり得たわい」と言って、続けざまにまた三つもなぐってご満悦だ。よほど棒の好きな和尚と見える。

そこで僧はさっさと出かけた。だがここでこの僧を手放してしまっては、さっぱり芝居にならぬ。そこで烏臼が「さんざなぐられてだまって出てゆく阿呆もあるわい」と言葉を掛けた。するとその僧踵（くびす）を返して戻って来た。そして「棒が和尚の手中にあるのだから、どうしようもござらぬ」とぼやいた。

「それもそうだ。棒が要るんなら貸してやろうか」と烏臼が言うと、その僧ずかずかと側へ来て棒を奪いとるなり、烏臼和尚を三つばかりなぐりつけてしまった。

「いたいいたい、こりゃ無茶な棒じゃ」と烏臼が悲鳴をあげると「自分からなぐってもらう阿呆があるわい」と、僧は毒づいた。そこで烏臼が「とんだ奴をなぐってしまった。相手が悪かった」とつぶやくと、その僧なんと心得たか、うやうやしく立って三拝した。ご説得まことにありがとうございましたと言わんばかりに。烏臼が「何じゃ、人をさんざなぐっておいて拝む手があるか」と言うと、その僧呵々(かか)大笑して出て行ってしまった。すると烏臼老人「出かした！　出かした！」と言って一人悦に入っておったという。まあそういうことじゃ。目出度し、目出度し。

そこで雪竇(せっちょう)が歌って言う。


出掛けたものを呼び返すのは易いが、棒を渡すことはちょっと出来にくいであろう。

この賓主互換の妙用、いつでも相手と立場を換えられる、破格なはたらきというものは、恐らく門外漢にはわからぬであろう。子細にその境地を参究する必要がある。

その心境の前には、富士山を平らにすることも、太平洋を干し上げることも、何でもないことサ。それにしても、烏臼老師！　烏臼老師！　何という体たらくですか。

相手に棒を渡せばなぐられることは、火を見るよりも明らかなことじゃのに、それも承知の助とは、イヤハヤあきれた和尚さんもあったものサ。

三

昨年は妙心開山無相大師の六百年の大法要が営まれたが、今年は愚堂国師の三百年の法要が、この十月一日京都の妙心寺で厳修された。愚堂国師といえ

烏臼の屈棒

ば、吉川英治氏の小説『宮本武蔵』で、ちょっとばかり片鱗を見せられて有名だが、妙心寺の中興開山とも申すべき大徳である。

無相大師関山国師の三百年の遠諱には、八十三歳の老齢をもって大導師をつとめられ、

二十四流　日本禅
惜しい哉　大半その伝を失す
関山幸いに　児孫の在る有り
続焔聯芳　三百年

という、実に花も実もあるすばらしい香語を唱えられた名僧である。

その時国師は「関山幸いに愚堂の在る有り」と草されたが、道友の大愚がそれを見て「俺もおるじゃないか」と抗議したので、児孫の在る有りと改められたという伝説がある。いずれにしてもたいした自信である。

後水尾上皇が、ある時愚堂の愚の字をくずして、人間が坐禅しておるような姿に書いて示されると、直ちに筆をとって

あし原やひさしくたえし法の道
ふみわけたるはこの翁なり

と賛をされたという。まことに日本の禅を、いな日本の仏教を一人で背負うたような自信と申さねばならぬ。

大愚とは幼少からの同郷の親友であるが、ある時一緒に行脚して、美濃の加納あたりを通られると、野盗の一群が道の両側に刀を抜いて待ちかまえておった。大愚は温和な人だから、こんな者共にかかりあいになってはつまらんから引返えそうと主張した。国師は「ナニここまで来て引き返すことがあるか。俺について来い」と言って、両方の拳骨をぐっとさし出し、大きな眼を見開いて野盗共の顔を睨めつけ「うオウ」と大声を挙げてその中を突走られた。すると追剥（おいはぎ）共はその勢に怖れをなし皆散らばって逃げてしまった。国師は大愚を顧みて「どんなもんじゃ」と言わんばかりに呵々大笑されたというこ

とであるが、如何にも国師の風格を偲ばせる逸話である。

後水尾上皇のご信頼は格別のようであった。かつて仙洞に召されて、法談の時、即心即仏についてお尋ねになると、国師は「もしその通りだと申すならば、この言葉を聞いても悟らぬ者の多いのはどういうわけか、もしそうでないと申すならば、大梅禅師はなぜ一言のもとに大悟したか、そこのところをしっくりご工夫あらせたい」と、お答え申したので、上皇は大変ご満足で、あとで侍臣を顧みて「道貌奇勝、辞気純粋、禅林の巨材なり」とお噂されたということである。またある時、迷うた者と悟った者と死後どう違うかと、お尋ねになった時、国師は「老僧は迷うも死せず、悟るも死せず」と答えられたという。上皇といえども大法の上においては容赦なく肉薄し接得されたので、上皇も大いに得るところがあられ「今時碧眼の胡僧なり――今の世の達磨じゃ」と激賞されておる。」

さて国師をして、かくのごとく大力量を得、大自在を得せしめたのは、実にこの烏臼屈棒の公案であった。

国師が始めて妙心寺聖沢院に、庸山和尚を訪ねられた時は三十一歳、すでに諸国の宗師に歴参した飽参の衲子として、自信満々たるものがあった。相見の挨拶がすむやいなや、庸山は直ちに一問を投下した。「烏臼の屈棒をどう見たか」。国師が手にした坐具をもって和尚を打つと、庸山はやおら立ち上って国師を蹴仆し踏みつけ「そんなお粗末な見解で何として東陽（聖沢派祖）門下の客と言えるか」とさんざんに罵詈讒謗した。

国師は心中はなはだ穏やかならず、その悪辣の手段に忿懣やる方もなかったが、これに対して一言の報ゆる言葉もなかった。ここにおいて多年の慢悩一時に折れ、大いに発憤して聖沢院の裏の竹藪に入って徹宵打坐した。時あたかも真夏のこととて、蚊虻の群は一時に押寄せ、百万の大軍に単身応戦する思いで、歯を喰いしばって痛痒を堪え、もっぱら工夫三昧に入って、遂に身心を打失することが出来た。

暁天におよんでようやく蘇生するや、心気朗然として大歓喜を得、身心脱落して互換の妙用に徹することが出来た。起って衣を払うと血を吸飽いた蚊がポタリポタリと地に落ちてあたかも桜桃を撒きちらしたようであったという。

直ちに庸山の室に入って、所得の見解を呈すると、庸山は莞爾としてその背を撫でて、その悟境を証明されたということである。

白隠和尚は『壁生草』の中でこのことをこう歌っておられる。

「昔宝鑑国師の如きは、行脚の事了って後、妙心聖沢庸山老師に謁し、問答脱洒ならざる在り、山大いに怒罵して呵咄す。師不憤し、山後の石上に在って死坐す。蚊子大いに集って道情を妨ぐ。師衣袍を解いて寸絲掛けず、裸形兀坐す。山中の蚊子皆来り聚り、肌を咬む。其の苦悩説くべからず。師うたた粱骨を竪起し、湛然恰も一人と、万人と戦う如し。覚えず大死一番身心脱落し、忽然と大得脱はしたまえり。天明にして眼を開けば、全身皆ことごとく蚊子にて、肌膚色を失す。掃い落せば地上恰かも、桜桃の実を布く如し、歓喜手の舞い足の蹈むことを知らず。帰り来りて山に謁して、具さに所見を演ぶれば、山も随喜のあまり背後を撫して、印可証明したまえり」と。

老僧もいささか小偈を献じ、もって国師を讃歎しよう。

東陽嫡嫡の禅を滅せんと欲し、
錯って屈棒を蒙って、渾身　羶し。
関山幸いに　此の翁の在る有って、
三百又添う　三百年。

（三十五年十二月）

禾山解打鼓

禾山解打鼓（第四十四則）

挙す、禾山垂語して云く、習学之を聞と謂い、絶学之を鄰と謂う。此の二を過ぐる者、是を真過と為す。僧出でて問う、如何なるか是れ真過。山云く、解打鼓。又問う、如何なるか是れ真諦。山云く、解打鼓。又問う即心即仏は即ち問わず。如何なるか是れ非心非仏。山云く、解打鼓。又問う、向上の人来る時、如何が接せん。山云く、解打鼓。

頌に云く

一拽石。
二般土。
機を発することは須らく是れ千鈞の弩なるべし。
象骨老師曽て毬を輥ず。
争か似かん禾山の解打鼓に。
君に報じて知らしむ。
莽鹵なること莫れ。
甜き者は甜く苦き者は苦し。

一

薬山(やくさん)の下に道吾(どうご)禅師があり、道吾の下に石霜(せきそう)禅師があり、石霜の下に九峰和尚があり、九峰の下から禾山(かさん)和尚が打出された。

石霜慶諸禅師には七去(しちこ)の話(わ)という名高い言葉がある。

休し去り、歇(けつ)し去り、一念万年にし去り、寒灰枯木にし去り、古廟香炉(こびょうこうろ)にし去り、冷湫湫(れいしゅうしゅう)地にし去り、一条の白練(びゃくれん)の如くにし去る。

と。よい言葉である。どうしてもこの七重、八重の鉄関を透過して来んと、禅の話は出来ぬ。白隠さんが、

若い衆や死ぬがいやなら今死にやれ
一度死ねば　二度と死なぬぞ

とすすめておられる所以でもある。仏光(ぶっこう)国師のごときは、事実坐ったまま九二日間呼吸がとまっておったと言われる。休去歇去(きゅうこけっこ)の極致である。「古人は死して活せざるを憂い、今人は活して死せざるを憂う」と言われるが、古の修行者は大死一番、古廟香炉になりすまして、そこからどうしても大活現前できないところに悩んだ。しかし今の修行者は一向死に切れずに、アタフタもがいておるというわけだ。

休し去り歇し去り一条の白練の如くにし去ったところへ、ドンと太鼓がなるかゴンと鐘が響いて、同時に幕が上り照明がついて、五彩の舞台に飄然としておどり出して来んことには、遊戯(ゆげ)三昧というドラマは始まらぬ。

この石霜和尚が遷化(せんげ)されると、大事件が持ち上った。全山の大衆(だいしゅ)はとにかく第一座の某を推して、その後席を嗣がせることにほぼ決った。ところが同じく会下におった九峰が一人承服しない。

「およそ先師の後を嗣いでこの山に主となるものは、よく先師の意を領得した者でなければならぬ。真に先師の意を得た者ならば、先師と全く同じよう

にみな奉侍するがよい」

と。第一座はこれを聞いて心穏かならず、

「然らば伺おう、先師の意如何」

と詰めよった。

「先師の言われた休し去り歇し去り、一条の白練の如くにし去ると、あれはいったい何を示されたものでござろう」。

「一相平等絶対の境地じゃ」。

「やっぱり先師の意はわかっておられんな」。

九峰和尚がきっぱり決断を下すと、第一座は侍者に一瓣の香を持って来させて、香炉の上にかざして言った。

「もしこの香の煙が立ち上っておる間に、わしが坐脱できないようだったら、なるほど先師の意がわかっておらんということに決しよう」。

そう言って彼は香を炉中にくべた。そしてどっかり坐り込んだ。何と悲愴な決意ではないか。白煙静かに立ち上るところ、大衆が驚異の目を瞠っておる真只中に、彼は端然として息を引きとってしまった。

すると九峰はその肩を叩いて、最後の一決を与えた。

「坐脱が出来んとは言わん。しかし先師の意は夢にもわかっておらんわい」。

随分あっさり生命を捨てたものである。それでは賭けた牡丹餅を喉につまらせて、たやすく生命を落したりする市井の浮浪児と大差はない。そんな安悟りで先師の意がわかったなどとはよも言えまい。

「禅とはいつでも死ねることだと今まで思っておったが、それは間違いであった。禅とは如何なる場合にも生き抜くことだ」

と、子規は何かに書いておった。人生の如何なる悲境、逆境、難局にぶつかっても、そこを生き抜いてゆく力が禅でなくてはならぬ。

それは必ずしも強そうに力むことではなさそうだ。むしろ大いに柔になり愚に徹することではなかろうか。とぼけ切った大馬鹿者になることではなかろうか。古廟裡の土偶のごとく、一条の暖簾のごとく。

仏法は障子の引きて峯の松
火打袋に　うぐいすの声

と古人は歌った。障子の引手は、綺麗に張られた障子の一コマにわざわざキズをつけるのであるが、このキズがないと大いに不自由である。峯の松は何百年来切って用材に使うことのない、いわば無用の長物であるが、この無用の長物のためにどれだけ往来の旅人が慰められ、道を教えられ、勇気づけられたことであろう。

火打袋は今日のマッチやライターのごとく軽便に行かぬので、はなはだ厄介千万な代物だが、愛煙家にはどうしても欠くべからざるもの、これを忘れた時の淋しさ不自由さは譬えようもないであろう。また鶯がどんな良い声で鳴いたとて、銭もうけにも腹のたしにもならんが、この何にもならぬ鶯の声が、如何ばかり人生を和らげ潤おしてくれることか。

考えて見れば仏法というものも、所詮障子の引手のごとく峯の松のごとく、はた火打袋か鶯の声のごとく、無用の長物に過ぎん。しかしこの無用の用こそ人生にとって最も大切なものだというわけである。

二

この九峰和尚の法を嗣いだ人が禾山和尚である。諱は無殷という。福建省の福州の産であるが、わずか七歳にして、雪峰和尚に見えて侍童となった。雪峰はそのとき、すでに七十六歳の老齢であったが、その怜悧を愛されて爾来その示寂まで、十一年間も随侍しておった。

二十歳のとき具足戒をうけ、それより諸方に行脚してついに江西筠州の九峰禅師に嗣法し同じく江西の吉州禾山の大智院に住されたのである。八九一年から九六〇年に至る、唐末五代宋初の混乱時代に在世されたわけ。

ある時、禾山和尚、会下の大衆に示して言われるには、「習学これを聞と謂い、絶学これを鄰と謂い、この二者を過る、これを真過と為す」と。

この語は和尚の独創ではない。宝蔵論にある肇法師の語であるが、大いに我意を得たりとばかり共鳴して借用されたものであろう。宝蔵論には「それ学道のものに三あり。その一はこれを真と謂い、その二はこれを隣と謂い、その三はこれを聞と謂う。習学これを聞と謂い、絶学これを鄰と謂い、この二者を過る、これを真と謂う」とある。

習学は先生について勉強することである。独学でもよい、とにかく、いろいろ覚えることである。眼で見るか耳で聞くかして、外から吸収する知識であって、本来、自分のものではない。だからこの種の知識人を「聞」すなわち物しりと言うのである。何も知らぬよりはましであろうが、知っておるというに過ぎん。

絶学これを鄰と謂う。絶学は中途退学で勉強を抛棄することではない。妙心寺にむかし無学という管長があって、管長は無学にとられたと言われたくらい管長さまとして有名な人であった。その後継者である梅林寺の猷禅和尚にある人が、「禅宗坊さんはどうもうそを言うて困る。あんなに学問があるくせに無学とはけしからん」と言うと、猷禅さんが「そりゃお前さんの読み方が悪い、あれは学が無いということじゃない、もう学ぶものが無いということさ」と答えられたそうだ。

羅漢さんのことを無学と飜訳するが、学ぶべきものを学び尽して、もうこの上学ぶもののない境涯、しかも学んだものをことごとく消化してしまって、学んだ跡もない、いわゆる格に入って格を離れたところを、無学とも絶学ともいうのである。

それは証道歌に「絶学無為の閑道人、妄想を除かず真を求めず、無明の実性即仏性、幻化の空身即法身」と歌われた心境であり、法然上人が「もろこし我朝にもろ〳〵の智者たちのさたし申さる、観念の念にもあらず、また学問をして念の心をさとりて申す念仏にもあらず……・一代の法をよく〳〵学すとも、一文不知の愚鈍の身になして、尼入道の無智のともがらに同じて、智者のふるまいをせずしてたゞ一向に念仏すべし」と示された境地でもあろう。

それは聖人の鄰であり、仏と紙一重の世界であるから、これを鄰というのである。

ところがここに習学でもなければ絶学でもない、そんな学んだり忘れたり七面倒な手数を経ない、学ばなくてもちゃんと知っており、忘れようと言っても忘れるものもない、この二者をはるかに超越した人物がある。聖人と呼び仏と名づけることさえ出来ないから、これを暫らく真という。

おそらく宗教のギリギリのところである。禾山和尚わが意を得たりとばかり、大衆に示されたであろう。さぞかし皆が喜んで合点すると思いの外、衆皆聾のごとく啞のごとく、かえって一人の僧が釣り上げられた。

「真過とは何でござるか」。

いま言うて聞かせたばかりだのに、それがわからぬとは、いやはや馬鹿につける薬はないと見える。禾山の答が振っておる。

「解打鼓どどん、どん、どん」。

禾山和尚どこでこんな太鼓の妙調子を聞き覚えたことであろう。幼いころ聞いた村の秋祭りの囃でもあろうか。それとも雪峰の膝下で聞き覚えた、象骨山の法鼓の音か。それとも和尚夜行のついでどこぞの酒楼で味わって来たか。どどん、どん、どん。

「然らば真諦は如何でござる」。

また僧が嘴をついだ。禾山答えて曰く、

「解打鼓どどん、どん、どん」。

「馬祖ははじめしばしば即心即仏と言われたが後には非心非仏と変えられたそうでござる。貴方も少し変ったことをおっしゃっては」。

「解打鼓どどん、どん、どん」。

「だいたい貴方はわたくしが青小僧だと思ってなぶ

っておられる。もしここへ達磨か六祖が出て来て、何かを訊ねられたら、どう応対されますか」。

「解打鼓どん、どん、どん」。

この太鼓の調子がいかにもすばらしいというので、雪竇が詩を頌した。

三

一拽石、
二般土、
機を発することは須らく
是れ千鈞の弩なるべし。
象骨老師曽て毬を輥ず。
争でか似かん、禾山の解打鼓に。
君に報じて知らしむ。
莽鹵なること莫れ。
甜き者は甜く、苦き者は苦し。

漢字て書き並べてあると、何のことやらさっぱりわからん。弩を引くだの毬を輥がすだのと、運動会のプログラムのごとくでもあれば、石を拽くの土を搬ぶのと、ニコヨンさんの日課のようでもある。シナ料理のこん立でもあるまいが、いったい何が甘くて何が苦いのか。

雪竇一人よがりで気持よく歌ってしまったが、これには一々その故事来歴を説明せねばなるまい。

一拽石とは廬山の帰宗和尚の逸話である。帰宗和尚は馬祖下の尊宿であるが、一日ぶらりと常住へ顔を出すと、大衆が作務をしておる。そこで維那に、「今日は皆、何をしておるか」と尋ねると、「石臼を拽いております」と答えた。シナの叢林では雲衲が糯を拽いたり、豆腐をつくる大豆を拽いたりするのである。すると帰宗和尚「石を拽くのはよいがなあ、真中の心棒は拽かんようにせよ」と言って入ってしまった。

石臼の石は拽かれるままにグルグルと廻らなくてはならん。しかし真中の軸木まで一緒に動いては困る。われわれの意識もそうである。その時その時の歴史的現実とともに動かなくてはならぬ。インフレもあればデフレもある、戦争もあれば平和もある。得意もあれば失意もある。その時の環境に処して正しく動かなくてはならぬ。しかし中心に一つ動かされないものを持っておらねばならぬと言われるのである。

順境に遇うても調子に乗らない、逆境に遇うてもへこたれぬ、どんなに賞められても有頂天(うちょうてん)にならない、どんなに毀(そし)られても腹を立てない、生かすと言っても殺すと言っても、微動だにしない緩衝(かんしょう)地帯を持っておらんといかんと言われるのである。

このような中心を、信心といい、禅といい、また真過と言うであろう。これこそ如何なる苦境にあっても、人生を生き抜いてゆく力であろう。また如何な幸運に恵まれても堕落しない鎖であろう。

白隠和尚によい話がある。宿(しゅく)の油屋の娘が私生児を産んでしまった。娘は親爺(おやじ)から男を名乗れと責め立てられて、窮余の一策、女の浅智慧とでもいおうか、和尚さまだと言えば許して貰えるとでも思ったのであろう、つい白隠さまだと言ってしまった。

親爺が怒るまいことか怒るまいことか、カンカンになってお寺へかけ込んで、「とんでもない生臭坊主じゃったわ、覚えがあろう、受けとれ」と言って赤子を押しつけた。白隠和尚、何か深い仔細があると察せられたであろう、「ああそうかそうか」と言って、その子供を受けとったという。

さあ村中大評判になった。よくスライド等で子育て白隠といって、白隠和尚が赤子を懐にして、雪の中を托鉢しておるところをやるが、世間の非難はそんな生やさしいものではなかったらしい。

近年白隠和尚の尺牘(せきとく)で、「一度お訪ねしたいが世間の噂があまりに高いから、当分門の外へは出ません」という、本陣の主人あてのものが発見されたそうである。

さすがの娘も辛抱し切れなくて、とうとう事実を白状すると、親父さんまたカンカンに怒って、「とんでもない恥をかかせおった、相済まんことをした」と謝って、子供を受取りに行くと、白隠和尚「ああそうかそうか」と言って渡されたということである。

子供を連れて行っても、「ああそうかそうか」子供を貰いに行っても「ああそうかそうか」禾山の解打鼓と同か別か。

二般土は木平山善道和尚の故事、善道和尚は、およそ新到の雲水がやってくると、必ずモッコに三杯土を搬ばせないと、相見をしなかったという。般は搬の略で、ハコブことである。

「機を発することは須らく是れ千鈞の弩なるべし」とは、撫州石鞏和尚の故事である。この人はもと猟師であったが、山中で鹿を逐うてたまたま馬祖大師に出会い、接得されて見性し、遂に弟子となって〃の法を嗣いだ。

山中に草庵を結んで往来を接得されたが、およそ来者があると、強弓に矢をつがえて、胸に当てがい「矢を見よ」とにらみつけたので、衆みな震え上ったという。

象骨老師は象骨山の雪峯禅師で、禾山和尚の本師である。この人常に手元に両三個の木毬を置いて、それをころがしては学人を勘弁されたということである。

倶胝和尚の亜流でもあろうか、馬鹿の一つおぼえとでも言おうか、一生受用底の悪癖を持った、風顛漢四五を拉し来って、禾山和尚の引合に出されたのである。

しかもどれもこれも御座敷に出せぬ素人芸ばかりで、禾山の解打鼓に及ぶものは一つもないじゃないかと、賞めちぎったわけだ。

「君に報じて知らしむ、莽鹵なること莫れ」。そこで読者諸君にお断りしておくが、この禾山和尚の「どどん、どん、どん」を、尋常一様の茶番と思うて貰いますまいぞ。

「甜者は甜く苦者は苦し」じゃ。人まねやその場ふさぎの軽口ではこうは参りませんぞ。甜者は根に連って甜く、苦者は蔕（ほぞ）に徹して苦し、やはり根に連なり蔕（ほぞ）に徹する真実がないと出来ぬ腹芸である。

昔話にさる国の馬鹿婿（むこ）が、嫁の里に普請が出来てよばれて行った。何でも嫁に教わった通り、自慢の木材（きざい）を一々賞め上げた。最後に座敷の床柱になって、

「実に立派な檜（ひのき）の柾目（まさめ）、この細かさは、恐らく木曽材でありましょう。折角の名材ですが、惜しいことに上の方に一寸だけ節穴がありますが、あそこへ大神宮のお札でもお張りになったら」

とやったら、なかなかどうして、噂と実物では大変な相違、賢い婿殿じゃ、とほめそやされた。

それから裏へ廻って、馬小屋からこれも自慢の若駒を見せられると、婿殿一巡見廻して

「点の打ちどころのない名馬でござるが、惜しいことに後の方に節穴が一つござる、あそこへ大神宮のお札でも張られたら」とやってしまったそうな。君に報じて知らしむ、莽鹵なること莫れじゃ。

そこで老僧も太鼓の音に合わせて昔ながらの野調を歌うとしよう。

一つとや、一つおぼえの阿房揃い
　心棒拽かずに、石を拽け、石を拽け。
二つとや、二籠三籠の土搬び
　させなきゃあわさぬ、色男、色男。
三つとや、みっともないぞや、荒法師
　大弓張ったる、すさまじさ、すさまじさ。
四つとや、よそごと言わずに、ころ／＼と
　象骨爺さん、毬あそび、毬あそび。
五つとや、何時になったら、わかるじゃろ
　天下無双の鼓の音、鼓の音。
六つとや、昔話と思うなよ
　まねでは届かぬ腹の芸、腹の芸。
七つとや、なんばは蔕（へた）まで辛いもの
　糖黍（とうきび）根つから、甘いもの、甘いもの。

（二十九年十一月）

保福長慶遊山

保福長慶遊山（第二十三則）

垂示に云く、玉は火を将って試み、金は石を将って試み、剣は毛を将って試み、水は杖を将って試む。衲僧門下に至っては、一言一句、一機一境、一出一入、一挨一拶、深浅を見んことを要し、向背を見んことを要す。且らく道え、什麼を将ってか試みん。請う挙す看よ。

挙す、保福・長慶遊山する次、福、手を以て指さして云く、只這裏便ち是れ妙峯頂。慶云く、是なることは則ち是なり、可惜許。雪竇著語して云く、今日這の漢と共に遊山して、箇の什麼をか図る。復云く、百千年後無しとは道わず、只是れ少なり。後鏡清に挙似す。清云く、若し是れ孫公にあらずんば、便ち髑髏野に遍きことを見ん。

頌に云く

妙峯孤頂草離々。
拈得分明なり誰にか付与せん。
是れ孫公の端的を弁ずるにあらずんば、
髑髏地に著く幾人か知る。

一

例によって圜悟禅師がこの公案に向って、あらかじめ垂示を示されておる。

「玉は火を将って試み」。いにしえ鐘山の名玉は、火中に投じても変色しなかったと言われるが、およそ玉の真偽は火にくべて見たらわかるというわけじゃ。近頃のことじゃから、ガラスや合成樹脂などで偽造された名玉もあろうが、火の中へ投げ込んで見たら、たちまちわれるか燃えてしまうことじゃろ。

「金は石を将って試み」。中国は古来、興亡動乱はなはだしい国だから、貨幣というものが信頼されない。そこで現ナマの金で取引されたであろう。そこで商人は金のノベ棒を携帯して歩かねばならぬが、その金が真金であることを証明するのに、ある種の石に磨りつけて試みたものらしい。いわゆる試金石であるが、まっ黒な滑らかな丸い石じゃそうな。

「剣は毛を将って試み」。剣の切れ味を試みるには、その刃に毛髪を吹きつけて見るがよいと言われる。毛と言うものはなかなか切れにくいものじゃが、それがスッと両断されるようなら名剣というわけである。いわゆる吹毛剣である。

「水は杖を将って試む」。中国のようなにごった川を渡るには、深いか浅いか、底が石か泥か砂か、藻草がありはせぬか、一々注意して渡らねばならぬが、それには杖で探って見るのが、一番よいであろう。

灘の新酒の試験はキキ酒と言って、酒造家と検査官と税務署が立合いで、品種の等級が定められるそうだ。アルコールの分量は、化学的に測定されるが味の好悪は人間の舌でないとわからん。それも幾十種も試験すると、舌端が麻痺して来るから、時々炭酸水か番茶で含嗽してやらねばならんと言うことじゃ。

酸性とアルカリ性の試験には、リトマス試験紙があるごとく、ものそれぞれには、それぞれの真偽を見分ける方法手段がある。しからば天下の衲僧の真偽を測定するには、如何なる器械方法によったらよいであろうか。

一言一句のやりとり、一機一境の働らき、一出一入の進退、一挨一拶の挙措の中で、相手の境涯が深いか浅いかを見極わめ、その悟りが本モノか偽モノかを鑑別して行かねばならぬが、いったいそれは何を標準としたものであろう。一見便見、仏を弁じ魔を弁じ、聖を弁じ凡を弁じ、真を弁じ偽を弁じてゆくものが、宗師家の活作略であるが、それはなにを根拠とされるであろう。

先頃、墨蹟を批判することによって、現代の名僧方を容赦なく酷評して問題を起した、気骨稜々たる老書家もあったが、後姿を一目見ただけでホンモノの名人を指摘した、将棋の名人もあるのだから、マンザラ根拠なしとも言えまい。「ニセモノの多い世に、ひたすら法を説き、人間を愛し酒を愛した、ホンモノの禅僧」と、山本玄峰老師は賞讃されたが、いったいこれはどのような物指しによって評価されたものであろう。

老衲が国の師匠は、八十一年の生涯、医者にかかったことは一度もないという傑物じゃった。死ぬ時にも自分で盥に水を汲んで自ら湯灌してコロリと大往生を遂げた。この老僧が常に「師家だの管長だのと言っても、病気するような禅僧はニセモノだ」と公言して憚らなかったが、坐脱立亡大自在を得た古禅僧のことを思えば、そこにも一理はある。

ところで近ごろ脳波測定器なるものが出現して、しきりに名僧俗僧を試験し、時に多大の賛辞を奉呈したりしておるが、果して現代の科学が禅僧の真偽を測定し得るであろうか。ここに面白い話があるから聞かっしゃい。

二

ここに出てくる保福も長慶も鏡清も、三人とも雪峯門下の錚々たる大宗匠である。その他にまだ玄沙だの、雲門だの、翠巌だのという大家ぞろいで、まことに雪峯大和尚は、毛並のそろうた好い子持であった。しかしこの三人の中では、やはり長慶和尚が年輩から言っても境涯から言っても、一日の長があったと思われる。

ある日のこと保福と長慶の二人が、裏山へちょいと散歩に出掛けた。遊山というても日本のいわゆる物見遊山というものものしいことではあるまい。雪峯山には象骨巌と言って、象の頭に似た大きな巌があると言われるが、そこらへ上るとさぞ雄大な景観が眺められたことであろう。老衲なども、天竜寺にいた頃は、薬石後こっそりと、曹源池の藪から細い道を亀山へ出て、経行したものである。

妙峯頂というのは妙峯孤頂とも言われ、華厳経に示されておる徳雲比丘の住した山である。華厳経によると、善財童子が文殊菩薩の指示に従って、この妙峯頂に教を乞うべく徳雲比丘を訪ねて行った。そして七日間あちらこちら山の中を探し廻ったが、遂に徳雲比丘に逢えなかった。そこで山を下りて別の山に上って見たところ、はからずもそこで徳雲比丘に逢えて、一念三世一切諸仏智慧光明普見法門という、すばらしい法を聞くことが出来たというのである。

ところでこの妙峯頂という山は、実は絶対界を象徴しておるのである。真如法界である。正位の真只中である。絶対無意識の境地である。絶対無意識の世界だから、善財もなく徳雲もなく、従って逢うということもないはずである。

禅は一応この絶対の境地、自他不二、一相平等の世界を経過せねばならぬ。いわゆる大死一番、三昧発得、絶対無意識の心境である。しかしもしその絶対無の境地に停滞してしまって、そこから脱出出来ないならば、これまた怖るべき禅病と言わねばならぬ。「湛々たる黒暗の深坑、誠に怖畏すべし」とはそのことである。平地上の死人とも罵られる。「三十あまりわれも狐の穴にすむ、いまばかさるる人もことわり」と、大燈国師の歎かれたのもここである。

そこでどうしても大活現前、この無意識の鬼窟から差別の別峯に跳出して、親しく徳雲比丘に相見し、一切諸仏智慧光明普見の法門を学ばなければ、禅は活きて来ない。

さて雪峯山の裏山へ上ると、雲煙模糊、遙かに重畳たる連山を指さして、保福が思わず大きな声で叫んだ。「只這裏便ち是れ妙峯頂！」。——何とすばらしい景色じゃないか。当処便ち蓮華国じゃ。ここがエデンの花園じゃよ」と。保福は有頂天になって躍り上った。

すると長慶ははなはだ渋い顔して保福をたしなめた。「是なることは則ち是なり、可惜許。——そりゃまあそうだ。君の言う通りには違いない。が、もう晩いから帰ろう」。

問答はたったそれだけである。一言一句であり、一挨一拶である。しかしここに両者の深浅を見、向背を看破する必要がある。諸人須らく刮目して見るべしである。

この公案の提出者である雪竇が、まず自ら批判を下した。「この二人はせっかく山へ上って、たった一言二言、言葉を交わしただけで、さっさと引揚げたが、いったい何を考え何を企らんだというものであろう」と。この雪竇の短評は、極めてさりげなく語られておるが、その真意は「この二人の問答には三百六十余会、五千四十余巻の経典にも示されなかった、甚深微妙の極秘が盛られておるがわかるかナ」と、二人を須弥頂上に卓上しておられるのである。わかりますカナ。

それでもまだ言いつくせなかったか、雪竇は更に言う。

「こんな立派な問答は、百年千年の後にもまたとあるまい。あるかも知れんが余計はない」と。その感動ぶりはどうです。軽々に看過すべき公案ではない。

たちまち噂は広まって、この話を同門の鏡清に告げたものがある。すると鏡清はこれを批判して言っ

水ヲ試ム

た。「もしその時、長慶がおらなくて、保福のような男ばかりが増えたら、世界は死人の山を築くところであったろうに。まあ長慶和尚がいてくれたお蔭で救われた」と。

三

坐禅ということを、老衲は「調える」の一字で定義出来ると、よく申上げる。つまり人間の整備である。自己の整備である。

古人も調身、調息、調心と示しておられるが、まず体を調えることが必要である。脊髄を突立てて姿勢を真直ぐにし、腰に力を入れて、下腹を前にグッと出す。肉体の要はなんと言っても腰であろう。いわゆる丹田すなわち下腹に力が入れば、自ら自律神経の中心である太陽叢が活溌に働らくから、内臓が丈夫になる。横隔膜が下へ下るから胸中が広くなって、肺や心臓が楽になる。従って病気はしたくても出来ないことになる。

五輪の塔を積み上げたごとく坐れとあるが、結跏した脚の上に腰を据え、腰の上に脊髄をうち立て、脊髄の上に首を載せ、首の上に頭を置く。また節を抜いた青竹を立てたごとく坐れとも言われるが、頭の上から銅貨を落したら、尻の穴にチャリンとおちるような気持ちで坐るがよいということじゃ。

碁を打つ人は正坐して体を曲げるものではない、体を曲げる時は負ける時だと言われる。あの狭い碁盤の局面さえ、正坐しなければ正しく観察することは出来ないのである。とすればこの広い複雑な世界あるいは社会を、正しく観察し正しく把握しようと思うならば、まず自分の体を正しくしてかかる必要があるであろう。

次に調息、呼吸を調える。静かな長い呼吸が極めて自然に続けられるように、調えられなければならぬ。呼吸は中枢神経が自律神経に交渉する、たった一つの窓でもある。長生とは長息のことでもあろう。

次に心を調える。釈尊は「一切衆生悉く皆如来の智慧徳相を具有す。只妄想執着あるが故に証得せず」と示されたが、われわれの本心は、妄想と執着のために、異常に歪曲されておる。経験や知識のために、多分にゆがめられておるのである。経験以前知識以前、生れたままの本来の姿に帰ることが、心を調えることである。いわゆる父母未生以前、本来の面目を自覚することである。

現代の心理学で、人間の習性は条件反応だと言われるが、それならば習性以前、条件以前の人間の心はどうであるかと、尋ねたいところである。結局無というほかはない。無意識と申すほかはないであろう。

キリストは赤子のような心にならなければ天国に入れないと言ったが、赤子の心とはどんな心であろうか。これまた無であり、無意識であると申すほかはないであろう。つまり分別以前はからい以前、智慧の果実を食べない前の無意識がわからなければ、心の古里であるエデンの花園へは帰れないということであろう。

かくのごとく体を調え、呼吸を調え、心を調えて、根元的無意識状態に帰入することが出来るならば、一応それで坐禅は出来たことになる。整備完了である。

「従前の悪知悪覚を蕩尽し、久々に純熟して、自然に内外打成一片とならば、啞子の夢を得るが如く、只自知することを許す」と歌われたごとく、天地と我と一枚という、絶好の境涯を味うことが出来るであろう。只這裏是れ妙峯頂である。

今日科学の長足なる進歩は、宇宙人第二号を飛ばすところまで来たが、地球圏外に出ると、無重量状態という空域があるという。つまり地球の引力のとどかないところである。坐禅とは各自が自己心中に、無重量状態を発見する宇宙旅行だとも言えようか。

そこは地上の如何なる権威も圧力も暴力もとどか

ない空域である。如何なる災難も出来事も事件も、重量を感ぜしめない世界である。「災難の時は災難に遇うがよろしく候、病む時は病むがよろしく候、死ぬる時は死ぬるがよろしく候」と嘯（うそ）ぶいた良寛のごときも、まさにその世界に遊んだ宇宙人と言えよう。

かかる達人の禅境涯において、その脳波を測定すれば、常人の睡眠状態の脳波であり、赤子のような平穏な脳波であるというデータも出てこよう。精神衛生上満点であり、神経衰弱もノイローゼもこれによって全治出来るという結論も出よう。しかし禅とはただそんなものであろうか。是なることは則ち是なり。可惜許。

四

よく整備されることが飛行機の目的ではない。飛行機の性能は飛ぶことにある。如何によく整備されても、飛ばない飛行機になんの意味があろう。宇宙人の目的は、ただ無重量状態を見てくることではない。無重量状態において、人間はどんな生活が出来るかということが研究課題でなければならん。

禅の目的は、脳波が平穏なデータを記録することではない。絶対無の境地を独善的に自受用することではない。自他不二の世界に安眠することではない。

絶対無の境地、無意識の状態をもって究竟とするならば、禅はまさに麻薬に等しいではないか。間接なる自殺行為ではないか。平地上の死人と罵倒されても、弁解の余地はあるまい。「只這裏便ち是れ妙峯頂」と讃歎随喜する、保福の輩（やから）が横行するならば、まこと髑髏（どくろ）天下に普（あま）ねきを見るであろう。

絶対無意識の境地から、意識がどのように復活するか。自他不二の三昧からどうして自己が自覚されるか。睡眠に等しい平穏な脳波から果してどんなすばらしい生活が創造されるか。そこにまだ大きな問題が残されておるではないか。

神経衰弱やノイローゼが治ることは、医学上よいことではあるが、宗教としてなんの価値があろう。宗教とは、われわれの人生観世界観に百八十度の転回を与えるものでなければならん。「人もし全世界を得るとも、生命を失わばなんの益かあらん」と言われる、永遠なる生命の自覚がなければならん。「驀然として打発せば、驚天動地、関将軍の大刀を奪い得て手に入るるが如く、仏に逢うては仏を殺し、祖に逢うては祖を殺し、生死巌頭に於て大自在を得、六道四生の中に向って遊戯三昧ならん」と、語を強うして叫ばれる、驀然打発ということがなかったら、禅は死物に過ぎない。

まことに「是れ孫公の端的を弁ずるにあらずんば、髑髏地に著く幾人か知る」である。

されば六祖大師は喝破される。「ただ見性を論じて、禅定解脱を論ぜず」と。臨済はまた言う。「この一堂の僧、経も又看ず、禅も又学せず。総に伊(かれ)をして成仏作祖し去らしむ」と。

(三十六年十一月)

百丈大雄峰

百丈大雄峰（第二十六則）

挙す、僧、百丈に問う、如何なるか是れ奇特の事。丈云く、独坐大雄峰。僧礼拝す。丈便ち打つ。

頌に云く

祖域交馳す天馬駒。
化門の舒巻途を同じゅうせず。
電光石火機変を存す。
笑うに堪えたり人の来って虎鬚を捋ず。

一

北京城中の西部に、広化寺という寺があった。北京全臨済寺院三十九箇寺の和尚達がその寺に集って、われわれを歓迎してくれるというので行ったことがある。われわれとは先師精拙老漢と侍者のわし。盛りたくさんな精進料理の中に、わしの大好物の餅とうどんが出たのはうれしかった。日本とおなじ餅であった。おなじうどんであった。

一室に清朝の遺族溥儒溥恵氏兄弟が母御の棺側に侍して喪に服しておられた。回向を請われたので一巻の誦経をしたら、お布施をくれた。人情はどこも同じと見える。

祖師堂にお参りしたら祖像が三体お祀りしてある。真中はどなたかと訊ねたら「ダモ」だと言う。達磨大師だナとわかった。右はどなたかと訊ねたら「マソ」だという。これも馬祖だナとよめた。左はどなたかと訊ねたら「ペザン」だと言う。さあそうなると誰のことか見当がつかない。そこで手帳を出して「ペザン」とはどう書くのかと聞いたら、広化寺の大和尚まったく不立文字と見えて、若い雲水を手まねきして「ペザン」を書かせた。「ペザン」は百丈であった。

その雲水は正定から来ておるというので、正定なら唐代の鎮州で、臨済和尚のおられた臨済院があるはずだから、案内せんかと言ったら「イヤだ」と言う。なぜかと聞いたら、「日本は、きっと戦争に負けるにきまっておる。日本が負けて逃げた時、自分が漢奸だと言って村の者から殺されるからイヤだ」と言う。「そんな馬鹿なことがあるか」と言ってわれわれは大笑いしたものだが、大馬鹿はコッチだった。

余談はさておいて中国の禅宗では、百丈禅師は達磨・馬祖の両大師について功績ある大恩人として、かくのごとく崇敬されておるのである。

達磨大師以来二百数十年間、禅宗は大いに興隆し伝燈されたが、当時はまだ定まった禅院というものはなかったのである。今日見るような、禅宗という一宗の形態はなかったのである。多くは律院に寄寓して只管、大法を挙揚されたに過ぎなかった。

それが百丈禅師の時になって始めて独立した禅院が創設され、その建築の機構から儀式法要の順序次第、日常生活の規準に至るまで細大もらさず制定された。これが有名な百丈清規であり、禅宗という一宗の在り方がここに確立されたわけである。

監寺だの維那だの首座だの典座だのという役の名前から、請問だの上堂だの掛搭だの普請だのという日常用語、それから坐禅の仕方、食堂の作法に至るまで、仔細にわたって規定され、今日もなおわれわれは、この清規を基本にして生活しておるのである。禅の宗旨を伝えられたのは達磨大師であり代々の祖師方であったろうが、禅宗という一宗を創設された方は実に百丈禅師であった。

清拙大鑑禅師は南北朝時代に帰化された大徳であり、後、南禅寺に住持された名僧であるが、この方は日本の禅宗で百丈禅師を祀らずその忌日に法要を営まないことを非常に歎かれて、しきりにそのことを唱導された。

「わしは百丈禅師の御命日に示寂しようと思う。そうしたら、わしの法孫になる者だけでも、わしの忌日には必ず百丈禅師を思い出して法要を怠らないであろうから」とよく言われたそうだが、はたして延元四年一月十七日百丈禅師と忌日を同じゅうして遷化された。

この清拙禅師は小笠原貞宗の帰依を受けて、信州伊那に開善寺を創設されたが、いわゆる小笠原流の礼法はこの貞宗によって大成されたものであるという。それはかれが日常参禅とともに、清拙禅師から伝えられた百丈清規に負うところ多大であったと言わねばならぬ。

百丈禅師はかくのごとく禅宗という宗団の偉大なる立法者であったが、また同時に厳格なる遵法者でもあった。かれは自ら編纂したその清規を衆に先んじて実践したのである。

禅師は玄宗皇帝の開元八年（七二〇）に生れられて、憲宗皇帝の元和九年（八一四）に遷化されたから、九十五歳の長寿を全うされた。玄宗皇帝の寵愛を一身にあつめた稀代の妖婦、楊貴妃は禅師より一年の年長であり、弘法大師、空海上人は禅師の晩年の頃、入唐留学されたわけである。

禅師はかくも九十の坂を越す高齢になっても、清規の実践をまげられなかったと見える。普請の日には作具といって仕事の道具を執って、自ら衆に先んじて作務をされた。ある日院主があまりお気の毒に思って、老人をいたわる気持から、作具をひそかにかくしてしまい、ひそかに休息されることを心に願った。

しかしこの頑固一徹の老和尚はなかなか承知しなかった。「わしのような不徳なものが遊んでいて人様の世話になることは出来ぬ」と、そこらを捜して道具が見つからないと、その日は終日、室に籠って何も喰べられなかった。翌日になって止むを得ず道具を出しておくと、また機嫌よく働いて食事をとられたということである。

「一日作さざれば一日喰わず」の一語は、実にこの時の禅師の発語であり、天下に流布した名言であるが、また千古不磨の金言と言わねばならぬ。人生生活の指針はまさにこの一語に尽きると言っても過言ではなかろう。

白楽天をして「春寒うして浴を賜う華清池、温泉水滑らかにして凝脂を洗う」と、長恨せしめたごとく、玄宗皇帝が孫のような楊貴妃にうつつをぬかして、安禄山の叛逆も知らなかった時代に、道義も風義も頽廃の極に達した当時に、かくも厳粛な人生を生きぬいた一人の哲人のあったことを、忘れてはならぬ。

二

この百丈禅師にある時一僧が訊ねたのである。

「如何なるか是れ奇特の事」と。仏法のギリギリ有難いところは何でありますかと。この僧なかなかどうして只のドブ鼠ではない。「如何なるか是れ仏法の大意」とか、「如何なるか是れ祖師西来意」とか、従来の型にはまった、通り一遍の問題を持ち出さぬところ、すでに型破りの古強者と見える。

そこで万一にも百丈がうっかり仏とか大法とが、紋切り型の答えでもしようものなら、只ではすまさぬ所存、「言中に響あり、句裡機を呈す」と圜悟は下語しておるが、白隠老漢は、「宗旨のキッスイこの上もない有難いことはと問うて、仏と答えても祖と答えてもはね返すつもりじゃ。この僧イヤナ奴」と書入れてござる。

さて宗教とは何か有難いこと、奇特なこと、科学を超越した不思議をとり扱うものだというのが凡俗の通念である。医者で治らぬ病気が治るとか、お蔭で商売が繁昌するとか、貸し金がスラスラとれるとか、家庭が円満になるとか、何か奇特なことがなければ宗教ではないと一般愚民は考えておる。そこでおあつらえ向きの御都合宗教がいくらでも出て来て、昔も今も民衆に迎合してくれる。

二流三流の鰯の頭的宗教はそれでよいとして、仏祖正伝の禅宗では一体なにが奇特であるか。禅宗創立の権威者である老和尚にもの申すと言わんばかりの意気込みである。そこには宗旨第一主義か清規第一主義か、あるいは正法至上主義か宗団至上主義かという思想の入りくみもあったかも知れぬ。

昭和五年ごろの春であったと思う。東福寺に開山聖一国師の六百五十年の御遠諱がありそのとき大会が設けられて、天竜寺からも雲水が二十名ばかり参加した。

法要も無事すんで大会が分散になって、二十人ばかりの雲水が雁行して京都駅まで歩いて、そこから山陰線で嵯峨へ帰るべく待合所へ入って休憩することにした。

雲水は荷物が多い上に最もカサばるのは網代笠（あじろがさ）である。邪魔にならぬようにすみの方に積み重ねてゆくと、どこから現われたか、頭に兜巾（ときん）を頂き輪袈裟を掛け手に錫杖（しゃくじょう）を持った一人の山伏が、わしの前にすっくと立っておる。そしてぐっとにらんで言うには、

「お笠を地べたにおいて勿体なくないか」。

「勿体なくない」。

わしは答えた。すると、

「禅宗では一体何が一番有難いか」

と来た。

「何でも有難い」

とわしは答えた。しかし相手にはその意味が呑みこめぬらしいので、

「雨の降る日には傘が有難いし、外へ出る時には下駄が有難い」

と言葉をそえてやったら彼、何と思ったか、ペコンと頭を下げて消えてしまったことがある。

山伏や遍路は笠や杖を非常に有難いもの、地べたにおいてはバチがあたるもののように思っているのであろう。

いったいお互いの宗教で何が一番有難いのであろうか。人々反省して見るべきことである。仏であるか、法であるか、祖師であるか。信心であるか、悟りであるか、御利益であるか。あるいは幸福であるか。

いったいお互いの人生では何が一番有難いであろうか。よくよく自省して見るべきことである。金であるか、命であるか、仕事であるか。名誉であるか、酒であるか、女であるか。それとも真理であるか。

「人を驚殺す」と圜悟は下語（あぎょ）しておるが、そう面と向って訊ねられて見ると、ちょっと、人をとまどいさせずにはおかぬ。

如何なるか是れ奇特の事。「神さま」あるいは「如来さま」と直ちに答えるのが、宗教者一般の答えであろう。

しかしその神さまたるや如来さまたるや、その人その人の信仰と学問と経験と教養によって、一人一人その受け取り方が違うものと考えられる。

もしそうであったなら神仏は観念の遊戯に外ならないということになる。そこに万人共通の動かない普遍的な神仏の受取り方がなくてはならぬ。

歎異鈔のなかに「源空が信心も如来より賜わりたる信心なり。善信房の信心も如来より賜わらせ給いたる信心なり。されば信心はひとつなり」とあるように、万人が必然的に落ちつく、かならずそうなくてはならぬ普遍的な信心の世界、自覚の世界がなくてはならぬと思う。

かかる普遍的な絶対的な自覚されたる唯一の心境をしばらく禅と名づける。

「法を見る者は我を見る。我を見る者は法を見る」と釈尊の仰せられた、法仏一如の世界である。それはそのまま「心仏及衆生是三無差別」と表現される普遍的な境地である。是心是仏・是仏是心、信心不二・不二信心の心境でもある。

そこにはもはや神とも仏とも名のつけようはない。奇特ということさえもない。ただ躍動する一すじの生命の流れを感得するばかりである。

この僧すでにここに一分の識見を懐きながら、大いにとぼけて、「如何なるか是れ奇特の事」と百丈和尚に喰い下ったのである。

三

すると百丈和尚は答えた、

「独坐大雄峰」

と。

何という爽快な一句ではないか。天下人の舌頭を坐断するとは、こういう句のことである。相手の僧もこう出られてはウンともスンとも言いようはあるまい。

この一語仔細に点検し来れば、向上あり、理智あり、機関がある。軽々に看過すべきではない。

元来宗教の世界は「常に独り行き常に独り歩する」底のものである。個人の心奥の問題である。集団改宗等と政治的色彩のあるべきはずのものではない。「弥陀五劫思惟(ごこうしゅい)の願をよくよく案ずれば、親鸞一人がためなりけり」という告白こそ、宗教体験の如実の姿である。

坐は坐ることである。坐るという字は土の上に人が対坐しておる形であるが、元来ヨーロッパ的考え方からすれば、土は罪であり、汚れであり、醜悪なる現実である。この罪と汚れと醜悪の現実の上に坐りこんで、そこに光と救いを発見してゆく宗教、それが大乗という宗教である。大雄峰は百丈和尚の住された寺のある山の名で、江西省の南昌府にある。実に嶮峻にそば立っておるので百丈山とも言われ、引いてはここに住しておられた懐海(えかい)和尚のことをも百丈和尚と呼ぶに至ったのである。

独坐大雄峰。さすがに聳天(しょうてん)百丈屹立(きつりつ)峨々たる大雄峰も、みごと和尚の尻の下にしかれてしまったあんばい、上片互の頭を覆う無く、下寸土の足を拄うる無き境界(きょうがい)、厭うべき煩悩もなく求むべき菩提もない、憎むべき凡夫もなく慕うべき仏もない、怖るべき地獄もなく願うべき天堂もない、尽乾坤(じんけんこん)森羅万象ことごとく和尚の坐布団の下に打ちしかれた体たらく、「よしあしの草ひつしいて夕涼み」という風流無礙の境界でもあろう。

ここがそもそも奇特の事というのであろうか、仏であるの祖でござるのと言わなかっただけはましであるが、万一これで問答が終ったならば「坐者立者二人倶に敗欠(はいけつ)」で、見られたざまではあるまい。

それよりは暫らく第二義門に下って、思索の光芒(こうぼう)を楽しむがよい。

「何がギリギリ一番有難いことですか」。

「わしがここに坐っておることサ」。

何とすばらしい名答ではないか。脚、実地を踏むとはこのことだ。わしがここに坐っておること、これ以上の真実と奇特がまたとあろうか。これ以上に斬新なニュースがどこにあろうか。われわれは震い上るような感激と飛び上るような驚異をもって、即今自己の実存に目覚めなければならない。

無限の時間の中に、無限の空間のなかに、今日只今かぎられたるこの一点に自分がおかれてあるということ、これが感激でなくて何であろう、驚異でなくて何であろう、奇特でなくて何であろう。

よく見れば薺（なずな）花さく垣根かな（芭蕉）

爪切った、指が十本ある（放哉）

この驚異と感激のない者には、宗教はおろか俳句の門さえ開かれないであろう。

このごろ人が来て「洋行しませんか」と言うから、「向うから見たら、日本が外国じゃないか。わしは今、日本へ洋行して禅宗を勉強しとるんだ。こんな有難いことはない。さいわい日本語は上手だからネ」と言ってやったら、恐れ入って帰りおった。そうじゃござんせんか。

人はとかく現実を軽視して理想に走り、今日の坐を蔑視して、明日の行を求めようとする。天上の月を貪ぼり看て、掌中の珠を失却するものである。平凡なる日常底にギリギリの奇特を発見することが宗教だとも言える。

すべての人が自己のポイントを最大の奇特と感受し、今日一日をもっとも充実し、ふたたびなき人生を荘厳ならしめることが宗教的生活だと思う。人生は書き直すことの出来ない一巻の書物だとは、誰の言葉であったか。

煩悩を、菩提と肯定し、不完全に完全を発見し、刹那に永遠を自覚する大乗不二の法門こそ、独坐大雄峰という一語の盛る神秘である。

するとその僧は直に「よくわかりました」とばかりに礼拝をした。まことに怜悧（れいり）の衲僧（のうそう）である。こうなくては百丈和尚の真価の浮かび出る時がない。

「憎い奴じゃぞ。百丈和尚をまるで尻の下に敷いておるわい。こういう奴はそのまま遁（にが）すな」と白隠和尚は評しておられるが、果して「丈すなわち打す」

じゃ。百丈和尚持っていた杖でビシャリと打ちなぐってしまった。作家の宗師、これで始めて百丈和尚、男を上げることが出来たというものである。仏を打し魔を打す、とはこのことこのこと。

四

そこで雪竇和尚がこの公案を詩に作って歌った。

　祖域交馳す天馬駒。
　化門の舒巻途を同じゅうせず。
　電光石火機変を存す。
　笑うに堪えたり人の来って虎鬚を捋ず。

　祖域交馳す天馬狗。祖域は達磨鼻祖以来開拓された禅宗の原野である。交馳すは自由自在に馳け廻ること。天馬駒は中央アジヤの大宛国、今日のアラビヤか、イラン、イラクか、あのあたりに、むかしから天馬と言って千里をはしる名馬を産したという、その天馬の若駒である。

　般若多羅尊者が「足下に一馬駒を出し、天下人を踢殺す」と予言されたのは、馬祖のことであるといわれるが、その子であるからまさに百丈和尚をさして天馬駒と称したものである。馬祖下八十四人の善知識の中でも特に大機大用をもって聞えた神足は、実にこの百丈大智禅師である。

　何時しかに、宗門の棟梁になりすまし、宗旨の大綱を手中に掌握し、自在無礙に仏祖の田地を馳け廻って、禅宗という一大宗団の基礎を大成した有様は「祖域交馳す天馬駒」である。

　化門の舒巻途を同じゅうせず。化門は衆生済度の権化門中である。舒巻は与奪であり活殺であり、自在なる手段である。その衆生済度のために転回された自由自在の活手段は、凡庸の宗師家と到底同一に談るべからざるところであろう。

「如何なるか是れ奇特の事」と難問を切り込まれて、「独坐大雄峰」と発矢と受けとめ、僧が体をかわして礼拝する隙をねらって見事真向うから切り伏せてしまったその腕前、左転右転の離れ技、二天翁宮本武蔵の妙技を見るような、まことに電光石火の働きをもって、機に応じ変に処する老練さよ。

笑うに堪えたり人の来って虎鬚を捋ず。ただ気の毒なは、かかる大力量の和尚と知ってか知らずか虎穴に入らずんば虎児を得ずとばかりに、喪身失命（そうしんしつみょう）もなお避けぬ大勇猛心をもって、その懐に飛び込んであわれその毒手にかかり、二目と見られぬ手創を受けたこの雲水僧ではあるよ。

父祖よりは伝え来し道の高原
おもいのままにかけめぐる
清々し若駒が
こだわりもなき生命なる。
時あって不意を衝けば
果然身をかわしてくわえふり
電光石火も只ならぬ。
その鬣（たてがみ）にふれしより
かりそめに踏み仆されし駑馬あわれ。

（二十九年一月）

鉄磨潙山に到る

鉄磨潙山(いさん)に到る（第二十四則）

垂示に云く、高々たる峯頂に立つ、魔外(まげ)も能(よ)く知ること莫(な)し。深々たる海底に行く、仏眼も覷(み)れども見えず。直饒(たとい)眼(まなこ)流星(りゅうせい)に似、機掣(きせい)電の如くなるも、未だ免れず霊亀尾を曳くことを。這裏(しゃり)に到って、合(まさ)に作麼生(そもさん)。試みに挙す看よ。

挙す、劉鉄磨(りゅうてつま)潙山(いさん)に到る。山云く、老牸牛(ろうじぎゅう)、汝来也(らいや)。磨云く、来日台山(たいさん)に大会斎(だいえさい)あり、和尚還って去る麼(や)。潙山身を放って臥す。磨便ち出で去る。

頌に云く

曽て鉄馬に騎って重城(ちょうじょう)に入る。
勅下(くだ)って伝え聞く
六国(りくこく)の清きことを。
猶お金鞭を握って帰客に問う。
夜深(ふ)けて誰と共にか御街(ぎょがい)に行かん。

一

夏の初め頃、曹源池の築山の緑がこよなく照りはえ、茄子もそろそろ花をつけようという頃、畑の隅に蛇がじっと土の中に頭を突込んで、胴体と尻尾だけが土から露出しておるのをよく見かける。

はてどうしたことであろう。牛窓櫺（無門関三十八則にある）の話ではないが、尾巴何としてか過ぎ得ざると訊きたいところだが、「ナニ亀の卵を呑んでおるのよ」と、飯焚き爺さんからあっさり聞かされて、生けるものの悲しさをしみじみ感じさせられたことである。

石亀の生める卵をくちなわが
　まちわびながら呑むとこそきけ

という茂吉老の歌をどこかで見た。彼はただ話に聞いてそういうこともあるものかと、感興を歌ったのだが、老僧は若い頃実際にそれを見てびっくりしたことである。

つまり池の中の石亀が水から這い上って、なるべく土のやわらかな畑の隅などへ穴を掘って、そこへ幾個か卵を生みおとしておく。すると蛇がちゃんとそれをかぎつけて、穴の中へ頭を突込んで、卵を呑んでしまうという段取である。

そこで石亀ならぬ霊亀、尻尾に長い緑の毛の生えておるというような劫をへた大亀ともなれば、せっかく生み落した大切な卵を盗まれるようなへまなことはしない。脚痕を残さぬように、尻の毛で奇麗に払い消して、悠々と海の底へ帰るというのである。

ところで脚痕は見ごと消えても如何せん尻尾の跡はかくすわけにいくまい。頭かくして尻かくさずと言ったところであろうか。利巧なようでも畜生の悲しさ、どこか大事なところが抜けておるというわけだ。

なんぼ修行が出来てその眼敏いことは流星のごとく、その手早いことは電光を捉えるほどの怜悧の漢でも、どこか間が抜けていて、霊亀尾を曳く失敗を妨れぬものである。

もし天魔外道もその高さを窺い知るべくもなく、

仏菩薩もその深さを量り得ないような、破格な人物があるとしたらそれはいったい誰のことであろう。

寸心居士の若い頃の歌に

わがこころふかき底あり喜こびも

憂いの浪もとどかじと思う

とあったが、喜怒哀楽の浪のとどかぬところ、是非迷悟の光りもささぬところに、禅心の底いなき深さを探らねばならぬ。

太閤は茶の師利休居士に

そこいなきこころのうちを汲みてこそ

茶の湯なりとは知られたりけり

の一首を贈ったということであるが、茶の湯というものが、掛軸道具の優雅や点前(てまえ)作法の器用にのみおわってはなるまい。日本一の智慧者にさえ窺い知れぬ、底いなき心の深さがあってこそさこそと偲ばれる。茶禅一味などと申すこと、なかなかにおろそかならぬことではある。

二

このごろ老僧のところへ愛知県の山奥から、一人の若い人が訪ねて来た。老僧の不在を二日間も待受けて「教えを乞いたい」と言うから、会うてどういう用かと聞いたら、「わたくしは生来気が小さくて困ります。この頃は恐怖病になってしまって、人の顔を見るのも恐いのです。気の大きくなることを教えて下さい」というのである。

「今まで何をしておったか」と尋ねたら、村で教育長をしておったという。教育委員長が首を吊ったりノイローゼになったり、校長が自殺したり逃避したり、勤務評定問題以来の流行病らしい。

「気が小さいというがあんたの気という奴はどこにあるか」と問うて見た。返事をしない。「あんたの小さいというその気はどこにあるのか」。二度三度四度五度駄目を押したが返事をしない。すっかり考え込んでしまっておる。「気というものがどこにあるのか」と一喝浴びせたら、彼ようやく細い声で「形はありません」と答えた。

「形のないものに小さいとはどういうことじゃ。そんな不合理なことがあるか。小さいとか大きいとかは形のあるものにいうことじゃ。大きいと言えば大宇宙を包容し、小さいと言えば原子電子の中へも入って行く、大自在を得たものが気というものだ。生れつき小さい気などという固ったものがどこにあるか」。

「あんたのは気が小さいのじゃなくて、気が小さく動き過ぎるということじゃろう。馬鹿になりなさい。生命も要らん金も要らん名もいらんというような大馬鹿になりなさい。あんたのように生命も欲しい金も欲しい、その上、人から誉めて貰いたい、そんな了見では仕事は出来ん」と言うたら、彼はじめて顔を上げて「観念的にはよくわかりました」と答えた。

「観念的でもわかれば結構、それを身体で受取ることを禅というのじゃ。これから捨身で行きなさい。体あたりで行きなさい。何も恐いことはない」。

「捨身になるにはどうしたらようございますか」。

「まごころじゃ。自己をあざむかず人をあざむかず、ただまごころ、誠実一片で行くのじゃ。まごころでわからなかったら愛情じゃ。人間愛じゃ。人類愛じゃ。愛情こそ人間性のまごころじゃ。いまの時代なにが足らんと言って愛情ほど足らんものはない。文部省にも愛情がないが日教組にも愛情がない。愛情のない者が寄合うて話が解決するはずはない。全人類全社会を愛するような人間愛を自覚して行くんだ。愛情に敵するものは一物もない。なんの恐ろしいことがあるか」。

「よくわかりました。努力してみます」と言って帰って行った。切に健闘を祈る。

三

百丈山（ひゃくじょうざん）は今日の南昌（なんしょう）にあり、潙山（いさん）は今日の長沙にあるということだから、そう遠い距離ではない。ある時百丈山の大智禅師のところへ、司馬頭陀という居士が訪ねて来た。彼は人相骨相地相等の鑑識に優れておって、常に諸国を遍歴しておったようだ。「これより南の方潭州に、潙山と言って素晴らしい山のあることを発見しました。この山を開けば悠に千五百人を収容出来る大道場となりますが、誰か行ってこの山を開かんものですかなあ」と彼はしきりに潙山を推称した。

当時はようやく禅宗勃興の気運に向いた時であり何より耳よりの話と申さねばならぬ。「老僧が行ってそこを開こうか」。百丈は直ちに話に乗った。「貴方はいけません。潙山は肉相ですが、貴方は骨相です。貴方が行かれたのでは、せいぜい五百人くらいしか集まりますまい。誰か外に人はありませんか」というので門下からその人を選ぶことにした。

まず第一座の善覚が呼び出され、言われるままに二三歩歩いて咳払いをしたが、司馬頭陀の気に入らなかった。次に典座の霊祐が呼び出されたが、一目見るなり「これならよい」と及第してしまった。

しかし第一座をさしおくわけには行かんので、大衆の面前で二人を試験し、合格したものを潙山へ遣ることにした。全く公明な選挙法である。

百丈は二人の前に浄瓶と申す木製の水差を置いて「喚んで浄瓶と作すことを得ざれ、汝喚んで何とか作さん」と訊ねた。浄瓶というのは常識で本来は浄瓶でも何でもないはずだ。もし浄瓶と名づけなかったら何と言うたらよいか、というのである。ちょっと難問である。

すると善覚は「喚んで木楑と作すことを得ず」。木っ杭というわけにも参りませんなと答えた。まんざらでもないが力のないどうでもいい返事だ。

次に潙山（霊祐）は立って行って黙ってその浄瓶を蹴飛ばし、さっさと出て行ってしまった。

これは明らかに霊祐の勝だ。潙山は浄瓶を蹴倒すと同時に、くだらん論理の遊戯を蹴飛ばしたのだ。

鉄磨潙山に到る

百丈の横っ腹を蹴破り、三千世界を蹴飛ばしてしまったのだ。高々たる峯頂に立ち、深々たる海底を行くとは、こういう働らきであろう。百丈はそこで霊祐を潙山へ遣ることに決めた。大衆誰もそれに異議はなかったであろう。

ところで霊祐は潙山へ登って見たところ、全く人跡未踏のジャングルだ。千五百人はおろか猫の子一匹訪ねては来ない。彼はこの山中にじっと坐り込んで、猿や兎を友とし、栗の実や橡の果を食べて、黙黙として七年を暮した。漸く七年経って、桃李もの言わざれども下自ら径をなすというか、次第に世人に知られ修行者も集って来て、遂に千五百人を容れる大道場を完成してしまったのである。

そして相共に一宗を樹立した仰山慧寂をはじめ、撃竹で名高い香厳や、見桃でやかましい霊雲や、今日ここに出て来る中国尼僧団の選手権を持ったような劉鉄磨や、臨済録と共に不朽に名を残す王常侍敬初居士など、四十余員の善知識を打出して、潙仰宗の一派を開いたのである。

今日の禅界に、このような逞ましい不屈不撓の開拓精神を持っておるものがあろうか。嗚呼！

四

潙山の門前一里ばかりのところに、劉鉄磨という尼庵主がおった。劉は俗姓だが大方立臼のような大きな尻をしておったであろうし、煮ても焼いても食えぬところから、鉄磨とアダ名されたであろう。なかなか飽参の出来物だったらしい。男まさりというものか。

ある日ひょろっと潙山へやって来た。この尼坊主が来たら、何か一ト問題起さずに帰ったことがない。知客寮をとっちめるか、典座で奴鳴り散らすか、侍者寮でお節介やくか、まことにうるさい婆である。

今日は隠寮へ入り込んだようだ。潙山も心得たもので、顔を見るなり「老牸牛来也――婆々牛来たな」と頭から悪水をブッ被せた。潙山はよほど牛が好きだったと見えて「わしが死んだら門前の張がとこの姑牛に生れて来よう、左の脇腹に潙山僧某甲とはっきり書いておく、皆にわかるようにな」と言われたということである。

「婆々牛来たか」。鉄磨もちょっと出鼻を挫じかれたが、そんなことで後へ下る婆々牛ではない。「来日台山に大会斎あり、和尚還って去るや」。明日五台山の本坊でご供養が出るそうですが、和尚さんよばれて行きなさるか。お伴しましょうか、と出た。

とんでもないことを抜かす婆じゃ。潙山は湖南省にあり、五台山は山西省にある。中国の里数なら文字通り千里を隔てておる。飛行機やヘリコプターのある今日ならとにかく、千年も前に、コツコツ歩いて、何で千里の道が一日で行かれようぞ。とぼけるにもほどがある。

するると潙山は黙ってそこへゴロリと寝ころんでしまった。これはなんのことであろう。「俺は今五台山でたらふくよばれて帰ったところじゃ。お腹がぽんぽんで眠うなった」と言わんばかり。五台も天台も尻にひっ敷いて、須弥山枕に高いびきというところじゃ。高々たる峯頂に立てば魔外も能く知る莫く、深々たる海底に行けば、仏眼も覰れども見えずとは、この境地であろう。そこで鉄磨もさるもの、あとふりむきもせずさっさと帰ってしまった。誰か知る遠き煙浪、別に好思量ありか。湖南省潙山の日永の日の長閑なエピソードの一つであった。

雪竇と共にこの面白いエピソードを大いに頌おう。

馬上ゆたかに　あたりを払い
城中ふかく　乗りいれたれど、
婆々牛来たかと　出られては
天下泰平　戦にならぬ。
来日台山　大会斎
和尚さるやと　さぐりを入れりゃ、
ごろりころりん　たかいびき

ごろごろ鉄磨も　ころげさり、
松風ばかり　そうそうと
山寺のひる　寂かなり。

（三十四年九月）

文殊前三三

文殊前三三（第三十五則）

垂示に云く、竜蛇を定め、玉石を分ち、緇素を別ち、猶予を決するに、若し是れ頂門上に眼あり、肘臂下に符あるにあらずんば、往々にして当頭に蹉過せん。只如今見聞不昧、声色純真ならば、且らく道え、是れ皁か是れ白か、是れ曲か是れ直か。這裏に到って作麼生か弁ぜん。

挙す、文殊無著に問う、近離什麼の処ぞ。無著云く、南方。殊云く、南方の仏法、如何んが住持す。著云く、末法の比丘、少しく戒律を奉ず。殊云く、多少衆ぞ。著云く、或は三百或は五百。無著文殊に問う。此間如何が住持す。殊云く、凡聖同居、竜蛇混雑。著云く、多少衆ぞ。殊云く、前三三後三三。

頌に云く

千峰盤屈して色藍の如し。
誰か謂う文殊是れ対談すと。
笑うに堪えたり清涼多少衆ぞ。
前三三と後三三と。

一

忿を絶ち瞋を棄て、人の違うを怒らざれ。人皆心有り、各執るところあり、彼の是とするところは即ち我が非とするところなり、我が是とするところは則ち彼が非とするところなり。我必らずしも聖に非らず、彼必らずしも愚に非らず。共に是れ凡夫のみ。是非の理たれか能く定む可けん。相共に賢愚なること鐶の端無きが如し。是を以て彼の人瞋ると雖も、還って我が失を恐れよ。我独り得ると雖も、衆に従って同じく挙え。

（十七憲法第十条）

国会を中心として国を挙げての悪夢のような狂暴な一月を送って来て、一入この聖徳太子のお言葉が想起され、しみじみ味わわせて頂く次第である。「我独り得ると雖も衆に従って同じく挙え」とは、蘇我氏独裁の古も、民主主義の今日も、いつの時代にも通ずる政治の正しいあり方であると思うが、今日ほど民主政治の破壊されたことは、新憲法発布以来ないことである。民主政治を破った者は誰か。社会党か、自民党か、学生のデモ隊か、それとも警察官か、など、いまさら古キズを洗うことは止めよう。病院に収容された学生の手当てをしていた一看護婦が「同じ日本人どうしだのにネ」と嘆いた言葉こそ、今日国民のすべてがひとしくいだく後味ではなかろうか。

明治維新のころ、三条の大橋を通過する官軍を待ち伏せて、賀茂に隠栖していた一尼僧蓮月が、総大将西郷隆盛の馬を引き止めて、一葉の短冊を献じた。それには

打つ人も打たるる人ももろともに
おなじみ国の民にあらずや

と認められてあったということである。それかあらぬか、西郷は勝海舟と会談して、江戸八百八町を兵火の難から救ったのであるが、今日のような世にはことさら憶い出されることである。

一人の可憐なる女子学生の人命を損し、両陣営共に多くの負傷者を出すような暴動が、二度と繰り返えされぬことを祈らずにはおれぬ。忿を絶ち瞋を棄て、話合いの広場を持つこと、すなわち民主主義のルールが正しく守られることを、国民と共に希わずにはおれぬ。

それにしても自民党の言うことが是なのか、社会党の主張が非なのか、デモ隊が是なのか、警官隊が非なのか、いったい何が是であり何が非であるか、容易に決せられることではあるまい。まことに彼が是とするところは、我が非とするところであり、我が是とするところは彼が非とするところである。甲にとって是であることが、乙にとっても是であると定らないし、今日の非が明日も非であるとは限らない。たれかよく是非の理を定めんやである。

しかも自分が欠点のない聖人というわけでもなく、彼が何も知らぬ愚人だというわけでもない。お互いにただの凡夫であって、わずかな経験と知識の範囲でものを言っておるに過ぎないのだから、一つ謙虚な気持ちで、相手の意見を尊重し、話合いをしてゆく寛容性が必要ではなかろうか。

そこでわれわれの禅道修行においても、社会生活の人間関係においても、相手が竜であるかただの蛇であるか、真物の玉であるかガラス玉であるか、赤か白か、はっきり見極めて、猶予も躊躇もなく決断を下すことはなかなか難しいことである。額に縦眼のあるような英知の人も、肘に神秘の護符を掛けておるような道士でさえも、往々にして真向うから大失敗をやることがあるものだ。

われわれにとって只一つ是とされることは、是非の分別を棄てるそのことだ。知識以前経験以前の赤子のような無心に帰ること、不思善不思悪、父母未生以前の本来の面目を自覚して、一切是非の判断を棄てることだ。すなわち「弥陀の本願には老少善悪の人を選ばれず、只信心を要とすと知るべし」と示された信心の世界、「只憎愛無ければ洞然として明白なり」と歌われた明白の境地こそ、われわれにとって一番正しい心のあり場所であろう。

しかし、その善悪を選ばず、憎愛を離れた心境は、なるほどわれわれにとって最も平安な世界であることはわかるが、もしそうなってしまったら、なにが黒でなにが白であるか、なにが曲っていてなにが真直であるか、どうしてその見分けをすることが出来ようか。宗教は人間の正義観を蒙昧にし、闘争心を麻痺させるアヘンであってはならぬであろう。

と言って是非善悪の闘争に明け暮れしておったのでは、人間は救われない。どうしたらよいであろう。ここに面白い話があるから聞かっしゃい、と圜悟禅師は垂示しておられる。

二

さてむかしむかし、無著と名づけられる和尚があって、山西省の五台山へ上って、文殊菩薩に親しくお目にかかり、インタービューしたという伝説がある。無著和尚は人の示しにより、善財童子の芳躅にならって南詢の旅に出たのであるが、まず生身の文殊さんに相見したいものと考え、古来その著名な道場である五台山に登ったわけである。

ところが一向それらしいお方に巡りあえず、途方にくれて暮れゆく空を眺めておると、そこへ一人の老人が牛を曳いてやって来た。これ幸いと仔細を打ちあけてその志を述べると、とある寺院へ案内された。そして当時珍らしい西域渡来のギヤマンのコップで、クリームともジュースともつかぬ香りの高い素晴らしい飲みものを振るまわれたが、舌も身もとけるようで、なんとも言えぬ感じであった。そしてこんな問答がとり交わされた。

「どこから来たかナ」。

「南方から参りました」。

「南方の仏法は近頃どんな具合じゃナ」。

「少しばかり戒律を守っておる者がありますが、まあそんな程度です」。

「修行者はどのくらいおるか」。

「三百人おるところもあれば、五百人くらいおるところもございます。ところでこちらの仏法はどんな様子でございますか」。

「玉石混交、金も砂もいっしょだよ」。

「どのくらいおられますか」。

「さあ、前が三三、後が三三だな」。

一晩の宿を乞うたが、それは許されなかった。厚く礼を述べて門を出ると、均提（きんてい）と呼ばれる童子が送って来たから、ひそかに尋ねた。「前に三三、後に三三と老人は言われましたが、ありゃいったい何人おると言われたのですか」。すると童子が「和尚（おしょう）さん」と呼ぶから「ハイ」と返事すると、「そこは何人です」と来た。童子もただの童子ではないようだ。

「今のお寺は何というお寺ですか」と重ねて尋ねると、さっと仁王門の後の方を指すから、フト振返って見ると、もうそこには寺も老人も童子も、何もなかったということである。

無著はついに五台山に留って長く修行をし、そのところを金剛窟と名づけ、彼の老人はまさしく生身の文殊菩薩であったと気が付いたというのである。

文殊は般若の根本智を表現するもので、この問答はまさに差別智の無著と、根本智の文殊の対談である。少しく戒律を保ち、また三百五百と数量のはっきりしたものが差別智の世界であるが、凡聖同居して階級のわくをはずし、竜蛇混雑して差別の壁を撤し、前三三後三三と数量感を超越したものが、根本智の世界である。

無著と文殊の対談は、つまり差別智と根本智の出合いだから話の通じようもない。奇妙なこんにゃく問答に終ってしまったが、人生にはこの差別智と根本智の両面のあることを知っておかねばならんであろう。

是非曲直を明らかにし、真理と平和を死守し、権利擁護のために、雄々しく闘争する一面も必要だが、時には是非と利害を忘却し、呉越同舟して、恩讐の彼岸に楽しく話しあえる場も必要ではなかろうか。「他の違うを怒らず、彼の人瞋ると雖も、還って我が失を恐れる」自己反省の座が必要ではなかろうか。

進歩ということは、歩を進めることであるが、一歩を前へ進めようと思えば、一歩はしっかり大地を踏みしめておらねばならぬ。大地を踏みしめる一歩の安定感があって、始めて次の一歩を自由に前へ踏み出せるのである。途中に在って家舎を離れずとはそのことであろう。

進歩々々と言って両脚あげてしまうところに、現代人の不安があり、安定感に両脚を踏みしめて、一歩も踏み出そうとしないところに、宗教者の固陋なる保守性があるようである。

今は汽車や飛行機の時代だから、大地を踏みしめる必要は少しもないと笑われるかも知れない。なるほど汽車や飛行機を利用する方が歩くより快適でよろしかろう。しかし特急「こだま」が早ければ早いほど座席券の獲得が要求される。ジェット機が早ければ早いほど、座席の振動は少いことが望ましい。しかもそこで地上におると同じように、読書が出来、食事が楽しめ、事務がとれるようでないといかぬ。家舎を離れて途中に在らずとはそのことであろう。

三

昔から三人寄れば文殊の智慧というが、三人寄っても十人寄っても、二十三万人のデモ隊が集合しても、文殊の智慧は出そうもない。文殊の智慧とは、理外の理であり、言外の言である。時には奇智であり、ユーモアでもある。理窟抜きで相手を納得させる英智、決して人を怒らせない、敵をつくらない智慧でもあろう。

岸信介さんもそつのない利巧な人だが、もう一つユーモアがあったらナと惜しまれる。デモ隊も警察官も、ああカンカンにならずに、もう少しユーモラスにやってくれたらと望まれる。現代人に必要な文殊の智慧とは、つまりユーモアのことでもあろうか。

「凡聖同居し竜蛇混雑す」と言い、「前三三後三三」と答えたなど、実に気の利いた調子の高いユーモアだが、如何せん無著和尚には通じなかったようである。

由来日本人はユーモアを解せない民族だと言われるが、中にも関東人にくらべて関西人はユーモアに乏しいようだ。東京の学生はよく駄ジャレを飛ばすが、関西の学生はシャレをやらない。老僧など時々気の利いたシャレを吐くつもりだが、関西ではわかってくれる人が少い。知音稀(ちいんまれ)なりじゃ。

二三年前、久松真一博士と今(こん)東光和尚と三人で話をする会に出たが、東光和尚時間になっても一向顔を出さない。止むを得ず順序を代えて先にやることにしたが、つい口を辷(すべ)らせて「ありゃコントコ、思うとるんじゃないか」と言ったら、このくらいのシャレならわかると見えて、みんなどっと笑った。

天竜寺の峨山(がさん)和尚は近世の名僧だが、なかなかの酒豪であった。四条あたりの酒屋の子だそうだから、生れぬ先から酒の香をきいて育ったであろう。五つの時下男の背におぶさって鹿王院(ろくおういん)の義堂和尚のところへ弟子入りしたが、義堂和尚が「坊の家はどこか」と尋ねられたら、「忘れた」と答えたそうだ。生れながらにして禅機を具えておったというものであろうか。

一日大阪の矯風会の某女史が、わざわざ和尚を訪ねて、滔々(とうとう)と一席禁酒論をまくし立てた。酒にはどんな害があるとか、管長さまのような社会の指導者から酒を呑まれてはこまるとか、二三時間しゃべり立てたが、峨山和尚ただウンウンと言って聞くだけでなにも言わない。

さすがの女史も疲れてしまって、もう言うことがなくなってしまった。すると峨山和尚始めて口を開いて「お前さんもなかなか牛の尻じゃな」と言われた。「牛の尻とは何ですか」と、やおら柳眉を逆立てると、「モーの尻さ、つまりものしりということじゃ」。これではなんとも歯が立たん。怒るわけにもいかず、すごすご引上げたということだ。一言天下を治むというところか。文殊の智慧ではあるまいか。

東京大学の仏教学の講座を始めて開いた原坦山和尚は、立派な学者で道力のある人だったが、やはり酒豪だった。一日、目白僧園の釈雲照律師と某家に招かれて、午餐を共にされた。坦山和尚好きな酒をたのしそうにぐびりぐびりやっておるが、雲照律師は戒律家だから一滴も飲まない。それどころか実に不愉快な顔をして、時々坦山和尚の方をにらむが、ご本人一向おかまいなしだ。

ついに辛抱しきれなくなって、「原さん少しつつしまれたら如何ですか。仏戒ですぞ」とたしなめると、坦山和尚すました顔で、「酒を飲まんようなものは人間じゃない」と嘯いた。「人間でなかったら何ですか」とつめよると、「仏さまサ」とすましたものだったそうだ。これではさすがの雲照律師も手が出ない。文殊の智慧ではなかろうか。一句乾坤を定むるじゃ。

そこで雪竇は歌っていう、寺も童子も消え去って千峰万岳重なりあって、翠嵐藍のごとくであったというが、その大自然の当体がすなわち文殊ではなかったのか。文殊と対談したなどと夢もの語りはよして貰らおう。

根本智の文殊に向って「こちらさんは何人くらい」などと、さかしらに分別智を働かせても、とんだお笑い草さ。「前三三後三三」とおっぱらわれても仕方あるまい。

千峯万岳みどりなす、
山の彼方に誰かすむ。
山の彼方にすむ人は、
前三三、後三三。

（三十五年九月）

雲門対一説

雲門対一説（第十四則）

挙す、僧、雲門に問う、如何なるか是れ一代時教。雲門云く、対一説。

頌に云く

対一説。太だ孤絶。
無孔の鉄鎚重く楔を下す。
閻浮樹下笑呵呵。
昨夜驪竜角を拗じ折らる。
　別々。
韶陽老人一橛を得たり。

一

十年ほど前であったか、出雲の平田というところへ行った時、法話のあとで座談会になったら、一人の老人がこんな質問をされた。「だいたい仏教にはお経や本が多すぎる。キリスト教のバイブルのように、これを一冊読めばよいというような簡単なものにならんじゃろうか」。

よく聞く質問でもあるし、一応もっともな理窟のようにも思われるが、さてどうであろうか。釈尊のお言葉の中にもそんな話があった。

一人の旅人が乾わきを覚えてしきりに水を求めるので、ある人が泉の湧く池の側へ連れて行ってやった。ところがその旅人はただ池を眺めてため息をつくばかりで、一向水を飲もうとしない。あれほど水を欲しがったのに、なぜ水を飲まないかと聞くと、その旅人が「こんなにたくさんあっては飲み切れない」と答えたという。

釈尊がこの比喩を示されて「旅人は自分の乾わきさえ癒えればよいはずで、それには一掬(いっきく)の水があれば足りるのである。池の水の呑み尽されぬことを気遣うことはない。それと同じく法を求める者は、自分の心の乾わきが癒されることが肝心で、法のすべてを極め尽されないからと言って悩むことはない。法の前に立ちながら、そのあまりに広く深いのに驚いて学ぼうとしないならば、この愚かな旅人に等しいではないか。心の乾わきが癒されるためには、そんなに多くを学ぶことは要らない」と示されたことを思い浮かべるのである。

そこで老僧は答えたことである。

「お爺さん、あんたナ、大学の図書館へ行って、こんなに沢山本があっては困る、わしが読めるくらいに減らしてくれと言いなさるか。本が多いのはそれだけ文化が進んでおるのじゃ。仏教にお経や本が多いのは、それだけ仏教文化が高いわけで、それはわれわれの誇りでなければならん。

しかしそのおびただしいお経や本がわれわれに読みつくせないのも事実じゃ。そこで昔の高僧方が詳しくご研究になった上で、この一冊を読めばよいとご親切にお示しになっておられる、それが仏教の宗派宗旨というものじゃ。じゃからあんたはあんたの信ずる宗旨のお経なり本を一冊読めばよいわけじゃ。

しかもあんたのような理窟屋はそれさへ読むまいかと心配されて、南無妙法蓮華経のたった七字を唱うれば救われると、日蓮聖人は示され、イヤ南無阿弥陀仏の六字で結構じゃと、親鸞聖人は教えられたんじゃ。

禅宗はナ、一冊の本も要らん。七字も六字も多すぎる。無の一字で沢山じゃ。仏教ほど有難い教えはなかろうがナ。無の一字は総合ビタミンの丸薬のようなもので、一切の功徳利益が全部その中に含まれておるのじゃ。丸呑みせんとしっかり噛みくだいてお上り」。

冗談まじりにこんな話をして別れたが、翌年また平田へ行ったら、その老人がまた顔を出されて「昨年はどうも有難うございました。無の丸薬お陰でよく利きました」と喜ばれたことがあった。

二

雲門大師のことはあまりにも有名だから、ここには略すことにする。韶州雲門山奉光院の住持、雲門宗の開祖文偃禅師のことである。

ある時一人の僧が雲門大師に尋ねた。「如何なるか是れ一代時教」と。一代時教とは釈尊一代のご説法のことである。釈尊の親しく示された経と律に後世出来た論を加えて、経律論の三蔵と申し、実に尨大なものである。唐代に出来た開元釈教録という目録には、五千四十八巻が数えてある。字数にして四百五十億二万一千八百十八字あると数えた暇な人もある。宋代には六千二百二十八巻となり、明代には六千七百七十七巻に増えておる。最も新しい大正新修大蔵経は裕に一万巻を越しておる。まことに仏法の大海は茫洋として窺い知るべくもない。

この一代時教に向って、天台の智者大師（五三八―五九七）が、極めて明快な分類統一を完成された。これを教相判釈と名づけ、今日の科学的研究から見れば、多くの矛盾と不合理があるであろうが、古来最も広く行われた経典解明の方法論であった。

それは釈尊一代のご説法を、年代的に考察して、五時に分類しておる、華厳時・阿含時・方等時・般若時・法華涅槃時の五時である。まず釈尊が成道されて菩提樹下で三七二十一日の思惟をされた、その時説かれたものが華厳経であるという。それから鹿野苑へ出られて五人の比丘を済度されてから阿含経を説かれること十二年、更に方等経を八年、その後般若経を説かれることこれが最も長くて二十二年、最後の八年間霊鷲山において法華経を説かれ、愈々入涅槃に臨んでその一日一夜において涅槃経を説かれたことになっておる。

そこで八年間も説かれた法華経がたった八巻で、わずか一日一夜説かれた涅槃経が四十巻もあるのはちょっとおかしいじゃないかというので、古人がたわむれに歌を作っておる。

ながからんささげの花は短くて
　みじかき栗の花のながさよ

ささげの実は莢に入っておってすこぶる長いのにその花はポツリとしたものであり、栗の花は実に長いのにその実はあべこべにポツリとしておるが、おかしなことだ、法華経と涅槃経もちょうどそれと同じようだ、というのである。

さてこの尨大な経典シリーズを提げ来って、僧が雲門に尋ねた。「如何なるか是れ一代時教」。釈尊一代のご説法、この大量な経典群はいったい何を説かれたのでござるか。華厳経が最も深遠だとか、法華経が諸仏出世の本懐だとか、大無量寿経が如来の真実義じゃとか、各宗がそれぞれ主張しておるが、どれが一番正しいのか、禅宗は不立文字教外別伝で全然そんなことには無関心でよいのか、いったいこの巨大なる一代時教は何と心得たらよいのでござるかと。大きな問題を担ぎだしたものである。

圜悟(えんご)禅師が下語しておられる。「直(じき)に如今に至って了ぜず。座主(ざす)会せず。葛藤窟裏(くつり)」と。この問題に関して古往今来、いまだ誰一人も明快な解答を与えておるものはない。教相専門の学者でも一寸その返事は出来まい。あぶないあぶない。もう理窟の穴へおっぽまっておるじゃないか。などと。

三

そこで雲門大師が答えられた。「対一説」と。まさに雲門宗特意の調である。紅旗閃鑠(せんしゃく)である。嵐山か宇治あたりのこんもり茂った森蔭に、紅い旗がヒラヒラと見えておる。中に立派な料亭のあることは想像されるが、外からはかいもくわからない。そう言った奥床(おくゆか)しさが雲門宗の生粋である。この公案また然りである。

紅い旗が「対」と閃めき、「一」と閃めき、「説」と閃めくばかり。さて何の謎であろうか。さっぱり歯がたたぬ。どっかり坐り込んで心眼で読みとらねばなるまい。あるいは一字か二字、間に挾んで見たら意味がはっきりするクイズでもあろうか。

圜悟禅師がここに下語しておられる。「無孔(むく)の鉄鎚(てっつい)。七花八裂。老鼠(ろうそ)生薑(しょうきょう)を咬む」と。全く孔のない金鎚で手の付けようもない、厄介千万の一句ではある。しかもこの一句で雲門は、一代時教を、七花八裂、木端微塵(こっぱみじん)に打ち砕いてしまったわい。まるで歯の抜けた老いぼれ鼠が、生薑(なましょうが)を咬んだようなもので、吐き出すわけにもゆかず、呑みこむことも出来ず、口あんぐりと眼に涙、何とも理解しかねる一句ではあると。

栂尾(とがのお)の明恵上人は「くりかえし一切経を読みたれば、あるべきようの六字なりけり」と歌っておられる。これならばよくわかる。男は男のあるべきよう、女は女のあるべきよう、老人は老人のあるべきよう、

樹下大笑

子供は子のあるべきよう、政治家は政治家のあるべきよう、先生は先生のあるべきよう、医者は医者のあるべきよう、患者は患者のあるべきよう、総じて言えば人間は人間のあるべきようが大切である。一人一人が自分のあるべきところを発見し、あるべきところに安住し、あるべき世界を建設してゆくことが、一代時教というものでもあろう。

誰かの随筆にこんな話があった。外国を旅行してまず覚えなければならん言葉は、数字とありがとうということである。まず数字を覚えなければ物を買うことも、銭を払うことも出来ない。次にありがとうだが、外国は何処でも一つの言葉ですむが、日本ではありがとうという場合と、ありがとうございますという場合とあって、使いわけをしなければならぬから、まことにややっこしい。

そこで自分は外国の人に「どうもどうも」とおっしゃいと教える。関西なら「おおきにおおきに」だが、これなら何処で使ってもさしつかえないし、これだけ知っておれば何とか旅行出来るものだと書いておったが、なかなか面白い。一切の言語はどうもどうもの一句でことたりるわけか。

昔宋の徽宗(きそう)皇帝が金山寺を訪れ、書院の楼上から揚子江を見はるかすと、夥しい舟があるいは帆を孕(はら)んで往来し、あるいは舷(げん)を並べて停泊しておる。その盛んな景観を満足げに眺めつつ、住持の黄伯和尚に尋ねた。「江上の駛舟(しじゅう)幾隻ぞ——この揚子江上の舟は夥しいことだが、いったい何艘くらいあろうかな」。和尚は即座に答えた。「只二隻有るのみ」。こんなにたくさんあるのに二隻とはおかしい。「未審二隻」と再問すると「名利の舟、利養の舟、是れのみ」と答えたという有名な話がある。揚子江上無慮無数の船舶も、悟道の楼上から眺めると名誉を追う舟と、利欲を求める舟の二艘だけじゃと、言い得て絶妙である。

さて「如何なるか是れ一代時教」。門云く「対一説」。これは何のことであろう。

四

そこで雪竇は歌っていう。

「対一説太だ孤絶」。対一説！ 何としてもむずかしい。不可解な一句であると。対する一説なのか、一に対する説なのか、一説に対するというのか、対一の説なのか、さてさて説明の限りでない。太だ孤絶である。取りつく島もあるまい。

「無孔の鉄鎚重く楔を下す」。その何とも手の付けようもない孔なしの金鎚で、更に重く鉄の楔を打ち込んだもんだ。これでは一代時教もたまったものではない。五時八教も七花八裂、五千四十余巻も木端微塵じゃわい。こんな胸のすく言葉はいまだかつて聞いたこともない。快哉！ 快哉！。

されば「閻浮樹下笑呵々」じゃ。おかしゅうておかしゅうて、腹の皮のよれるほど笑うたわい。閻浮樹下は、古代インドの天文学で、この世界の中心に須弥山という高い山があって、その四方に世界がある。東を弗婆提（ほつぼだい）州、西を瞿陀尼（くだに）州、北を狗盧（くろ）州、南を閻浮（えんぶ）州という。

われわれの住んでおるこの世界は、この南閻浮州である。この世界の中央に閻浮樹という素晴らしい大きな樹があって、広く枝を張って全世界を覆うておる、しかもその樹の下から閻浮檀金という黄金を生ずるというのである。この空想的大樹の下に立って、超人雪竇一人が、蒼穹（あおぞら）に向って、思う存分呵々大笑したというわけである。

何がそうおかしかったかというなれば「昨夜驪竜（りりょう）角を拗（ね）じ折らる」じゃ。驪竜は竜中の優なるもの、頭角秀麗、威徳兼備（かねそな）えた神竜である。その神竜が雲門の一撃に遇うて、見る影もなく叩きつぶされたのだから、面白うて面白うて笑いが止まらぬわい。この笑いのわかるものが幾人あろうな。

古来この驪竜を問話の僧と解釈しておるようだが、そうではあるまい。これはまさしく一代時教の五時八教のと、勿体振って担ぎ廻られておる、仏教聖典、一切蔵経そのものを指されたものであろう。

やれ宋版がどうの、明蔵がどうの、やれ西蔵訳がああの、南伝がこうのと、人騒せな一代時教、千年二千年の後まで、天下の学者を東奔西走寧日なからしめておる、奇代な怪物一大蔵経が、雲門の鉄鎚によって、見事その尊厳を誇る角をへし折られたのだから、こんな痛快なことがまたとあろうか。おかしゅうておかしゅうて笑いが止まらぬわい。

ところで「別々」と言葉をあらためて「韶陽老人一橛を得たり」と雲門和尚を賞揚しておる。韶陽は今日の広東省韶関地方で、雲門が生まれまた住せられたところである。陽は韶関の南の意味である。韶陽老人雲門和尚は、何と怖ろしい鉄鎚を手に得ておられることか。仏を殺し祖を殺し、今や一切時教を木端微塵に粉砕してしまったじゃないか。イヤお見事お見事!。

圜悟が下語して曰う。「什麼の処にか在る。更に一橛有り、阿誰にか分付せん。徳山臨済も也須らく退倒三千ならん。那一橛又作麼生。便ち打す」。鉄鎚!　そのような恐ろしい鉄鎚が即今の何処に秘められてるであろうか。イヤまだあった。圜悟が手元にもそっくりの鉄鎚がまだ一丁あったわい。かかる天下無類の鉄鎚、いったい誰に譲ったものであろうかな。

この鉄鎚の前には、臨済の一喝、徳山の三十棒といえども日下の孤燈、足元へも寄れたものじゃないわい。さて圜悟が手元の一鉄鎚、とは何。さあ渡そうほどに、われと思わん者はずっと近う前へ出さっしゃい。それ棒が飛ぶぞ!。

あら珍らしの　切札や
金鎚一丁　煎餅千枚
笑いどよめく　春日山
角を折られて　鹿群あわれ。
さて
大仏さまには　何あげヨ。

（三十五年四月）

仰山曾て遊山せず

仰山曾て遊山せず（第三十四則）

挙す、仰山、僧に問う、近離甚れの処ぞ。僧云く、廬山。山云く、曽て五老峯に遊ぶ麼。僧云く、曽て到らず。山云く、闍黎曽て遊山せず。雲門云く、此の語皆慈悲のための故に、落草の談有り。

頌に云く

出草か入草か。
誰か尋討することを解せむ。
白雲重　々。
紅日杲々。
左顧瑕無し、
右眄已に老ゆ。
君見ずや寒山子。
行くこと太だ早し。
十年帰ることを得ざれば。
来時の道を忘却す。

一

五濁の悪世という言葉があるが、現代こそまさにそんな時ではないかと、しみじみ考えさせられる。新聞・ラジオ・テレビ・週刊誌と、おびただしい報道機関に報道されるほとんどすべてが、暴力・闘争・汚職・殺人・強盗・自殺・一家心中・台風・津波・火災・交通事故と、目をおおうようなことばかりである。いったいわれわれの文化は前進しておるのか後退しておるのか、皆目わからないようだ。全く混乱そのものである。

五濁とは、劫濁・見濁・衆生濁・煩悩濁・命濁の五つが数えられる。

劫濁とは時代そのものが濁っておるということであろう。今や時代は一つの大きな濁流となって、相撃ち相激して奔流しておるのである。よし一人や二人の清者があっても、あるいはたとい人類の多数が自覚したとしても、どうにも抗し難い時代の圧力のようなものがあるようである。現代はまさに劫濁の世と言えよう。

見濁とは、人生観・世界観の混濁である。このことは後に詳しく触れたいと思うが、現代の利己的排他的刹那的享楽的それらである。

衆生濁とは、人間も動物なりと割切って、その限界を見失った醜悪さである。人間的尊厳な自覚の失却である。ヒューマニズムの喪失である。羞恥心の欠如である。

煩悩濁とは本能の変態的猟奇的混乱である。元来人間には、自己保存と子孫存続の自然的欲求があって、一応それは本能として肯定されるが、ホンノーが濁ったらボンノーではあるまいか。そのボンノーがもう一つ濁ったらどういうことになろう。犬や猫でも顔をそむけるような醜態を、現代は臆面もなくさらしておりはせぬか。

命濁とは、邪命と言って、生活手段の混濁である。食うためには、詐欺も暴力も売春も麻薬密輸も兵器製造も、何でもかまわん、手段を選ばんという良識の濁乱である。

こう数え上げて見ると、現代こそ「正像の二時はおわりにき、如来の遺弟悲泣せよ」と歌われた末法の世であり、五濁の悪世ではあるまいかと慨かれる。

他の四は暫らくおいて、見濁の一つについて今少し考えてみよう。我も世界も永遠に在るもののように思うてこれに執着し貪婪になることと、我も世界も破滅してしまうものと決断して、刹那的享楽主義になることとは、共に健全な人生観ではない。これらを断常の二見と言って、釈尊の古から厳しく警められておる邪見である。

この人生観・世界観の方式について、臨済禅師は四つの範疇を示しておられる。ある時は人を奪って境を奪わず、ある時は境を奪って人を奪わず、ある時は人境倶に奪う、ある時は人境倶に奪わずの四である。人は我であり、境は他者であり、人は主観であり、境は客観であって、我と他者との関係はこの四通りの面を構成するわけである。

人を奪って境を奪わずとは、主観を忘殺して客観を活かす、忘我の境であり、月の明るさに心を奪われ、花の麗わしさに身も心も放ち忘れたような境地である。また愛する子供のためにすべてを捧げる母、親の愛情、民衆のために一生を捧げた志士の心境でもあろう。一人は万人のためにと言われる倫理性がここにある。

境を奪って人を奪わずとは、客観の一切を拋擲して、徹底自己を活かす場合である。いかなる権力にも権威にも屈せず、またあらゆる順逆万般の境界にもこだわらず、個の尊厳と自由が守られる場合である。正義のために良心の自由を守ることも、この境地であろう。万人は一人のために、と言われる世界である。

人境倶に奪うとは、主観も客観も二つながら忘却した三昧境、涅槃寂静、寂滅為楽の法悦境である。碁三昧・釣三昧・競技三昧・芸道三昧なども、この中へ入れられてよいものであろう。我もなければ万人もない、清寥々白的々の境地である。

人も境も倶に奪わずとは、我もあり彼らもあり世界もある、極めて常識的な立場である。花あり月あり楼台もあって、我も万民も共々に共存共栄、人生の幸福を限りなく享受すべき大調和の世界である。

人生生活のあり方を考察するならば、まさにこの四通りに分類され、おそらくこれ以外に出ないであろう。そこで振返って現代人の生活態度を観察するならば、この四通りの人生観の中、ただ第四の人も境も奪わざる常識的な世界のみを実在と考えて、ここにしゅんじゅんし、他に忘我の世界も、自由の天地も、法悦の境地も、全くこれあることを知らないようである。臨済をして言わしむれば、人生の四分の一しか知らないものということになる。

しかも朝から晩まで、寝ても覚めても、親と子と対立し、姑と嫁と対立し、上役と下役と対立し、資本家と労働者と対立し、第一組合と第二組合と対立して、その間になんらの調和はなく、いやが上にも神経をすりへらして、一億ノイローゼ化し、相憎み相罵り相争い相奪い相殺して、末法修羅の巷を現出しておりはせぬか。これでよいものであろうか。外に人生のあり方はないものであろうか。

二

仰山（八一四―八九〇）はその師潙山と共に、父子よく唱和して、もって潙仰宗の一脈を開いた唐代の名僧である。後の雲門と同じく広東省韶州の生れであった。

十五歳の時出家を志したが、両親は許さず却って良縁を求めて婚姻せしめようとしたので、彼はついに意を決して左の無名指と小指を切断して父母に呈し、その決心のほどを披瀝して、素願を果したと言われる。六祖大師の入定の地であり、今日なおそのミイラを伝えて有名な、南華寺の通禅師を礼して沙弥となった。

始め忠国師の小師耽源応真について参究し、少分の見処を得たが、その歿後はもっぱら潙山に随身し、その堂奥を極めて大法を荷担し、潙山をしてその盛大をなさしめたのである。

ある日一人の異僧が空中からひょっこりと仰山の前に現われた。そこで「どこから来たか」と尋ねると、「天竺」と言う。「いつ天竺を発ったか」と聞くと、「今朝」と答える。「それではちと来ようが遅いじゃないか」と揶揄すると、「游山玩水、大分道草を食ったからな」と答えた。

そこで仰山が「神通遊戯は則ち闍黎に無きにあらず、仏法は須らく老僧に還して始めて得べし」と言うと、彼が「東土に来って文殊を礼せんとして、却って小釈迦に遇う」と仰山を讃歎したので、仰山は爾来小釈迦とアダ名されてしばしば予言を口述したと言われる。

さて本則であるが、一日仰山が一人の新参の僧に尋ねられた。「どこから来たな」。「廬山から参りました」。廬山は慧遠法師の白蓮社以来、日本の比叡山のごとく一大法城の霊山である。仏教学の都でもあった。近年は外人の避暑地であり、蔣介石の別荘があったことで有名であるが、昔から廬山は煙雨浙江は潮と歌われたほど、風光明媚、中国屈指の遊覧地であった。

そこで仰山が重ねて尋ねた。「それでは定めし五老峯へ遊んだであろうな」。比叡山から来たと言えば四明岳へ遊んだか、奈良から来たと言えば、三笠山へ登ったかというようなものであろう。

この五老峯というのは、李白が廬山東西五老峯、青天秀出金芙蓉と歌っておるように、廬山の中の名峯らしい。しかし仰山がここで遊んだかと尋ねておるのは、ただの五老峯ではなさそうである。人跡未踏、日月不照の五老峯、不老不死の五老峯でもあったろう。人も境もともに奪い尽した五老峯でもあったであろうか。

「イヤまだ遊んでおりません」。圜悟が面の赤きは語の直きに如かずと下語（あぎょ）しておるが、この僧まことに正直者と見える。実頭の人得難しである。

すると仰山が言った。「お前さん、それじゃ廬山から来たとは言えんじゃないか。ちょっとも遊んでおらんじゃないか」。あっさり引導を渡されたが、如何せんこの僧無眼子であったらしい。遺憾ながら遊びの意味を解しなかったようである。

後に雲門がこの問答を批判して「是は一見何でもない日常の会話のようだが、ここには仰山の血滴（てき）滴（てき）、血の涙の大慈悲があるぞ」と拈弄（ねんろう）しておられる。これを落草の談すなわち世間話と聞き流すか、血滴々の大慈悲と頂くかは、読者諸君の良識にお任かせするほかはあるまい。

大分前のことだが老僧のところへ、京都大学で哲学をやっておるという青年が訪ねて来たことがある。「人間は死んだらどこへ行きますか」というから、「火葬場へ行くだろう」と答えた。「火葬場へ行ってどうなりますか」と言うから、「多分灰になるだろう」と答えた。

すると今度は鋒先を変えて「人生の目的はなんですか」と聞くから、「遊ぶんだよ」と答えてやった。さっぱり意味がわからぬらしく浮かぬ顔をしておるから、「目的目的と騒ぐのは目的地へまだ着かぬ人間の言うことだ。目的地へ着いたらもう目的はないのだから、遊ぶより仕様がないではないか。働らくことが遊びだ、勉強することが遊びだ、人のためにすることが遊びだ、政治が遊びであり、経済が遊びだ。人生の苦楽悲喜、すべてが遊びだ。人生が遊びでないと本物でない」と話したことであるが、わかってくれたかどうか。

観音経には「観世音菩薩は云何んか此の娑婆世界に遊び、云何んか衆生のために説法したもう」とあるが、観音様にとっては衆生済度が遊びだから本物であるわけだ。

今日のように生産力が向上すると、人間が週に四日も働らき、日に四時間も働らけばよいという時代が遠からず来るであろうが、その時その剰った時間を人間はなにに使うであろうか。ということが、これからのわれわれの問題であろう。結局遊ばねばならぬことになるが、どんな遊びをするかが大きな問題である。諸仏の遊戯三昧という遊び、菩薩の遊山玩水という遊びは、いったいどのような遊びであろうか。

三

出草か入草か、誰か尋討することを解せん。この仰山の問答を、雲門は慈悲落草の談だと批判したが果して落草の談としたものか、あるいはそのまま第一義諦のやりとりだと受取ったものか、ちょっとはっきりせんところである。ただわからぬものには入草の談であり、わかったものには、出草の談だと申すほかはあるまい。

人生観・世界観に当って、臨済は四料簡を分類し、洞山は五位を排列したが、究極のところは、平等と差別、絶対と相対の二面につづまるであろう。洞山の正位と偏位、臨済の人境倶に奪うと、人境倶に奪わざるの二面である。

正位の真只中、人境倶に奪うところから見るならば、白雲重々で、男やら女やら、仏やら凡夫やら、山やら河やら、一切が無相平等で見さかいはない。

偏位の立場、人境倶に奪わざる境地から眺めるならば、男は男、女は女、仏は仏、凡夫は凡夫、山は山、河は河で、一目瞭然、紅日杲々と明らかである。

時には白雲重々と絶対界に穏坐し、時には紅日杲杲と相対界に打って出る、この両面があって人生は楽しいではないか。坂は照る照る鈴鹿は曇る、あいの土山雨が降るか。手を翻せば雲となり、手を覆せば雨となるか。楽しいかな、左顧瑕無く、右眄已に老ゆである。絶対の境地は玄にして玄、相対の世界は妙にして妙、玄妙こそ人生の常楽である。

ここで想い出されるのは天台山の隠聖、寒山と拾得の故事である。拾得は天台山の住持豊干（ぶかん）和尚に拾い育てられた孤児であったが、生長して厨房（ちゅうぼう）のボーイとなった。寒山子はその親友の放浪詩人で、時々天台山の厨房へ現われて拾得から大衆のあまりものを頂戴し、暫らく清談を交わし呵々大笑して、また山へ帰るという風であった。

あるとき豊干和尚が知事の閭丘胤（ろきゅういん）に、その清逸の風格を噂（うわ）さすると、知事が是非とも二人に会いたいと言い出し、たまたま炉辺に対談する二人を見付けて知事が近づくと、二人は立って何やらわめきながら、呵々大笑して山へ帰ったが、再び天台山へ姿を見せなかったというのである。君見ずや寒山子、行くこと太（はなは）だ早しじゃ。

十年帰ることを得ざれば、来時の道を忘却すとは、寒山詩の一章であるが、その全律を掲げるならば、

安身の処を得んと欲せば、
寒山長（とこ）しえに保つべし。
微風幽松を吹き、
近く聴けば声愈々好し。
下に斑白の人有り、
嘮々（ろうろう）として黄老を読む。
十年帰ることを得ざれば、
来時の道を忘却す。

とある。以って三復反唱すべしである。

現代人よ。対立の世界に、闘争と憎悪に明け暮れするばかりが人生ではあるまい。対立を超えたる恩（おん）讐（しゅう）の彼方、白雲重々の佳境にも時折遊ぼうではないか。安身の処を得んと欲せば、寒山長（とこ）しえに保つべしである。

（三十五年八月）

趙州大蘿蔔頭

趙州大蘿蔔頭（第三十則）

挙す、僧、趙州に問う、承たまわり聞く、和尚親しく南泉に見ゆと、是なりや否や。州云く、鎮州に大蘿蔔頭を出す。

頌に云く

鎮州に大蘿蔔を出だす。
天下の衲僧則を取る。
只知る自古自今。
争でか弁ぜん鵠の白く烏の黒きことを。
賊々。
衲僧の鼻孔曽て拈得せらる。

一

趙州は臨済や徳山と共に、中国唐代のもっとも有名な禅僧の一人である。趙州は土地の名前で、本名は従諗である。山東省青州の産、幼にして生地の瑞像院に入って沙弥となった。沙弥というのは、二十歳未満の未だ比丘戒を受けない雛僧をいう。

十九歳の時安徽省池州の南泉山に住する、普願禅師の道誉を慕うてはるばる登山し、相見を乞うた。南泉和尚はその時草苅作務の疲労でも出たか、横になって休んでおった。

趙州すなわち従諗がうやうやしく面前に立つと、南泉は寝ころんだままで尋ねた。「どこから来たのか」。「瑞像院から参りました」。「ほう瑞像院からか。では瑞像をしっかり拝んだであろうな」。

春の日永に磊落な祖父さんが孫をからかうような長閑なやりとりであった。ところが趙州の答は奇想天外であった。「瑞像は拝みませんでしたが、寝仏を拝んでおります」。禅はいつでも即今只今を問題にしなければならん。

こいつ油断のならん小僧だと思われたであろう、南泉ムクムクと起き直って、その才槌頭の怪体な顔をした雛僧を、シゲシゲ見つめながら尋ねた。「お前は有主の沙弥か、無主の沙弥か――お前には決った師匠があるのかないのか」。「有主の沙弥――師匠は決っております」。「ほほう誰じゃな」。

「厳冬三寒和尚万福――この寒空にお師匠さまにはお達者で何よりお目出度うございます」と、勝手に南泉を師匠として拝んでしまった。

これではさすがの老南泉もこの青雛僧のために、すっかりいかれてしまった勘定じゃ。天然に禅機を会得したものと言えようか。後来趙州は「唇口皮上に光を放つ」と批判され、臨済のごとく大喝を吐くでもなく、徳山のごとく三十棒を振廻すでもなく、極めて平凡な日常の会話の中に、天下人の舌頭を坐断する底の卓抜な言句を発することにおいて有名であるが、蛇は寸にして人を呑む概があったと思われる。爾来南泉はこの雛僧に格別目をかけて、愛育された。

趙州が五十七歳の時、南泉は遷化されたが、それまで殆んど四十年間も師事されたわけである。それだけでも現代人の思いもよらぬ大器量と言えよう。道元禅師も〝衲僧の道標だ〟と口をきわめて讃嘆しておられる。

それから先師の喪に服すること三年、六十歳の老境に及んで「たとい八歳の童子と雖も我に勝る者あらば教を乞わん、百歳の老翁と雖も我に劣る者あらば之を教えん」という無類の大願を振立てて、諸国遍歴の旅に出られた。驚くべきファイトとも言えよう。

かくして諸国に名師大徳を歴訪し、遊山玩水、灰頭土面に日月を費すこと二十年、八十歳にして始めて趙州の観音院に入院住持されたのである。それから更に四十年、百二十歳まで応機接物されて、目出度く大往生を遂げられたという、まことに大機大用、人天稀有の老古仏である。

この趙州という土地は今日の河北省正定で、臨済のおられた鎮州と相並んで、やや東南に位した一地域であったと思われる。そして臨済のおられた鎮州地方は、日本なら宮重大根の尾張のごとく、桜島大根の薩摩のごとく、格別大きな大根の名産地であったらしい。

日華事変の頃、老僧、先師に随行してこのあたりを保定、石家荘、順徳と皇軍を訪ねて南下したことがある。先師は軍の食事に閉口して、生大根ばかり食べておられたが、それは人蔘くらいの青い大根でそう大きなものではなかった。

二

この公案には圜悟禅師の垂示が欠けておるから、直ちに本則に入る。しかも極めて簡単な問答だ。それが簡単なだけに、何かそこに深い哲理か禅意が含まれてあるかのごとく臆測されがちだが、そう分別したら——白雲万里であろう。

老僧の想像するところでは、この問答は趙州和尚が八十歳にしてはじめて観音院に住持された、その初住時代の出来事ではなかったかと思う。あるいは晋山式当日の問答であったかも知れない。

僧が趙州に尋ねた。「承わり聞く、和尚親しく南泉に見ゆと、是なりや否や——。噂に承われば、あなたはあの有名な南泉大和尚に親しく随侍された直弟子だということですが、それは本当ですか」と。ありそうな質問である。しかしただそれだけのことで、別に深い意図はなかったであろう。

この僧は八十になってはじめてこの寺の住持になった、老いさらぼけたはなはだ風采の上らぬ、そこらにザラにありそうな平凡な老僧を、そんな大徳とは思わなかったであろう。ただかの著名な南泉の弟子であることにのみ、興味を感じたごとくである。

それほど南泉和尚は当時有名であったであろうが、こういうのは実にイヤな質問だ。返事のしようがないではないか。およそ師匠の高名を振廻わすような弟子はロクなものではない。高位高官金持名士の知己を笠に着るような俗僧は鼻持ちならぬ。「好児爺銭を使わず」と、圜悟も下語しておる。

「ハイお説の通りです」と言えば正直だが、趙州何の面目かあるだ。見、師に過ぎて始めて伝授するに堪えたりではないか。「イヤ違います」と言えば虚言になる。「忘れた」と言っても逃口上に過ぎぬと思われよう。さて何としたものであろうか。それに二十年前の南泉を憶い出して見ても、それは歴史的懐古に過ぎない。そんなところに禅はないであろう。

天竜寺の峨山と言えば、近世の名僧であるが、また逸話の多い人でもあった。四条辺の酒屋の子だったそうだが、五つの年に下男に背負われて嵯峨の鹿王院の義堂和尚のところへ入門させられた。初対面に義堂和尚が「坊の家はどこか」と尋ねられたら、

「忘れた」と答えたそうだ。彼もまた天然の禅僧であったろうか。五歳にしてこの禅機があったのである。禅は一切を忘却の彼方に抛擲して、常に即今只今を生きなければならぬ。

人に頼まれて墨跡を書かれ、峨山と落款されたら、その人が上に天竜と入れて欲しいと注文した。すると和尚は「ナニ天竜寺の峨山といわっしゃるか、わしは峨山の天竜寺だと思っておった」と答えられたという。好児爺銭を使わずである。

嵐山の川端に東本願寺の別荘対嵐房が出来た時、盛大な祝宴が催され、峨山和尚は天竜寺の管長として招かれて行かれた。当時の本願寺さんはなかなか派手で、祇園あたりから綺麗な人が多勢お酌に来ておった。宴ようやく酣なる頃、隣席にいた当時の葛野郡長某が峨山和尚に向って「あなた方でもこういう綺麗な人たちを見られたら、まんざら悪い気持はせんでしょう。管長さんいかがです」と尋ねた。満座の者が峨山和尚何と答えられるかと固唾を呑んで見まもった。

「結構だなあ」と言えばあまりにも俗情であり、「別にどうもないよ」と言ってしまっては、非人情でもありウソである。どう言われるかと見ておると、和尚すました顔で「お前さん達はそういうことを言っておるから、どうしても郡長の上に管長が坐っとらんならん」と答えられたそうだ。顧みて他を言うがごとくであるが、みごと相手の盲点をついておられるではないか。あれかこれかの世界に、禅はない。

三

客年末ソビエートの哲学者達が文化答礼使節とかで来日された。妙心寺の成道会に参列し、出来れば精進料理の点心を食べさせてくれという申込みであったが、時間の繰合せがつかなくて中止になった。京都では立命館大学で講演があった。その一人の講演中に、こんな言葉があったようだ。「カントは、物それ自体を知ることは出来ぬ、知ることの出来る

趙州大蘿蔔頭

のは現象のみであると言った。しかしレーニンは、物それ自体はその物質の持つ法則を発見した時、われわれのものになると言った。ここにレーニンの哲学の前進がある」と。

なるほど物質の法則を発見し、物それ自体を自由にわがものにしてゆくところに、ソビエート科学の世界に誇る驚異的発展を見ることが出来たと言えよう。ところで科学の進歩はそれほど目ざましいのに、人類が益々大きな不安にかりたてられるのはどういうわけであろうか。ここに今日のわれわれに残された大きな問題があるようである。

それは物質の法則に関しては、実に微細にして正確な発見が為し遂げられたが、人間の精神の法則が明快に開明されないところに欠陥があるのではなかろうか。結局人間そのものが不可解だからではなかろうか。無条件に自我の実在と盲目的欲望を肯定するところに誤謬がありはせんであろうか。

釈尊は「法を見る者は我を見る、我を見る者は法を見る」と示され、臨済は「法と曰っぱ心法是なり、心法形無うして十方に通貫す」と説いておられるが、仏法とは心の法則を明らめる宗教でなければならぬ。三宝の一である法宝とは心の法則の義であり、帰依法とは、心の法則の絶対性を信じ、その尊厳性に随順することでなければならぬ。

けだし釈尊こそ心の法則の最初の発見者であり、その絶対性と普遍性を宣言された第一人者であった。そして法の尊厳に随順し、法のままに生きられた偉大なる法の実践者でもあった。またその法の忠実なる宣布者でもあった。釈尊一代の説法は、すべてこの心の法則を開明されたものと言ってよかろう。

と申してそれが哲学のごとく難解のものであっては宗教にならない。科学のように複雑なものでは容易に理解出来なかろう。まことに「至道は難きこと無し、只揀択を嫌う」ものであってこそ、庶民の道にはなり得る。

われわれの意識が、善いとか悪いとか、好きとか嫌いとか、損とか得とか、勝つとか負けるとか、あれやこれやの対立の両岸にこだわらず、泥水のように停滞せず、過去に逆流せず、淡々として水のごとくに流れて止まないならば、その心は健全だと言えよう。

　われわれの意識は水のごとく無形であって、水のごとく前進するものである。常に新鮮なる意識をもって、常に新鮮なる世界を創造してゆくものである。

　ここにわれわれの心の正しい法則がなければならんと思う。われわれの心が無相であって。常に新鮮であることを、大智慧と名づける。われわれの心が流動して常に新しい世界を創造してゆくことを、大慈悲と名づける。大智慧と大慈悲こそ、心の正しい性格でなければならぬ。かくのごとく普遍妥当的、人間の心の法則を開明する仏法こそ、現代の世界の危機を救うものではなかろうか。

　さて「あなたはあの有名な南泉大和尚の直弟子だと承わりましたが、それは本当ですか」。この僧の質問に対して、趙州は何と答えたであろうか。

四

「鎮州に大蘿蔔頭（らふとう）を出す――鎮州というところは大きな大根の産地だそうだナ」趙州はこう答えた。いかにも木に竹をついだような答で、僧の質問に対して妥当を欠くように思われるかも知れんが、そうでない。趙州にとっては南泉の噂さも大根の噂さも同じく噂さであろうが、大根の噂さこそ、最も新鮮なるニュースであり現実であった。

　しかもこの一語の中には、鎮州にズバ抜けた大大根を出すがごとく、南泉の会下なればこそ、俺のような大人物が育ったのだわい、という自信満々の寓意のあることを見落してはなるまい。しかし趙州は極めて無心に極めて自然に答えたであろう。「鎮州に大蘿蔔頭を出す」と。

　と聞くと直に禅は現成公案だなとハヤ合点しそう

である。そして無分暁に花は紅柳は緑、山は高く水は長しと悟りすます。是なることは是なり。可惜乎。

花がどのように紅なのか柳がどのように緑なのか、鷺がどう白いのか鴉がどう黒いのか、諸法の真実相を得んとすれば難々、容易なことではない。只知る古も今も、争でか鵠の白く烏の黒きを弁ぜん、である。

常識的な認識は大智慧ではない。盲目的愛情は大慈悲ではない。花は紅柳は緑という常識を一回全部抛擲して、花紅に非らず柳緑に非らずという心境を経過して、始めて花は紅であり柳は緑であり得る。

問題は大死一番にある。煩悩妄想の一切を奪い尽して、清寥々白的々、尽大地一塵を立せざる境地に投入して来なければならぬ。そこから驀然として打発し、一念子の原子核が爆発するならば、全宇宙を掌中に収めてしまうほどのエネルギーが出て来るであろう。

その時、花の紅なるに飛び上るほど驚喜し、柳の緑なるに涙の出るほど感激し、文字通り手の舞い足の踏むところを知らざる、大歓喜を得るであろう。

賊々！——もしそうでないならば、かの僧のごとく趙州が鵠だか烏だかさえわからないならば、鼻ッ柱を捩じ上げられること間違いあるまい。

尾張名物　宮重大根
みんなまねする　大根役者。
大根と蕪と　どうちがう
昔も今も　ご存じあるまい。
アナ怖ろしや　大盗人
鼻ッ柱をご用心。

（三十五年三月）

洞山麻三斤

洞山麻三斤（第十二則）

垂示に云く、殺人刀、活人剣は、乃ち上古の風規にして、亦今時の枢要なり。若し殺を論ぜば、一毫を傷らず。若し活を論ぜば、喪身失命せん。所以に道う、向上の一路、千聖不伝。学者形を労すること、猿の影を捉うるが如しと。且らく道え、既に是れ不伝。什麼としてか卻って許多の葛藤公案かある。具眼の者は試みに説く看よ。

挙す、僧、洞山に問う、如何なるか是れ仏。山云く、麻三斤。

頌に云く

金烏急に、玉兎速かなり。
善応何ぞ曾て軽触有らん。
事を展べ機に投じて洞山を見ば、跛鼈盲亀空谷に入る。
花簇々錦簇々。南地の竹兮北地の木。
因って思う長慶と陸大夫と。
道うことを解す笑う合し哭す合からず。咦。

一

例によって圜悟禅師が適切な垂示を示される。古人が、雲門宗には天子の気位があり、潙仰宗には公卿の気品があり、臨済宗には将軍のような手荒い家風があり、法眼宗には商人の駆引があり、曹洞宗は行持綿密で極めて庶民的だと、五家の禅風をそれぞれ面白く批判しておる。

　そこで臨済宗には、よく殺人刀活人剣というような、どうかすると軍国調みたいな物騒な言葉がよく使われる。もっとも殺人刀だけでは物騒千万だが、活人剣すなわち活かす方のあることを忘れてはなるまい。

　山岡鉄舟居士は、幕末から明治へかけての天下無双の剣客だが、あの維新前後、国家多難の際に処して、人を一人も殺したことはないということである。剣は殺すものじゃない、活かすものだと言われたそうである。それどころか非常に慈悲心の深い人で、毎朝鰻を三匹ずつ放生されたという。鰻屋から生きたのを三匹買わせて、毎朝仏壇でお経をあげて、下男がそれを持って行って、四谷見付の所からお堀へ放すのじゃそうな。

　戦時中、今日の中野の高歩院であるが、鉄舟居士の屋敷跡を寺にしようというので、老僧、峨翁老師の命令で二年間ほど奔走したものだが、その鉄舟居士の下男をしておったという男の伜がおいてくれと言って来たことがある。伜と言ってももういい老人じゃったが、その男の話に「うちの親爺が毎朝その鰻三匹を持って行って、お堀端の橋の上から流す役でした。ある日流すことを忘れたので、昨日の鰻をだまって出しておいたら、先生がお経を誦んで、お前これは昨日の鰻じゃないかといわれてすぐばれてしまった」というような話をしておった。

　もっとも殺人刀活人剣といっても、刀で人を殺すことではなくして、精神的に人を殺し、また活かすことである。殺すとは奪うことであり否定することであり、活かすとは与えることであり肯定することである。いわゆる、与奪縦横、殺活自在の働らきを手に入れることが、臨済禅というものでなければならん。

ともかくわれわれの生活は、何かに捉われ何かにこだわって、無縄自縛、自由を失い勝ちである。人を使えば人に捉われ、金を持てば金に捉われ、学問があれば学問に捉われてしまう。そこで時には否定し時には肯定し、その時その時、必要に応じて活殺自在に万事が処理出来なければならん。随処に主となるとはそのことであろう。

そういう自在な働らきが「上古の風規」であって、昔の祖師方は皆それをやられたのであるが、「亦今時の枢要」でもある。今日のように社会生活が複雑になると、用事というものはいくらでも出て来る。それに一々こだわっておったら、人間だれでもノイローゼにならざるを得んであろう。その煩瑣な用事を片付けてゆくのに、一つのことに直面したら、他の一切を捨ててそのことだけになりきってゆく、そうして一つ一つ片付けてゆけば、用事は一つしかないと同じことである。そういう仕事のさばき方が今時の枢要ではなかろうか。

また衆生済度という面から味わうならば、殺すとは相手の妄想執着の根を一切断ち切ってやることであるから、相手の肉体や人格には少しも傷はつかない。一毫を破らずである。活かすとは、相手の仏性を活かしてやるのだから、そのために相手の自我は徹底殺してしまわねばならぬ。活を論ぜば喪身失命である。殺すことがつまり活かすことであり、活かすことがすなわち殺すことである。なかなか、ここは微妙なところで、単純に文字通りに判断の出来んものがある。そこを古人は「向上の一路千聖不伝、学者形を労すること猿の影を捉うるが如し」と示しておられるわけだ。

これは盤山宝積和尚の語であったろう。人間性の純粋なギリギリのところ、もうこれ以上純粋になれんという純粋なところ、そこが向上の一路である。殺すことが活かすことであり、活かすことが殺すことであるというような禅の高い境地、深い心境というものは、とても口で示し、言葉で伝えることのできんものである。千聖不伝である。

　学者とは、今日いわれる学者ではなくて、道を学ぶ者ということで学生の方である。道を学ぶ修行者達が、どうしたら向上の一路がわかろうか、この深い心境が悟られようかと、形を労し苦しみ悩むことは、ちょうど猿が井戸の中に月影が写っておるのを見て、可哀そうにお月さんが水の中に落ちてしまった、拾ってやろうと努力するようなもので、全く労して功なしじゃ。無駄な骨折りである。釈迦達磨でも口で示すことのできんそういうギリギリのところを頭で理解しよう、智的に分別してわかろうとしても、わかるはずがないではないか。

　それならば、なぜ五千四十余巻の経巻が流伝し、碧巌じゃ無門関じゃと、いらざる文字言句が珍重されるのであろう。千聖不伝だからとただ手を拱いて放っておくわけにはいかぬから、何とかしてわかって貰おうという大慈悲心に外ならぬ。少しく眼の開けたものならば、この公案に示された不伝の妙処を味わうことも出来るであろうから一つとっくりと看さっしゃい。

二

挙す、僧、洞山に問う、如何なるか是れ仏。山云く、麻三斤。

　この洞山は、曹洞宗の開祖である洞山の良价禅師ではない。無門関第十五則にある洞山の守初禅師である。雲門和尚のところへ初めて訪ねて来た時に、雲門から「飯袋子、江西湖南、便ち恁麼にし去るか」と言って叱られたあの洞山である。

「お前どこから来たか」。「渣渡から来ました」。「先夏はどこで過したか」。「湖南の報慈寺であります」。「いつ向うを発ったか」。「八月二十五日に発ちました」。「貴様みたいな奴は六十棒ほど打ちなぐる奴だけれど、まあ止めとく」。そこで洞山は一晩考えたけれども何のことやらわからんから、翌日また相見して「昨日あなたは六十棒なぐるところだが放すとおっしゃったが、どこにわたくしの間違いがありますか」と言ったら「飯袋子、江西湖南、便ち恁麼にし去るか――この糞袋奴が、そんな間抜け面してこの江西湖南の禅宗の盛んなところを無意味に通って来たのか」と叱咤されて、忽然として悟ったという洞山である。

　この問答は極めて常識的でどこにも間違いはない。しかしそこに精神的な何らの関心も感激もない。ただ人生を上すべりしておるに過ぎない。そこを雲門禅師が突かれたものであろう。何ものにもこだわらない水の流れのような淡々たる無心さで、しかもその時その時活溌溌地に新らしい感覚と感激で生きてゆくことが、本当に生きておるということであろう。禅とはそういう生命の自覚である。

　この洞山のところへ一人の僧が来て尋ねた。「如何なるか是れ仏」と。これは当時の問答の一つの型であろう。「如何なるか是れ祖師西来意」とか「如何なるか是れ仏法の大意」といった類である。すると洞山は「麻三斤」と答えた。本則はただそれだけのことで極めて簡単である。

　洞山の師匠の雲門は、僧が「如何なるか是れ仏」と同じ質問をしたら、著名な話だが「乾屎橛」と答えておる。乾いた屎のついた箆ということで、どうにもならん汚い厄介ものということである。最も神聖な仏を尋ねておるのに、最も不潔な役にたたんものをもって答えておるところが妙である。その弟子である洞山が、同じ質問に対して「麻三斤」と答えたのはそこに一脈通ずるものがあって、たしかに雲門宗の宗旨を伝えておるものといえよう。

　洞山の住せられた湖北省の襄州というところは、有名な麻の産地だということである。この問答のあった時、たまたま村の農夫たちが製産品の麻を持ち

洞山麻三斤

寄り、仲買商人が来て目方でもかけておったのではなかろうか。あるいは和尚自らも麻を作っておったのかも知れん。「如何なるか仏」と尋ねられたのに、眼前にある現実の麻三斤をもって直ちに答えられたのである。それは決して詭弁でも、逃げ口上でも、思い付きでも、掛引きでもない。洞山はありのままの実感を正直に答えられたのである。洞山にはその時麻三斤が仏と実感に受取れたのである。なぜそう受取れたか、そこが向上の一路千聖不伝のところであろう。

常識的にあるいは学問的に仏といえば、仏には法報応の三身があって云々という難しい理論が並べれようが、それらはすべて観念の遊戯でしかない。南方仏教で仏といえば釈迦牟尼仏に限られておるが、これは歴史的過去の人物で、今どこにもおられようはずがない。こうなると「如何なるか是れ仏」という問題も、なかなかどうして容易な問題ではない。そこに禅というものが、必然的に要請される場がある。

いわゆる悪知悪覚、妄想分別など、観念的なものをすべて振りすてて、純粋な清浄無垢な生れたままの、自性が自覚されるならば、そしてその清浄無垢な心性でものを見てゆけば、客観世界のもの一切が清浄に見え、絶対者に見え、仏に見えてくるのである。麻は麻なり、三斤は二斤より多しという分別心で物を見たのでは、どう考えても麻三斤が仏とは受取れぬであろう。ただ経験以前、知識以前の純粋な意識で眺めた時、眼前の麻三斤がそのまま光明に輝く仏といただけるのである。勿論麻三斤に限ったことではない。柱も仏、敷居も仏、靴も仏、下駄も仏、乾尿橛もとより仏である。「峯の色谷のひびきもみなながらわが釈迦牟尼のこえとすがたと」と、道元禅師の歌われた通り、見るもの聞くものがすべて、釈迦牟尼のお姿に見え、釈迦牟尼のお声に聞えるのである。

お互いの心中から妄想妄念を一掃して、本来無一物と徹せしめることが殺人刀なら、森羅万象の一つ一つを仏と肯定出来る心眼を開かしめることが活人剣である。

三

そこで雪竇が、ここの妙処を謳っていう。「金烏急に玉兎速かなり」。金烏は太陽で、玉兎は月のことである。月日の早いこと、時間の流れの急速なこと、実に世界は一秒も休まずに動いておる。昨日の花が今日は散ってゆくように、われわれの肉体も血液は刻々循環し、細胞は新陳代謝し、すべては動いて止まない。それが自然というものである。生きておるということである。

麻三斤を仏だというても、一分前の麻三斤と今の麻三斤とは、もう内容が違っておるはずである。もう一度洞山に、「如何なるか是れ仏」と問うたら、恐らくもう「麻三斤」とは答えなかったであろう。世界が刻々と流れるごとく、われわれの意識も刻々と流れねばならぬ。心にも物にも、およそこの世の中に固定した何ものもあってはならぬ。新しい意識が、つねに新しい何かを認識する、そこに新しい仏がつねに創造されてゆくのである。

「善応何ぞ曽て軽触有らん」。善応とは良い答えのこと、軽触とは軽くあしらうことでカラカイの意味である。この洞山の「麻三斤」は実に見事な立派な答であって、決して相手の僧をカラカッタわけではない。冗談で言われたのではなくして、洞山の正心本気の解答である。

「事を展べ機に投じて洞山を見ば」。洞山の言葉の尖についてまわり、いつでも仏は麻三斤だときめてかかったり、麻のとりひきがなければ仏がわからんもののように捉われるならば「跛鼈盲亀空谷に入る」、それこそ跛の鼈や盲の亀が、真暗な穴の中へ落ちこんだようなもので、もう何とも救いようはない。

「花簇々。錦簇々。南地の竹。北地の木」。洞山が麻三斤と答えたが、この僧には何のことか一向わからず、こんどは同じく雲門門下の智門和尚のところへ行って、「如何なるか是れ仏」と問うた。すると智門は「花簇々、錦簇々」と示した。その通り。中の千本奥の千本、簇がり咲く花がそのまま仏であり、高尾槇尾栂尾と、全山に照り映える紅葉が、そのまま仏でなければならぬ。そこで「わかったか」と智門が念を押して見たが、その僧まだわからん顔をしておるので、更に「南地の竹、北地の木」と示されたというのである。しかしそれでもまだこの僧には仏がわからなかったという。悲しむべし哀れむべし。仏法のことは時節因縁を待たねば、所詮どうにもならぬと見える。

「因って思う。長慶と陸大夫と道うことを解す、笑う合し哭す合からず。咦」。これにもまた古事がある。陸大夫は南泉の居士の陸亘大夫であるが、南泉が亡くなられたと報らせがあって、寺へ行くと棺前で呵々大笑した。執事がとがめて「この山門不幸の際に笑う人がありますか、哭きなさらんか」と言ったら「道い得ば哭せん――お前さんがこの場に適切な一句を吐いたら哭こう」と言った。しかしこの執事僧無眼子でなんともよう言わなかった。すると陸大夫が「蒼天、蒼天、先師世を去ること遠し」といってこんどはオーオー声を上げて哭いたというのである。

そのことを長慶和尚が聞いて「陸亘大夫笑う合し、哭す合からず」と批判されたことがあるが、長慶の道う通り、陸亘大夫にはここのところも笑って貰いたかった。しかしこの僧のように洞山の処で「麻三斤」と言われてもわからず、智門和尚に「花簇々錦簇々」と示されてもわからず、更に老婆に「南地の竹北地の木」と噛んで含めるように導かれてもわからぬとあっては、陸亘大夫が聞かれたら、どんなにか哭いたことであろう。わしも悲しゅうてならぬわい。と雪竇も大いに泣いてござる。咦。

（三十七年六月）

睦州掠虚頭の漢

睦州掠虚頭の漢（第十則）

垂示に云く、恁麼恁麼。不恁麼不恁麼。若し論じ戦わば、箇々転処に立在せん。所以に道う、若し向上に転じ去らば、直に得たり、釈迦弥勒文殊普賢、千聖万聖天下の宗師、普ねく皆気を飲み声を呑むことを。若し向下に転じ去らば、醯鶏蠛蠓、蠢動含霊、一々大光明を放ち、一々壁立万仞ならん。儻し或は不上不下ならば、又作麼生か商量せん。条有れば条を攀じ、条無ければ例を攀じん。試みに挙す看よ。

挙す、睦州僧に問う、近離甚れの処ぞ。僧便ち喝す。州云く、老僧汝に一喝せらる。僧又喝す。州云く、三喝四喝の後作麼生。僧無語。州便ち打して云く、這の掠虚頭の漢。

頌に云く

両喝と三喝と。
作者機変を知る。
若し虎頭に騎ると謂わば、
二り倶に瞎漢と成らん。
誰か瞎漢。
拈じ来って天下人に与えて看せしむ。

一

ラジオの街頭録音が、二重橋前で、親王さまのご誕生をどう思うかと、一人の学生に尋(たず)ねたら、その学生が「賛成でもないが反対でもない」と答えたそうだ。ある新聞がそのことを取り上げて、軽快に論じておった。

皇孫のご誕生に、賛成でもないが反対でもないと言うのは、大分見当違いの言葉であるが、恐らくその学生の真意は、自分はそういうことについては無関心だということを、言うつもりであったろう。

しかしこの不用意な言葉の中に、現代の学生気質(かたぎ)というものが、あるいは現代人の性格というようなものが、よく現われておるというわけである。つまり賛成か反対か、どちらかにはっきり割り切らなければ満足出来ないところに、現代の若い世代の性格があると言えよう。

しかも現代は、賛成にまわる方は何か遠慮がちにことをすましてしまう場合が多くて、反対にまわる方がとかく威勢が良いようである。そして黙っておれば結局賛成したことになるというので、何とか理窟をつけて、反対のために反対するような向きもあるようだ。

そこで圜悟(えんご)禅師が例によって垂示して言われる。恁麼(いんも)恁麼(いんも)、不(ふ)恁麼(いんも)不(ふ)恁麼(いんも)。賛成賛成、反対反対。世の中はすべて賛成か反対か、この二つに分れるものだ。それで何か議論の起こる場合は、必ずそのどちらかに片付かねばならぬであろう。

だから禅門ではよく言われる。若し向上に転じ去るならば、即ち絶対否定の立場をとるならば、釈迦も弥勒も文殊も普賢も、山も川も草も木も、一切合切否定されてしまって、尽大地(じんだいち)塵(ちり)一つ認めないということになる。

そうなれば三世諸仏も歴代の祖師も天下の大和尚も、気を飲み声を呑んで、ウンともスンとも言えたものではあるまい。天地がひっくりかえろうが、世界が微塵に砕けようが、我関せず焉である。

若し向下に転じ去るならば、即ち絶対肯定の立場に出るならば、醯鶏といって酒の中にわく蛆虫も、蠛蠓といってヌカ蚊あるいはブヨと呼ばれる微細な生物の類も、蚯蚓も蟻も、あらゆる生きとし生けるもの、いや、一切の存在が、一々大光明を放って、壁立万仞、よりつけたものではあるまい。

栂尾の明恵上人は、道を歩いておられてフト足をとめられると、ジッと何かを見つめて合掌され、そのうちにボロボロと涙をこぼされたということである。

お伴をしておったお弟子が不思議に思って、お上人は何をそのように拝まれ、何をそのように泣いておられるかとお尋ねしたら、「見よ、この一茎草の花、不可説不可思議不可商量なり――このささやかな菫の花を見よ、一体誰がこの花を咲かせたのか、この濃い紫の色は誰が染めたのか、この可憐な姿は誰がこしらえたのか。このささやかな花一つ人間の力では到底考えることも、説明することも議論することも出来んじゃないか。これが仏のお姿でなくて何であろう」と言って泣かれたということであるが、すべての存在が、一々大光明を放って、壁立万仞である。

また北野元峰禅師は、刑務所へ頼まれて法話に行かれた時、何百人もの囚人の顔をじっと見廻わされ、おもむろに手を合せて「あんた方はみんな仏さまとちょっとも違わぬ立派な心を持っておられるじゃ。それだのに因縁がお悪うて、こういうところで苦労さっしゃる。お気の毒じゃお気の毒なことじゃ」と言って泣かれたそうだ。何百人もの囚人が、たったその一言を聞いただけで、どんな大説教よりも感激し、みんな下を向いて泣いてしまったということである。

また回光院の福田行誡上人は、出入の度に門前の乞食を拝まれたということであるが、一心生ぜざれば万法に過無しじゃ。絶対肯定の立場に立つならば、当処即ち蓮華国、この身便ち仏なりで、森羅万象の一々が大光明を放って、側へも寄りつけたものではあるまい。

しかし人生の現実は、そのように絶対否定とか絶対肯定とかの面にばかり、はっきり分けられるものではない。そんなに超然として無関心にすましておれるものでもなければ、またそんなにあれも好しこれも好しと妙好人にばかりなって暮せるものでもない。即ち向上でもなく向下でもないのが、生活の事実である。分別と批判を離れることの出来ない、対立の世界に、われわれは現在生きておるのである。

こういう実生活の立場において、禅者はどう働らきどう行動したものであろうか。もし社会に道徳的条文あるいは法律的条令があるならば、それによって一切判断を下したら良いであろうし、もしそういう条文がないならば、先例によって事を決しなければならんであろう。ここに面白い先例があるから聞かっしゃい。

二

睦州（七八〇―八七七）は、唐代の大宗師家、黄檗禅師の法を嗣いだ、道蹤禅師である。かつて黄檗の会下に在った時、若き日の臨済を引立てて黄檗のところへ参禅させ、あの偉大なる人格を完成させるために、重要な一役を買って出た宗門の大恩人である。また彼の雲門の脚をべし折って彼をして大徹大悟せしめ、雲門宗の基をきずかしめた大道人でもある。

つとに世間の名利を厭うて、睦州の竜興寺を弊履のごとく抛すて、無名の草庵に一生を韜晦し、蒲の草鞋を造ってこれをひさぎ母を養ったという孝養者でもあった。その草鞋をただ路傍に吊しておいて通行人のために備え、代は使用者の意に任せたということである。ゆえに時人が陳蒲鞋とあだ名したという。

しかも持戒清厳、学三蔵に通ずと称せられ、ちょうど日本の正受老人か乞食桃水を彷彿させるような高踏的生涯を送られた、真箇の道者である。陳尊宿とも敬愛され、九十八歳の高寿を全うされた。

この睦州大和尚のところへ、一人の僧がやって来たので、和尚が尋ねた。「近離いずれの処ぞ――何処からやって来たかな、今までは何処の僧堂におったかな」。するとその僧なんと思ったか「喝！」と一喝やった。此処から来ましたと言わんばかり、この僧一応の入所はあったと見える。

いやなかなか威勢の良い坊主じゃ。「作家の禅客且らく詐明頭なる莫れ――これはやり手じゃ、だが下手に知ったか振りするなよ」と、圜悟が批判しておる。

すると睦州和尚云く「老僧汝に一喝せらる――これはとんだ無調法をしたと見える、お叱りを受けて恐れ入ります」。圜悟が「陥虎の機、人をたぶらかして如何せん」と下語しておる。頭のこっ禿げた古狸が、恐ろしい陥し穴をしかけたな。わるさも良い加減になされよと。

するとこの僧一歩も譲らず、またしても「喝！」と一喝あびせた。そのような老耄の寝言聞く耳持たぬわいとばかり。向上に転じ去らば千聖万聖天下の宗師も、気を飲み声を呑むというべきところであろうか。

しかし睦州は何と言っても天下の老和尚じゃ。役者が大分上手じゃ。「三喝四喝の後作麼生――これはご丁寧に恐れ入ってござる、ついでにもう二三喝吐きなさらんか」。

こう出られてはなんぼ威勢の良い坊主でも手は出まい。まるで横綱とふんどしかつぎの相撲じゃ。あるいは母親が駄々っ子をあつかうようなもの、「お母ちゃんの馬鹿やろう」。「おおこわ！」。「お母ちゃんの馬鹿やろう」。「そうよ、お母さんは馬鹿ですよ。もっとおっしゃい。たんとおっしゃい」というところでもあろう。

すると僧無語。その僧ついに黙ってしまった。さ

瞎漢

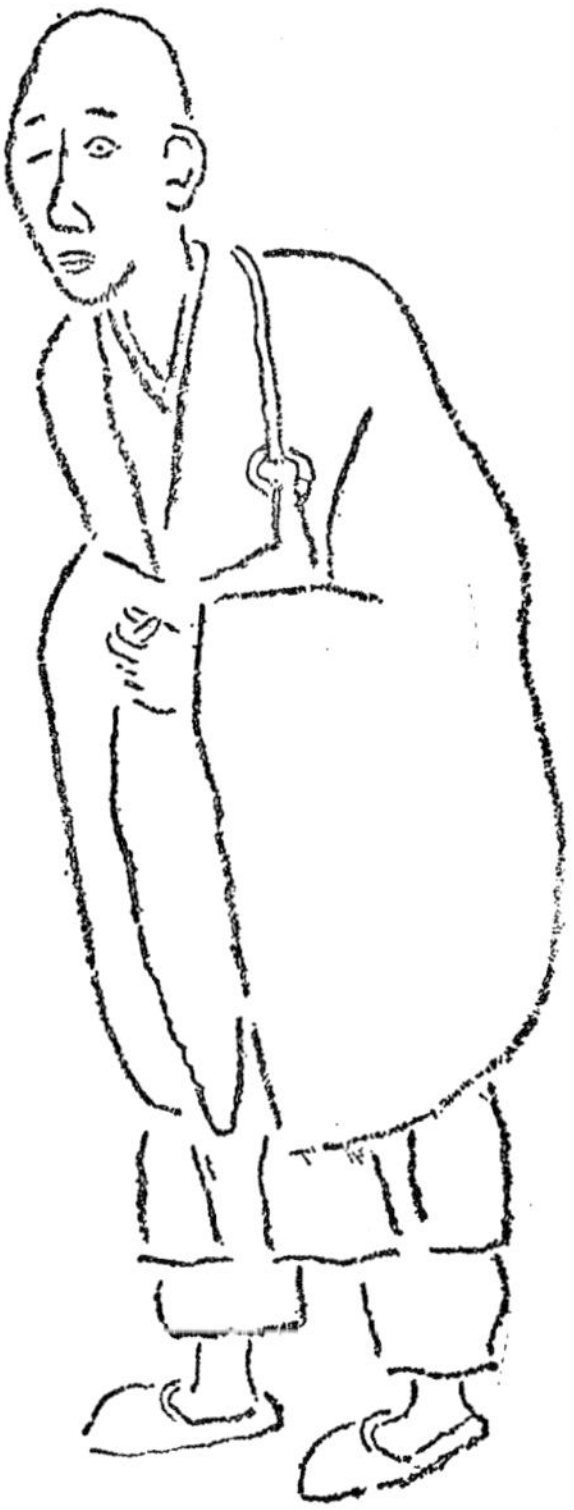

つきの勢いはどこへやら、甚だ以って竜頭蛇尾である。転身の活路を心得なかったと見える。

果然！　睦州和尚杖をもって打ちのめして言わく「この掠虚頭の漢——この偽せ坊主めが、このかたり者めが」。

けだし禅は一切無関心を通そうとする絶対否定説ではない。それならば現実逃避に過ぎなかろう。また禅は自然法爾、このままで万事ＯＫと悟りすます絶対肯定説でもない。それならば痴呆的楽天主義に過ぎないであろう。

そこに凛々たる威風四百州、寰海に端居して竜蛇を定むという、高邁な識見がなくてはならん。即ち閃電光中に緇素を分つ英智の働らきがなくてはならんであろう。

一喝両喝の間に深く来機を弁じ、而も棒頭に眼を具し、這の掠虚頭の漢と、悪水驀頭に濺ぐあたり、まことに睦州老和尚ならではの活作略であろう。

三

そこで雪竇禅師が歌って言う。「両喝と三喝と。作者機変を知る」。この僧みごと両喝は吐いたが、さすがに三喝四喝はよう吐かなかったな。そこは機に臨んで変を知る作家と言えよう。

「若し虎頭に騎ると謂わば、二り倶に瞎漢と成らん」。しかし万一にもその一喝は睦州和尚のごとき獰猛なる虎の頭に騎り誇ったであろうなどと、早合点するならば、それは睦州を瞎にし、この僧を瞎にしてしまうというものであろう。

「誰か瞎漢。拈じ来って天下人に与えて看せしむ」。しからば誰が瞎であったか。言わずと知れたことながら、天下にご披露して、大方のご批判を待つことにしよう、と。

昔ある所に一人の馬鹿婿どんがあったそうな。嫁女の里に普請があって、立派な座敷が出来たというので、婿どんもお祝いのご招待にあずかったそうな。馬鹿婿どんに恥をかかせてはと、賢い嫁女がいろいろ苦心して入智慧をした。まず先方へ着いての挨拶口上から、お座敷へ通されたら、床の間にうやうやしく一礼して、最初に床柱をほめること「みごとな床柱でございます。無節の柾で、これはさぞかし木曽の檜でございましょう」と。次に「立派な床柱ですが、惜しいこと上の方に一寸した節穴がありますようなが、あれにお札でもおはりになったら」と。

婿どん得々として紋付羽織に扇子を持って嫁女の里へ出掛けた。教えられた通り挨拶口上もとどこおりなく述べ、お座敷へ通されると、床の間に向ってうやうやしく一礼、しげしげと床柱を眺めて感じ入った。「これはお見事な床柱でございますな。無節の柾で、さぞかし木曽の檜でございましょう」。

里方の親達すっかり喜んでしまった。聞きしにまさる賢い婿じゃと。「まことに結構な床柱でございますが、惜しいことに上の方にちょっとした節穴がございますな。あそこへ大神宮さまのお札でもおはりになったら如何でしょう」。

親戚一同すっかり有頂天になり、裏の納屋も見て貰いたい、馬小屋も見せたい、この馬もこのたび求めましたがご覧下されと、飼馬まで見せることになった。

婿どんも一入調子に乗って「これはみごとな馬でございます。さぞかし木曽でございましょう。良い馬ですが、惜しいことに後の方に大きな穴が一つございますな。あれにお札でもおはりになったら」とやってしまって、すっかり馬脚を現わし、とんだ大恥をかいたという昔話じゃ。入智慧では駄目、付刃では役に立たぬということであろう。このような男を掠虚頭の漢というのである。

現代はなにごとも賛成か反対か、はっきり割り切らなければ承知のならぬ世の中らしい。しかも賛成派よりも反対派の方が、どうも進歩的で、智識人らしく文化人らしく思われるようだ。

そこで反対々々絶対反対と、プラカードをかつぐことがはやるが、さてなぜ反対かどこが反対かと突込まれて、黙って引下るような反対なら、反対のし甲斐もなかろう。入智慧の反対や、付刃の反対では役に立たぬ。群集心理に乗せられた、付和雷同の絶対反対では、世の中を混乱させるばかりである。

と言って多数と権力を頼んで専横独断、依らしむべし知らしむべからずと、反対の声などは馬耳東風と聞き流すような、非民主的な政治家があるならば、二者ともに瞎漢となるであろう。

事ここに至っては誰が瞎漢であるか。議会解散、批判の権限を天下人に与えて、民衆の声を聞く必要がありはせぬか。

仏の顔も三度とか、
顔色を見る機転は良い。
それでもたしかにだましたと、
言えば盲のはちあわせ。
どちらがほんとの盲やら、

目のある人は見さっしゃい。

（三十五年五月）

雲門花薬欄

雲門花薬欄（第三十九則）

垂示に云く、途中受用底は、虎の山に靠るに似たり。世諦流布底は、猿の檻に在るが如し。仏性の義を知らんと欲せば、当に時節因縁を観ずべし。百錬の精金を煅えんと欲せば、須らく是れ作家の炉鞴なるべし。且らく道へ、大用現前底は什麼を将てか試験せん。

挙す、僧、雲門に問う、如何なるか是れ清浄法身。門云く、花薬欄。僧、云く、便ち恁麼にし去る時如何ん。門云く、金毛の獅子。

頌に云く

花薬欄。顢頇すること莫れ。
星は秤に在り盤に在らず。
便ち恁麼太だ端無し。
金毛の獅子大家看よ。

一

禅ブームの余波というものか、このごろ外人の来訪者がだんだん増えて来た。過日も英国のチャールス・ロートンという人が来られた。ずんぐり太った白髪の紳士である。円覚寺の管長さんの紹介だが、特に妙心寺の庭園が見たいということであった。何でも世界的に有名な性格俳優だそうだが、老僧にはそういうことはわからん。

まず是庵作という霊雲院の庭園をゆっくり観賞された。そして本堂の前の広庭に、枝を深く垂れた老松がただ一本あって、それが立派に庭園を形成しておることを、とても興味ふかく見られたようだ。案内役の貿易商クレスタットさんが言葉を添えられる。

「ロートンさんは日本美術に造詣が深くて、沢山集襍されておりますが、庭園だけは手に入りませんからネ。今度始めてあこがれの日本へ来られたわけです」と。そこで寺宝の元信の山水画をお目に掛けたところ非常に喜ばれ、実にたん念に微細なところまで観賞された。かつてどの日本人もしなかったほど。

特に妙心寺の庭園ということであったから、近ごろ修理の完成された、元信作と言われる退蔵院の石庭、小方丈の前庭、開山堂玉鳳院の庭、桂春院の庭などを案内させたところ、奇麗な退蔵の庭よりも、枯淡な小方丈の庭の方が、優雅な桂春の庭園よりも素朴な開山堂の庭の方が気に入ったらしい。小方丈の縁側や玉鳳院の床几にじっと腰掛けて長時間を費されたということである。波形を入れた白砂に松が数本あるだけの、その簡素さ清潔さが、誰一人覗くものもない祖廟の静寂さと相俟って、いたく心を打たれたことであろう。

妙心寺で小半日を費された後、竜安寺の石庭を奨めたら、「もうそういう群集の行くところは結構だ」と言って、さっさと踵を返された。こういう人達こそまことに日本文化を観賞する人と言えよう。ただ庭園の美的構成に触れただけでなく、東洋の心に触れて帰えられたかと思う。

またある日アルゼンチンのカトリックの牧師さんが来られた。禅の話を聞きたいということである。開口一番「悟りの心境を談れ」という質問である。そこで老僧逆に質問して見た。『キリストは赤子のような心にならなければ天国に行けない』と言ったが、赤子の心とはどんな心か」。彼は暫らく考えていたが、やがて答えた。「無だ」と。老僧すかさず「その無がわかれば禅のさとりだ」というと、彼は手を挙げて叫んだ。「わかった」と。そこで「お前さんのは頭でわかったので、肚でわからねばだめだ」と言ったら、「自分は大学で哲学が専攻だから頭でわかれば結構だ」と言う。そこでまた「禅では悟りが開けると、大歓喜と言ってとても愉快な気持になれるがどうか」と言ったら、「とても今日は愉快だ」と言って喜んで帰って行った。

だんだんこういうことになると、老僧などもおそまきながら、あちらの言葉を勉強せねばなどとしみじみ考えさせられる。言葉だけではだめで、広く深くあちらの思想、物の考え方に通じないと話があわぬなと考えさせられる。

それにつけても思いおこすのは六祖慧能大師である。六祖が始めて曹渓の村に落着かれた時、劉士略という儒者の家に世話になられた。その家の姑さんに無尽蔵と名づける尼さんがあって、常に涅槃経を拝読しておられた。六祖は傍でそれを聞いておられたが、甚深の妙義に感動され、その教意を懇切に解説して聞かされた。そこで尼は大変な学者だと思い込んで、経巻をとり出し自分にわからない文字の意義を尋ねた。すると六祖が言われるのに、「わしは字は読めない。しかしお経の意味なら何でも聞かっしゃい」。尼が「字の読めんような人にどうして尊いお経の意味がわかりましょう」と詰問すると、六祖の答がありがたい。「諸仏の妙義は文字に関わるに非ず——仏法の妙理は文字にはちょっとも関係しない」と。尼が驚いて、こんな言葉の吐ける人はただの人ではない。真実道のわかったお方である。皆にすすめて永く村におって貰らおうではないか、ということになって、寺を建ててご供養申し上げたということである。

「諸仏の妙理は文字に関わるに非ず」と真実徹すれば、たとい言葉は通ぜずとも、思想は理解出来なくても、道は天地を貫き万国に通ずるものでもあろう。

二

自由という言葉がある。これを哲学的にあるいは思想的に解明するとしたら、なかなかむつかしいことになると思う。老僧そういうことも知りたいと思うが、今はわからないことにしておく。

大燈国師にある僧が「あなたはあらゆる難問題に向って、どうしてこのように自由にお答えが出来るのですか」と尋ねたら、国師は「老僧は十二時を用い得るが故なり」と答えておられる。ここにはっきり自由という言葉が使われておるが、禅の自由とはそういうものであろうか。十二時を使うとは、十二時中に起滅して来るあらゆる問題に心を奪われないこと、逆にあらゆる紛紛する事件に対し、一々自主性をもって処理してゆくことである。つまり大宇宙の主人公になることが、禅の自由というものであろうか。

この言葉には更に出拠がある。それは彼の有名な趙州和尚の言葉である。あるとき僧が趙州に尋ねた。「十二時中どのような工夫をしたらようござるか」。すると趙州が答えた。「お前さんたちは結局十二時に使われておるというものだ、それではいけない、わしは常に十二時を使っておるぞ」と。

禅にはまた主人公という言葉もある。それは客観の事物にまどわされず、また内面の妄想妄念にもとらわれず、一切を自由に適宜に処理してゆく自主性を自覚することであろう。そういった自主性というものが、現代人には欠けておるのではなかろうか。

そういう意味の自由を現代の方々は見失っておるのではなかろうかと思う。

マス・コミの潮流の中に捲きこまれ、時代のスピードに威圧され、生産のオートメーション化に愈々自己の無力を誇示されて、多少の相違はあれ、皆自己喪失人間疎外の苦悩にうごめいておるのではなかろうか。ここに自己奪回人間挽回の猛運動が起らねばならぬであろう。でなかったら人類はことごとくノイローゼになりそうだ。人間は畢竟自由を求めて止まんものであり、ここに禅ブームといわれるものの起る因由がありそうだ。

臨済禅師には「随処に主となれば立処皆真なり」という言葉がある。随処はあらゆる問題あらゆる事件の意味である。十二時と言えば時間的見方であり、随処と言えば空観的見方のようである。釈尊が「今この三界は皆是れ我が有なり、その中の衆生は悉く是れ我が子なり」と示されたように、自己が世界の主人公であることが自覚されるならば、その自覚のもとになされる処置はすべて真実だというのである。

日本人は公衆道徳が低いとよく言われる。自分の家は大切にするが、公共の建築物は粗末にする、自分の庭は奇麗に掃除するが、公園は新聞紙や弁当がらを捨てて少しも悪いと思わないとよく言われる。もし社会がわが家と自覚され世界をわが世界と達観出来たならば、すべての社会問題が自己の問題となってそういう不道徳は自らなくなるであろう。立処皆真なりである。

そこで圜悟禅師が例によって垂示して言われる。「途中受用底は虎の山に靠るに似たり。世諦流布底は猿の檻に在るが如し」。臨済録に「途中に在って家舎を離れず」という言葉があるが、世界は永遠の途中にある。すなわち世界は常に進歩の途上にあって終点はない。その世界の途中にあって、すなわち矛盾と偽瞞と罪悪に満ちたこの世界にありながら、その途中に捉われ支配されることなく、しっかりと

金毛の獅子

した自主性をもって対処し善処して行くことが出来るような力量のある人物ならば、その積極的行動は虎が山に靠りかかったようなものであろう。

しかしその逆でこの客観の世界や刹那的欲望に引きずり廻わされて、二進も三進も出来ぬような無自覚なものならば、あたかも猿が檻の中へ入れられたようなもので見られたざまではない。そこには何らの自由もないであろう。

ところで悟りのこと、人生のこと、社会のこと、自然界のこと、すべては時節因縁によるものであって、人為的速成栽培は無理であろう。もし速成栽培が出来るとしたら、この因縁の道理をよく諦観し、これを利用した上のことである。

六代目菊五郎は「まだ足らぬおどりおどりてあの世まで」と辞世を遺して逝ったというが、われわれの理想は決して一朝一夕に成就するものではない。おそらく未来永劫成就しないであろう。すなわち永遠に途中である。そこでわれわれはあせらず騒がず、すべてを時節因縁に任せて、このままでよいのだ、未完成のままでよいのだという諦観がどうしても必要である。そこに悟りがあり解脱がある。さとりは自己および他己および社会に対する寛容性でもある。

そう諦観出来るならば、途中の中にすでに理想は成就しておるのである。仏性はすでに自覚されておるのである。煩悩具足のままが成仏である。と、こう徹しなければならぬであろう。すなわち途中にあって家舎を離れずで、ここに仏法の甚深の妙味があるのである。煩悩具足のままが成仏である。脱落身心身心脱落である。

さてそこまで徹しようと思うならば、まさに容易なことではない。どうしても正師家の炉鞴に入って百錬千煆の功を経なければならんであろう。もしまたここにその時節因縁を経ず、百錬千煆を要しないような天然の大道人大機大用底の大人物が現われたとしたらいったい誰がそんな大物の試験をなし得ることであろう。ここに面白い話があるから聞かっしゃい。

三

雲門は雲門山の開祖、文偃禅師であるが、あまりにも有名な禅師であり、碧巌録中で趙州和尚と共に最もなじみ深い祖師であるから、今更ここに紹介する必要はないであろう。

一日この雲門大師の下へ一人の僧が来て尋ねた。「如何なるか是れ清浄法身」。清浄法身とは宇宙の根源としての仏である。すなわち絶対者である。いわゆる毘盧遮那仏で遍一切処と翻訳されておる。清浄法身毘盧遮那仏と、禅宗では十仏名の第一にお唱えする仏さまである。臨済禅師は「汝が一念心上の清浄光、是れ汝が屋裏の法身仏なり」と、仏性の当体として法身仏を示しておられる。すなわち自性清浄心そのものである。

思うに僧のこの質問ははなはだ悪辣で悪毒を含んでおる。もしなんとか言葉を弄してこれに答えれば、もう第二義に落ちて法身の当体ではなくなる。と言って答えなければ問者の意に背き、いたずらに無能を暴露せねばならぬ。この僧あるいは大用現前底であったかも知れぬ。あるいは雲門の大用現前底を試験せんとするしれものであったかも知れぬ。

すると雲門大師は答えられた。「花薬欄」。これは一体どういう意味であろうか。清浄法身とは花薬欄のこと、つまり森羅万象なんでもそれだと言うのであろうか。花薬欄とはよく世上に見受ける便所の袖垣のことのようである。不浄の場所を覆いかくすための花の生垣である。山茶花や木槿などの垣根がよくある。あるいは悪臭を消すために、木犀の木などでこしらえたのもある。

宇宙の本体である法身仏を尋ねておるのに便所の袖垣とはいったい何の謎であろうか。圜悟が「問処真ならざれば答え来って鹵莽——売り言葉に買い言葉」と下語し、又「𡑮着磕着——打てば響くような」と批評しておるのは面白い。

最も清浄なものを尋ねておるのに、最も不浄なものをもって答えておる、絶対者を問うておるのに差別者をもって示しておる、浄穢不二の境を聞いておるのに浄穢相対の世界をもって答えておるのである。この一語実に大用現前、天下人の舌頭を坐断するというものである。途中受用、虎の山に靠るに似たりとは、このところでもあろう。

この僧なかなかしたたか者で、更に問うて曰く「恁麼にし去る時如何」。それは圜悟が「渾崙に箇の棗を呑む」と下語しておるように、全くの丸呑込みであったかも知れぬが、更に反駁して来た。「では仰せの通りこの不浄の肉身をそのまま清浄法身と頂いてようござるか。煩悩即菩提と承知して差支えござらぬか」と。はなはだどうもあぶないところである。この言葉には大きな危険性を孕んでおる。毫釐も差有れば天地遥かに隔って、途中受用はたちまち世諦流布に転落するであろう。

そこで雲門は答えた。「金毛の獅子」。圜悟は「錯を以て錯に就く」と下語しておるが、これはいったい褒めたものか貶したものか、とっくり眼を着けて弁別を要するところである。しかも金毛の獅子は全身毫端に至るまで黄金の獅子の意味で、華厳の金獅子章を転用した雲門大師の語言三昧を窺うべき一句でもある。

そこで雪竇は歌っていう。雲門は花薬欄と答えたが、うっかり瞞まされてこのまま悟りに落ちまいぞ。問題は花薬欄という物質にあるのではなくして、いみじくもすり磨かれた雲門の精神にある。このままで早合点したら、あぶないあぶない。金毛の獅子にはうっかり乗せられまいぞ。ご用心ご用心。

骸骨の上を装うて花見かや、
聞き耳たつる爪びきの琴。
著たままに見るはえもなし里がえり、
里のうわさも気にかかる頃。

（三十六年一月）

巴陵銀椀に雪を盛る

巴陵銀椀に雪を盛る（第十三則）

垂示に云く、雲は大野に凝って、徧界蔵さず。雪は蘆花を覆うて、朕迹分ち難し。冷処は氷雪よりも冷やかに、細処は米末より細やかなり。深々たる処は仏眼も窺い難く、密々たる処は魔外も測ること莫し。挙一明三は即ち且らく止く、天下人の舌頭を坐断して、作麼生か道わん。且らく道え、是れ什麼人の分上の事ぞ。試みに挙す看よ。

挙す、僧、巴陵に問う、如何なるか是れ提婆宗。巴陵云く、銀椀裏に雪を盛る。

頌に云く

老新開、端的別なり。
道うことを解す銀椀裏に雪を盛ると。
九十六箇応に自知すべし。
知らずんば却って天辺の月に問え。
提婆宗提婆宗
赤旛の下清風を起す。

一

「禅とは心の名なり、心とは禅の体なり」と、中国の古人が定義しておられる。つまるところ禅とは各自の心の問題であろう。禅がわかるとは、自分の心がわかることであり、禅がわからんとは、自分の心がわからんということである。

　自分で自分の心がわからんということは、あまり名誉なことではあるまい。言葉を換えて言えば、自主性がはっきりしないということになる。自主性のわからない人間が集って、民主主義の世の中をつくろうというのだから、現代の笑えない悲劇である。「心迷えば法華に転ぜられ、心悟れば法華を転ず」と、六祖は示されたが、自分の心がわからぬようでは、目まぐるしい現代のマスコミに引廻わされて、自分の足場を失ってしまうであろう。足場を失えば何をしでかすかわからぬだろうし、こんな危ない社会がまたとあろうか。自分の心がはっきり捉めて始めて、複雑な社会を自由に動かしてゆくことも出来るわけである。

「直に人の心を指さして、性を見て成仏せしめる」ことが由来達磨宗の宗旨であるが、自分の心が直ちにわかるということは、現代人にとって最大の急務ではなかろうか。

　賑やかに新年をお祝いされるも良かろうし、新生活とやらで簡素に正月をすますもご随意である。寝正月をきめ込むも結構だし、屠蘇機嫌麗わしきはなおもって目出度き限りであるが、勿論人に強要することでもなければ、強制されることでもない。

　ところで、新年お目出度うと目出度げに言うておるこの者は何者であるか、一杯きこしめしてご機嫌斜ならぬこいつはいったい何者であるか。一応その者の素姓を探索しておく必要がある。

　老僧の体験から申すなら、この者はどうしてなかなか大した代者でござるぞ。釈迦達磨に脚を洗わすほど、高貴の出でござる。まさしく天下の主人公じや。宇宙双日なく、乾坤ただ一人である。

暗雲低迷、今にも大雪が落ちて来そうな、陰欝な空気がたちまち山野に充満したとても、実は世界の片隅の一気象に過ぎぬ。全宇宙を覆い尽すことはあり得ない。劫火洞然として世界を破滅するような大事件がおこったとしても、心性の大海から見れば辺海の一波瀾に等しい。

一面の蘆原に向って、白雪皚々これを覆うとしたら、蘆花と六花と重畳して、どこまでが雪やらどこから蘆花やら、けじめがつくまい。日月星辰、森羅万象を眼前に羅列せしめて、物やら心やら朕迹分ち難い霊妙幽玄な世界が心というものだ。

「いよいよますます畏敬の念をいだかざるを得ないものは、わが上にありては星ある空、わが中にありては道徳律」と、誰かが頌ったが、真理の前には些さかの私情をさし狭まず、冷厳なること、氷雪よりも冷やかであるものが理性と名づけられるわれらの心であろう。「宇宙に関することのうちで、私が最も不可解に思うことの一つは、それが理解出来ることである」と、別の誰かは歌ったが、原子電子と呼ばれる極微の世界の神秘よりも、その極微の世界を更に分析しまた探知出来る精神の働らきこそ、それ以上の神秘であろう。細処は米末より細やかである。

百丈禅師がある夜更け、たまたま隠侍をしておった潙山に尋ねられた。「どうだ火鉢の火はもう消えたか」。これは「お前妄念はもう尽きたか」という意味であったかも知れん。潙山が火鉢の中をのぞいて「もう火は消えました」と答えると、百丈は炉の中をずうっとかき廻わして、ホンのマッチの先ほどの火をつまみ出すと、「どうじゃ、まだあったじゃないか」と、突きつけて示された。そこで潙山が忽然として悟りを開いたという話がある。この微塵の油断もない綿密さが禅というものでもあろう。まことに「天地我を待って覆載し、日月我を待って運行し、四時我を待って変化し、万物我を待って発生す。大なる哉心や」である。

「それ大虚か、それ元気か、心は大虚を包ねて元気を孕むもの」とか、その深々たるところ、大虚の境地に至っては、お釈迦さまでもご存知あるまい。その密々たるところ、潜かに元気を孕むに当っては、天魔外道も測り知れぬところであろう。

さてこの主体性の自覚というような、幽玄な人生の大問題に向っては、一隅を示して三隅を明め、十を聞いて百を知る底の、いわゆる世の才子型はしばらく問題にすまい。

「天下人の舌頭を坐断して、作麼生か道わん」。如何なる哲学者思想家が出て来ても、手の下しようのないような一句、与党も野党も、敵も味方も、天下人をしてウンともスンとも言わさぬような一句、八十何カ国とやらの国連総会で、全員が黙ってしまうような一句、そんな一句がもし吐けるとしたら、いったいそれは何の力によるものであろうか。そんな一句を吐いた大人物がかつてどこかにおったであろうか。ここに好適な話があるから聞かっしゃいと圜悟禅師の垂示である。

二

ある時一人の僧が巴陵和尚に問うた。「如何なるか是れ提婆宗」。巴陵が答えた。「銀椀裏に雪を盛る」。

この巴陵というのは、湖南省岳州巴陵県の新開院という寺に住職された、顥鑑という和尚のことである。岳州というのは岳陽楼の記にもあるように、素晴らしい景色の良いところで、この巴陵はそういう景勝の地に住するにふさわしい、趣味の広い境涯の洗練された人であって、口をついて出る一句一句がすべて詩であったようだ。雲門宗の生粋を嗣いだ作家と思われる。

師匠である雲門大師さえも、その言句を非常に賞揚されて「わしが死んでもお経を誦むことは要らぬ。巴陵の三転語を唱えておけ」と言われたほどだ。

その三転語とは

僧問う「如何なるか是れ道」、
巴陵云く「明眼の人　井に落つ」。
僧問う「如何なるか是れ吹毛剣」、
巴陵云く「珊瑚枝々月を撑着す」。

この二句に、本則の「銀椀裏に雪を盛る」の一句を加えた三句である。

提婆宗は提婆の宗旨の義であるが、提婆とは、インドにおける伝灯の祖師、迦那提婆尊者のことで、もと九十六派の外道の一員であったが、第十四祖竜樹菩薩に化導されて仏門に帰し、嗣法して第十五祖となられた大徳である。竜樹の中論および十二門論に　この提婆の百論を加えて、後世三論宗という一宗派が起ったほどの学者でもあった。

もともと外道であったから、その方の学識体験も深く、弁舌もさわやかで言句の妙を極めたため、竜樹亡き後、外道をことごとく説伏して大いに仏法を興隆し禅風を挙揚し、提婆宗、提婆宗と唱導されて一世を風靡したようである。

元来禅門は道元禅師も懇切に示されておるように、仏法の総府であって、禅宗などと宗旨を名乗らないのが本筋である。強いて言わば釈迦宗である。釈尊以来その大法を、一器の水を一器にうつすがごとく、嫡々相承して来たのであるが、その伝灯の祖師達の個性により、自ら宗風を異にすることは止むを得ないことであろう。徳山門に入れば棒、臨済門に入れば喝と言われるように、個々の人格が、それぞれの宗風を形成して来たわけである。

すなわち宗門においては、他宗のごとく所依の経典が宗旨を規定するのではなくて、人間が宗旨である。達磨が出て来れば達磨宗であり、臨済が出て来れば臨済宗であり、雲門が出て来れば雲門宗である。一華五葉を開いて五家の宗派を展開し、更に七宗の結果を成熟したが、五家も七宗も人間の個性によって分れたもので、生きた人間が宗旨であった。

二十四流の日本禅もそれぞれの開祖となる人間によって将来されたものであり、四十六流の分派もま

巴陵銀椀に雪を盛る

たそれぞれの人間によって成立したものである。今日日本をいな世界を風靡せんとしつつあるものは、実にわが応灯関の一流であり、身近に言えば白隠宗であり、更に隠山派であり卓州派である。

相伝の大法には一点の差別もないのであるが、相承の人間によって、千差万別の宗旨を形成するところに、宗門の特異性があり、生きた人間による活動が、常に大法をして躍動せしめておるわけである。

馬祖大師が「凡そ言句有るは是れ提婆宗、只此箇を以て主と為す」と、批判されたことがある。提婆宗の特異性は言句に優れておる点にあって、その妙言句をもって九十六派の外道をことごとく折伏されたのであるが、肝心のところは、此箇―コイツ―大法―心―禅―にあるという馬祖大師の慈誡であろう。

当時この提婆宗が相当問題になったと見えて、ある時僧が巴陵和尚に訊ねた。「如何なるか是れ提婆宗」と。

「如何なるか是れ提婆宗」は、実はそのまま如何なるか是れ達磨宗であり、如何なるか是れ雲門宗であり、如何なるか是れ巴陵の禅風の意味でもあって、提婆宗は当時禅宗の代名詞でもあったであろう。

巴陵答えて云く「銀椀裏に雪を盛る」。

なんと素晴らしい言句であろうか。なんという奇麗な言葉であろうか。清潔と言おうか、清純と言おうか、高雅と言おうか、優美と言おうか、言い得て妙、穿ち得て玄。この一言まさしく提婆宗の血滴々である。雲門宗の生粋である。天下人の舌頭を坐断するとは、このような一語を言うのであろう。

正倉院の御物にでもありそうな古雅な、それに繊細な毛彫でもありそうな精巧な、いま出来たばかりのように純白に輝く、白銀の椀に、いま降ったばかりの清浄な綿雪がこんもり盛り上げられたような、新鮮な感覚。それが提婆宗というものであろうか。禅というものであろうか。

三

そこで雪竇（せっちょう）は頌（うた）って言う。「老新開、端的別なり」。さすがは老練熟達の新開和尚じゃ、雲門宗の生粋をよくぞ伝えておられる。その働らきのみごとなこと、その識見の高いこと、その言句の美味いこと、天下人の舌頭を坐断するとは、この和尚のことではあろう。

「千兵は得易く、一将は求め難し」と、圜悟は下語しておるが、まこと巴陵のごとき名僧は、そうざらにあるものではない。

銀椀裏に雪を盛る、よくぞ言うた。なんと調子の高い言葉ではないか、なんと優れた境涯ではないか、よくもこんな言葉が人間の口から出たものじゃ。文は人なりと言うが、言葉は人格でもあろう。げにげに提婆宗ここにありじゃ。

九十六個の外道も、応（まさ）に自知すべきである。各々ここの妙趣を冷暖自知して貰わねばならん。なに分らん。分らなければ天上のお月さんに問うんじゃな。なに遠うすぎるって。じゃ電信柱にでも聞いて貰うか。

ああ提婆宗！　提婆宗！

インドでは宗論に勝てば、勝った方が赤旗を立てることになっておるそうだが、巴陵のようなこういう老練の和尚のおる限り、提婆宗は永遠だ、泥沼のような社会に、千古万古清風を吹き送ることであろう。

老練なれや、新開和尚
水ぎわたったるその働らき、
銀椀裏に雪を盛るとは
こころにくくも言い得たる。
九十六個も、見よ脚下を、
月が何しに応（こた）えよう。
あゝ提婆宗！　提婆宗！
何人かよく敵するものぞ
清風今も吹きわたる。

（三十五年一月）

趙州万法帰一

趙州万法帰一（第四十五則）

垂示に云く、道わんと要すれば便ち道う。世を挙げて雙び無し。行ずべきに当っては即ち行ず、全機譲らず。撃石火の如く、閃電光に似たり。疾焔過風、奔流度刃。向上の鉗鎚を拈起すれば、未だ鋒を亡じ舌を結ぶことを免れず。一線道を放って、試みに挙す看よ。

挙す、僧、趙州に問う、万法一に帰す、一何れの処にか帰す。州云く、我青州に在って、一領の布衫を作る。重きこと七斤。

頌に云く

編辟曽て挨す老古錐。
七斤衫は重し幾人か知る。
如今拋擲す西湖の裏。
下載の清風誰にか付与せん。

一

例によって圜悟禅師が垂示を述べておられる。

「言うべき時には、はっきり言う。その言葉の優秀さは、他にも比べものがない」。これはこの公案の主人公である趙州を賞められたものであろうが、趙州は古来、唇口皮上に光を放つと言われて、もっとも言語の微妙を極めた人であった。

「行らねばならぬことは、さっさと行ってしまう、誰にはばかることもない」。彼は言語の妙を得たばかりでなく、着実な実行力を持っておったであろう。お粥を食べたあと鉢を洗っておけ、という実践家でもあった。

　言うべきことは何でも胸にたくわえず、さっさと言ってのけ、行るべきことは後日に残さず堂々とその場で行ってしまう。しかも人の気持を傷つけるような拙い言い方はせず、人に揚げ脚をとられるような不手際なことをしなかったら、社会でも最も教養の高い人間と言えよう。趙州和尚のごときは、到底人の言い得ぬような、深遠なことを簡単に言ってのけ、人の企て得ぬような行動を、無造作にやってしまうような、人生の達人であったであろう。

　その応答の鮮やかなことは、打てば響くといったもの、その行動の疾いことは、電光のごとく、石火のごとくすさまじさである。もう一つ形容するならば、疾焔のごとく、過風のごとく、奔流のごとく、また度刃のごとくであろう。疾焔は火の廻りの早いことで、この間もどこかの山火事で、消防士が五人も煙にまかれてなくなったということだが、うっかりすると出路を失ってしまうほど疾いものだ。過風は疾風、奔流は激流で共に速いこと、度刃は剣の達人が刃の下をくぐって、飛鳥のごとく駈けめぐる速さを言ったものであろうか。

「向上の鉗鎚を拈起すれば、未だ鋒を亡じ、舌を結ぶことを免れず」。どうも仏教の書物は言葉が難しくて、とかく現代人には親しまれんようだ。言葉の詮索で明け暮れするのはつまらんことだが、これも一応止むを得まい。わかるとまたこれほど簡単で味わい深い、面白いものもない。

鉗鎚は鍛冶屋が、真赤に焼けた鉄を鍛える時に用いるはさみと鎚であるが、禅門で修行者を鍛錬する手段の意味に使われる。つまり参禅することを、某老師の炉鞴に入るとか、鉗鎚を受けるというのである。鍛冶屋が真赤に焼けただれた鉄を鋏ではさみ鎚で叩いて、錆をとり不純なものを去って、精鉄を鍛えあげてゆくように、師家は修行者を室内で焼きただらかし、叩いて叩いて煩悩妄想の不純物を取除いて、鍛え上げてゆくのである。

そこで趙州のごとき、その道の大家が、仏法のギリギリの活手段をもって、打ってかかられるならば、大概のなまくら雲水どもは、鋒も刃もボロボロになってしまって、ウンともスンともよう言わんであろう。

それでは元も子もなくしてしまうから、そういう活手段はしばらくお預かりにして、第二義門に下って、やんわりと相手を指導する方便もなくてはならんであろう。趙州のごときはまた実にそういう円熟した手段の作家とも言えよう。ここに面白い例話があるから聞かっしゃい。

二

ある時、一人の僧が趙州に尋ねた。「万法一に帰す、一何れの処にか帰す」と。森羅万象一切の存在は、絶対の一に帰すると思いますが、その一は何処に帰しましょうかというわけである。

すべてのものは太極の一に帰する。キリスト教ならば神の一に帰し、浄土門ならば阿弥陀仏の一に帰する。教学的に言えば、万象は真如法界の一に帰するし、禅門流に言えば、一切はわが一心に帰する。今日の科学ならば、万物はエネルギーの一に帰すると言われるかも知れない。

そこまでは、多くの宗教者が、口を開けば必ず説くところでよくわかっておるが、その究極の一は何処へ行くかというのである。実に適切な質問であって、この僧なかなかの出来物で只者ではない。ここに明快な、しかも論理の遊戯に流れない堅実な解答を与えうる人は、そうザラにはあるまい。

どうかすると禅門の中にも、この一に固執し、そこを永遠の住家と心得ておるような一枚悟りの担板漢も往々あるようだ。世の中がどんなに乱れようが、民衆が飢渇に苦しもうが、青少年がいかに不良化しようが、われ関せず焉、一切は無じゃと悟りすまして、絶対という穴の中に安逸を貪っておる禅者がありはせぬであろうか。こういうのを野狐禅というのである。

大燈国師ほどの大徳さえ歌っておられる。「三十あまりわれも狐の穴にすむ、いま化かさるる人もことわり」と。万法はこの一に帰するに違いないが、その一とか絶対とか無とかいうところに坐り込んでしまって、その一が何処へ帰するか、行場がわからないならば、世の中の運転はすべて止ってしまうより仕方がない。それは虚無思想でありそれは死の道でしかないではないか。

こんどの戦争でもそうである。天皇帰一ということが、戦争中の最高道徳として示され、国民は身命財を抛って、天皇の一に帰依し奉れと指導されたが、その一は結局何処に帰するかが明らかにされていなかった。国民は「天皇陛下万歳」と言って死ぬことが、最高の名誉だと覚悟したが、その一がどこに帰するか明らかにされないかぎり、それは死の道であり敗戦の道でしかなかった。

万法一に帰す。一何れの処にか帰す。なるほど少しく坐禅をすれば、万法は無の一に帰するくらいはわかるが、その無が何処に帰するかがはっきりしなければ、禅は麻酔薬に等しい。宗教は阿片なりと言われても仕方はない。この僧の質問はなかなか辛辣である。もし誤って答えたらただではおかぬ鋭どさがある。

すると趙州は答えた。「我青州に在りて、一領の布衫を作る。重きこと七斤」と。青州は趙州の生れ故郷である。布衫は直綴で、この頃はやる婦人方の短い茶羽織のようなものと心得てよかろう。「わしはなあ、この頃故郷へ帰って、直綴を一枚作って貰ったが、ざっと七百匁くらいのもので、まことに軽くて具合がよいよ」。

三

「心とは行動である」と心理学者はいう。「仏性とは作用これなり」と古人は示された。「眼に在っては見ると曰い、耳に在っては聞くと曰い、鼻に在っては香を嗅ぎ、口に在っては談論し、手に在っては執捉し、足に在っては運奔す」と、臨済禅師も挙揚されたが、活溌々地に働らく行動こそ心である。もし一心の無に定着してしまうならば、心は自滅の外ない。

そこで万法が一に帰するならば、その一は当然論理の帰結としてまたもとの万法に帰せなければならぬ。大死一番絶後に蘇えるという禅の消息はそこにある。その蘇える時、万法がそのまま一として肯定されるのである。すなわち一即一切。一切即一の妙理が体験されるのである。

万人が神の一に帰するならば、その一は神の愛となって、万人の上に帰らなければならぬ。衆生が弥陀一仏に帰するならば、その一は、仏心の大慈悲となって、衆生の上に還相回向されなければならぬ、一切現象が一エネルギーに還元されるならば、その一は一切現象の上に顕現して生成流転するであろう。万法一心に帰するならば、一心は日に新たに、日々に新たに、万法を創造して行く一心でなければならぬ。

この意味において、万民が天皇の一に帰するならば、その一は直ちに万民の上に帰って来なければならぬ。詔勅はいつもそのことを歌っておられたのである。「万民をしてその所を得しめ、兆民をしてその堵に安んぜしめよ」と。すなわち天皇は常に万民兆民の平和と幸福をのみ考えておられたはずである。そのことがもしはっきりしておったならば、今度のような無理な戦争は起らなかったであろうし、もし起ったとしても、あのような残虐な行為は行われなかったであろう。

終戦の年の九月、天皇がマッカーサーに会いに行かれた話がある。マッカーサーは、自分の方から会いには行かぬが、陛下が来られるならお目にかかりましょうということであった。陛下が到着され、室へ入られると、軍の写真班が来て、まず記念撮影をした。その写真が新聞に出ておったから、ご記憶の方もあろう。陛下はモーニングを着て、ややかがんで憔悴しておられる。その右にマッカーサーが開襟シャツか何かで傲然と立っておる写真である。

お掛け下さいということで椅子に掛けて頂いて、会談は始まったが、その時の陛下がまず第一に口を開かれた言葉は、「この戦争の第一責任者は自分である。自分はどのように処分されてもかまわない。しかしいま日本は食糧が乏しくて困っておるから、八千万の国民が飢死せんようにどうか食糧を送って貰いたい」という言葉であったそうだ。

この一言を聞くとマッカーサーの態度が変ったということである。それまで通訳にテル・ゼ・エムペラーといっておった言葉が、いつの間にかユー・マジスティという丁寧な言葉に変った。そして室の入口までしか送らんはずのマッカーサーが玄関まで送って出て、陛下を抱きかかえるようにして車にお乗せしたということである。このことは吉田元首相の回想十年という本にも書かれておるから、恐らく真実であろう。

歴史始まって以来、敗戦国の皇帝というものは、生命を助けてくれと嘆願したものだ、そして財産を隠匿したものだ、さすがに日本の天皇は立派だ、すべてを抛げ出しておられるではないかと感嘆し、それ以来マッカーサーが極力天皇擁護側に立たれたということである。

　万民は天皇のために生命を捧げ、天皇は万民のために生命を投げ出された。こう承わると、どうやら辻褄が合うようである。戦争で昇天された英霊方も、戦災の犠牲となられた無辜(むこ)の国民も、もって瞑すべしという気さえする。しかし戦争のなかったことこそ、万民の願いであり、天皇の祈りでなければならなかった。

「万人は一人のために、一人は万人のために」という社会主義の論理もまたここにあると言わねばならぬ。しかも肝心の一を、神とか仏とか天皇におかずして、個々の人間に置くところに新らしい道徳と、民主主義の拠(よ)りどころがあるであろう。個々の人間に絶対の権威と尊厳を発見する道、これを禅という。

四

　そこで雪竇(せっちょう)が歌っていう。「編辟(へんぺき)曽て挨す老古錐(ろうこすい)」。

編辟の編は、編むとかたたむで、辟はかたよる意味、簾(すだれ)でも捲くように捲きこんで行くことが編辟である。編辟間といって問答の一つの形式である。「万法一に帰す」と捲き、「一何れの処にか帰す」と捲き込むのである。うっかりすると言葉の魔術にかかって捲き込まれてしまう。

「挨す」は挨拶の挨で、問答をしかけること、「老古錐」は、先の円くなった古い錐(きり)で、役たたずということである。先ごろパキスタン古代文化展というのに、地中から発掘された古代の錐や鑿(のみ)が陳列されておったが、全く老古錐で現実には役に立たぬ代物である。これは一見趙州を罵ったようだが、大いに褒(ほ)めておる抑下(よくげ)の卓上(たくじょう)である。全く趙州のごときは、錐の先の円くなったように、人生の荒浪をくぐって来て、気鋒のトゲトゲしさなどがすっかりなくなった、円熟そのもののような老和尚である。

　この地中から発掘された古代の錐のような老和尚のところへ、血気な雲水が「万法一に帰す、一何れの処にか帰す」と、捲き上げて来たのである。

「七斤衫は重し、幾人か知る」。ところがこの時趙州少しも騒がず「わしはせんだって故郷の青州で甚平を一枚作ったが、七百匁ほどだった」と答えたが、この洒々落々としてとぼけたような、顧みて他を言うがごとくにして、しかも立派にこの問題に解決を与えておる、この言葉の重さを、いったい誰がわかってくれようかな。

もし趙州が「その一か、その一はまた万法に帰するのさ」などと答えたとしたら、つまり相手に捲き込まれたというもので、さっぱり見られたざまではあるまい。そういう嘴の黄色い議論はきれいさっぱりと洞庭湖の中へ抛げこんでしまうがよろしい。如今抛擲す西湖の裏さ。

よく話すことじゃが、天竜寺の峨山和尚のところへ、嬌風会とやらの女史が乗り込んで、滔々と三時間ほど禁酒論をぶった。峨山和尚「ウンウン」とうなずいて聞いておったが、相手が弁じおわると「お前さんもなかなか牛のケツじゃなあ」と言われた。「牛のケツとは何ですか」と息まくと「牛はモウじゃ、ケツはシリじゃ。モノシリじゃということじゃ」。これにはさすがの女史も二の句が出ず、尾を捲いて引き下ったということである。相手の雄弁三時間を千鳥ケ淵の中へ、ほたり込んだというものじゃろう。

とにかくそういう理屈をいうておる中は、まだまだ本物ではない。一切の理論と分別を棄て切った清清しさこそ、禅の境地であり、まさしく下載の清風ではある。下載の清風というのは、荷物を積んで揚子江を遡ぼった船が、目的地へ着いて荷物を全部下し、身も心も軽々と、清風に帆を孕んで急流を下って行く心境である。

この清々しい心境こそ老趙州の境地であるが、この万斛の清涼味をいったい誰に与えたとしたものであろうかな。誰が受取ってくれようかな。面白い公案ではある。

（三十六年八月）

雲門倒一説

雲門倒一説（第十五則）

垂示に云く、殺人刀活人剣は、乃ち上古の風規にして、是れ今時の枢要なり。且らく道え、如今那箇是殺人刀活人剣。試みに挙す看よ。

挙す、僧、雲門に問う、是れ目前の機にあらず、亦目前の事に非ざる時如何。門云く、倒一説

頌に云く

倒一説、分一節。
同死同生君が為に訣す。
八万四千鳳毛に非ず。
三十三人虎穴に入る。
別々。
擾々怱々たり水裏の月。

一

この頃は写真ばやりで、猫も杓子(しゃくし)もと言いたいが、雲水からお婆ちゃんまでも写真機を携帯(けいたい)して歩く時代である。先年老僧仏教界の大徳方のお伴をして、一月ほど中国各地を視察して廻ったが、写真機を持っておらんような気の利かん坊主は、当時八十一歳の高階瓏仙(ろうせん)老管長と老僧だけじゃった。

皆さんがパチパチやられるのにぼんやり眺めているだけでは、あんまり芸のない話じゃ。何か持って帰らねばと思って、見たまま聞いたままを手あたり次第、三十一文字のフィルムにキャッチして帰ったが、焼き付けして見たら、どれもこれもピントのぼやけた作ばかりじゃった。呵々。

写真機を見ていていろいろ考えさせられることがある。まず写真機は他人を写して楽しむものだということである。自分も入って写す手もあるようだが、それは写真としては邪道のようだ。言わば自分はどうでもよいので、他人を写して楽しむところに勿論人間ばかりでなく景色でも事件でも何でもよいわけだが、とにかく他者を写して楽しむところに、写真機の妙所がある。しかも相手のなるべくよいポーズを、更にその特徴を生かして撮ってやろうとするセンスに、写真機はこまやかな愛情さえ伴うものである。

自分を忘れて他人のために奉仕するなどと、言ったら、いかにも古い道徳みたいだが、それが極めて自然に何のこだわりもなく、楽しみながら行われておるところに、写真機の面白さがあるではないか。まさに大乗的だといえる。自分を忘れて相手の中に自己を発見する、相手を生かすことがとりもなおさず自己を生かすことになる、写真機にはそんなところがあるようだ。そこには人のためにというような偽善性もなく、自己犠牲というような残忍さもなく、ただ楽しみがあるだけである。宗教とはそうしたものであろうと思う。

そう他人のことばかり考えておったら自分はどうなるんだと、よく反問されるが、それはそう他人の顔ばかり撮っておったら、自分の顔はどうするんだということと同じであろう。自分の顔は人が撮ってくれるから心配せんでもいい。こちらは一つのレンズしか持たぬが、向うは何千何万のレンズでこちらを見ておるのであるから、決してはずれっこない。問題はみんなが映したがるようなよい顔になることである。

写真機の第二の面白さは、一つのレンズが一切何でも映すということである。それは一対一切の関係である。雲門の対一説の妙である。一切他者としての現象に対して、レンズは絶対孤独の一者である。この孤の尊厳と絶対性を自覚するところに宗教の生命はある。弥陀五劫思惟の願をよくよく案ずるに親鸞一人がためなりけりという一人は、仏と首っ引きの一人であろう。

もう一つ写真機の面白いところは、レンズの前には、一切の現象が皆平等だということである。金持も貧乏人も、善人も悪人も、総理大臣もニコヨンも、富士山も胡麻も、すべてがレンズの前には平等なる一箇の影像に過ぎない。なぜ一切が平等に扱われ得るかと言うならば、レンズは空だからである。無心だからである。般若心空の智慧の前には、一切は平等である。

それからもう一つ大事なことは、写真機のフィルムは一遍一遍巻かねばならんということである。人生のフィルムも一瞬一瞬歴史の彼方にまいて行かねばならぬ。そして念々日々新しく生きねばならぬ。悔恨や追憶にのみあけくれするのは、フィルムの二重映し三重映しに過ぎない。それは心を暗くする以外の何物でもあるまい。日々是れ新たなる生活こそ禅と名づけられる。

写真機で申すなら、適度に距離を量り、光線を考えピントを合せて、より正しくより美しく相手を生かしてゆく対外作用を活人剣という。対一説である。レンズの曇りを磨き、フィルムを巻き、自己を空しくする対内的工夫を殺人剣という。ここに示される倒一説である。

この殺人刀活人剣こそ、鼻祖達磨大師以来馬祖百丈等上古の大宗師によって挙揚された禅の風格であり、今日なおそうなくてはならぬ禅の重要なる枢機である。さて何がその活人剣であるか殺人刀であるか。ここに面白い話があるから聞かっしゃい。

二

如何なるか是れ一代時教、四十九年三百六十余会五千四十余巻八万四千の法門、釈尊一代の御説法を一言で表現して頂けませんかと、僧が雲門に尋ねたら、雲門が対一説と答えられたことは前則に述ぶるところである。一条下り松を後盾（たて）にとった武蔵（むさし）ではないが、敵が何百人出て来ようと、どの手で打って来ようと、こちらは刀一本ですべてに対決出来ると言ったあんばいである。

この雲門の名答に驚ろきもせず、性こりもなく、第二の矢を放った相手の僧は、恐らくただ者ではあるまい。したたか腕におぼえのある利（き）け者に違いない。

「是れ目前の機にあらず、亦目前の事（じ）に非ざる時如何――対機説法しようにも相手のない時、問題の起らん時は如何でござる」。

こういうのを験主問（けんしゅ）とも呈解問（ていげ）とも蔵鋒問（ぞうほう）ともいうのである。相手の力量を試みようという性のわるい探りである。同時に己の一段高い境地を披瀝（ひれき）せんとするものであり、また返答次第によっては相手の胸倉をも刺さんずる殺気を含んだものでもある。

是れ目前の機にあらず、亦目前の事に非ざる時如何。こんな意地くねのわるい質問が、凡僧の口から出るものではない。どこの古狐であったやら、雲門なりゃこそ相手が出来たであろう。

満堂の善男善女に随喜の涙をこぼさすことなら誰でもやるが、相手のおらん時、全く用のない時、お互いはどんな説法をしていますかな。怖ろしい質問じゃ。お客を前に晴れのお席で、立派なお点前をしてのけることなら誰でも出来るが、誰もおらぬ雪の夜に、あるいは寂かな雨の晨を、一人で真のお点前を楽しめるお茶人が幾人あろうかな。大囃しに乗じて千転万化の所作を踊りこなすことは易いが、囃のない所作のない所作を踊るのは一番難しいと、どこかの舞踊家は言った。

小人閑居して不善を為すとか、人間忙しい時貧乏な時生活に追われておる時は、そう悪い事をするものではない。地位が出来、金が出来、暇が出来た時人は何をしたらよいか。その時どんな生活をするかで、その人の価値が決定されるであろう。

世の中にほんとにほしと思うもの、あるようでなし、煙管をみがく、たまさかの休養日を金なきが故にもてあました、貧書生啄木がとどのつまりのおちは、煙管をみがくことであったか。不善をしなかったところがうれしい。

古人は晴耕雨読ということを言った。天気の日は一日外に出て勤労し、雨天の日はさいわい時間があるから、家で読書をするというのである。また三余を惜しむという言葉もある。夜は昼の余りであり、雨天は晴天の余りであり、冬は一年の余りである。この三つの余りを活用して、時間を惜しんで読書し自己修養をしようというのである。

このごろ祝祭日をふやし休日を多くしたらということが、新聞やラジオの話題になっておる。何か政治的な意図がありはせぬかとカンぐられる向きもあるそうだが、人間休養日が多くなるのは結構である。アメリカではすでに週五日労働が実行されておるそうだし、ソビエートでは一日六時間乃至七時間労働が計画されておるということである。それだけ生産力が向上し生活が豊かになったのだからはなはだ喜ぶべきことだが、問題はそうして余った時間を何に使うかということであろう。

外国では日曜日にはみな教会へ行って礼拝し説教

一條下り松

を聞く習性があるそうだが、葬式法事以外にお寺参りをしない日本人は、いったい何をしてその祝祭日等を送ることであろう。それがより以上家庭婦人の労働負担になったり、浪費と疲労の原因となったりしたら、それは悲しむべく呪うべき祝祭日と言わねばならぬ。

「人間は労働ばかりしておると動物になる、本ばかり読んでおると悪魔になる」と西洋の誰かが言ったそうだが、適度に労働し適度に読書して、人間らしい人間の完成されることが望ましい。

　さて説法すべき相手もなく、解決すべき問題も起らない時は如何でござるか。雲門云く倒一説。これは対一説が一向わけのわからぬ単語であったごとく、同じく不可解な単語であるが、対一説が応病与薬、自由自在に衆生済度をしてゆくことならば、これはその逆でその説法の矛先を自己の内面に向け、厳しく自己批判をし自己救済をしてゆくことであろう。考えて見ればわれわれの心の中にも、うごめきひしめいて歎き悲しんでおる無数の衆生がおる。すなわち妄念妄想煩悩執着など自己心中八万四千の迷える衆生を救済して、大平安を得させることが倒一説である。

　山中の賊は平らげ易く心中の賊は平らげ難しと言われるが、心中の賊が全く平らげられて、正念相続を得られるならば、世界の平和はそこからこそ訪れるであろう。

三

心のことを仏教ではアラヤ識と名づける。翻訳して含蔵識という。アラヤは蔵の意味で、インドにヒマラヤ山という山があるが、あれはヒマアラーヤで、ヒマは雪、アラヤは蔵、つまり年中雪を貯えておる山の意味である。

　心のことを蔵と名づけるのは、心はあらゆる経験と智識を貯えておる蔵だからである。つまり記憶を貯える蔵である。記憶というものが脳細胞のどこに貯えられるか、今日の心理学生理学でも不明だそうだが、とにかくどこかに貯えられる。

その経験と智識を綜合してそこに自我というものを形成しておるのだが、その経験と智識というものは一人一人違うのだから、われわれの意見というものも一人一人違うであろう。九千万人間が集まれば意見は九千万あるわけだし、二十六億人間が寄れば意見は二十六億あることになる。

そこでどの意見が一番正しいかというに、聖徳太子の言われるごとく、我の是とするところは彼の非とするところであり、彼の是とするところは我の非とするところであり、我必ずしも聖ではなく、彼必ずしも愚ではなく、共にこれ凡夫なのだから、是非の理の定めようはないであろう。そこでお互はよく話し合って、中庸の道を執るより他に、妥当な方法はあり得ない。

もし真実正しいものがこの世の中にあるとするならば、それは智識以前経験以前の純粋な心にかえることである。生れたままの赤ん坊のような心になることである。大人は赤子の心を抱くとか、赤ん坊のような心にならなければ天国には行けないというのもそのことであろう。

しかし厳密に言えば赤ん坊もすでに親の遺伝を持っておる。無始劫来の経験を潜在意識として貯えておる。そこで禅宗では父母未生以前、親も生れない先の本来の面目を見よというのである。アダム・イブも生れん先の自己を徹見せよというのである。唯仏是真とはただここのことであろう。

この経験以前智識以前の境地、すなわち父母未生以前の本来の面目を表現するのに、古来よく一円相が画かれる。中にまだ何も入っていない蔵である。円きこと太虚のごとく、欠くることなく余ることなしと歌われる絶対無の心境である。人間が平等だと言われるのはこの境地においてのみ平等であろう。いかなる零も零は平等だから。

歴代の祖師と手を把って共に行き、眉毛相結んで同一眼に見同一耳に聞く、豈軽快ならざらんやとは、この境地である。人間一般、悟りを開いたら誰でもそうならなければならぬ、普遍にして永遠なる不二の妙境である。ここに到達することを同死同生というのである。

雲門の対一説がわかるならば同生を得、倒一説がわかるならば同死を得るわけである。対一説と言い、倒一説と言い、各自符節を合すがごとく妙所を味得せねばなるまい。

しかしかくのごとき同死同生底の自覚者が古来幾人あったとしたものであろう。霊山会上拈華の座においてすら、釈尊と同死同生、微笑を相交わしたものは迦葉尊者ただ一人、八万四千の人天はみなことごとく落第であった。

迦葉尊者より一器の水を一器に移すがごとく嫡々相承された同生同死底の祖師方は、西天の二十八祖東土の六祖合せて三十三人に過ぎなかった。虎穴に入らずんば虎児を得ずと言われるが、大法を手に入れることは容易ならんことではある。

いやそうでもあるまい。千江水あり千江の月、万里雲なし万里の天じゃ。沖天一輪の明月は、およそ水のあるところならば、海でも河でも池でも沼でも、盥の中でも草葉の露にでも、一切所に影を映して、個々円成である。仏性またしかり、人々具足ではある。珍重。

死ねとは生きよということか、
死ぬも生くるも相ともに。
八万四千は生きて死に、
三十三人死んで生く。
　いや
水にすむ月はくだけて輝けり。

（三十五年七月）

三聖網を透る金鱗

三聖網を透る金鱗（第四十九則）

垂示に云く、七穿八穴、鼓を攙き旗を奪う。百匝千重、前を瞻後を顧みる。虎頭に踞して虎尾を収むるも、未だ是れ作家ならず。牛頭没して馬頭回るも、亦未だ奇特と為さず。且く道え、過量底の人来る時如何。試みに挙す看よ。

挙す、三聖雪峰に問う、網を透る金鱗、未審し何を以てか食と為ん。峰云く、汝が網を出で来らんを待って汝に向って道わん。聖云く、一千五百人の善知識、話頭も也識らず。峰云く、老僧住持事繁し。

頌に云く

網を透る金鱗。
云うことを休めよ水に滞ると。
乾を揺かし坤を蕩かし。
鬣を振り尾を擺う。
千尺の鯨噴いて洪浪飛び。
一声雷震って清飇起る。
清飇起る。
天上人間知んぬ幾幾ぞ。

一

昔あるところに婆さんがおって、お仏壇の前で孫を遊ばせておったげな。孫がたずねた。

「おばあちゃん、おろうそく立ての下にあるものなあに」。

「鶴と亀やがな」。

「なんでお婆ちゃん、鶴と亀お仏壇の中におるの」。

「鶴は千年亀は万年というてな、お目出たいもんやからやがな」。

「鶴は千年亀は万年って、お婆ちゃんどういうこと」。

「鶴は千年も長生きしてな、亀は万年も長生きすることやがな」。

「鶴は千年長生きして、亀は万年長生きしてどうするの」。

「うるさい子だね、長生きして死ぬのやがな」。

「死んだらどうなるの」。

「極楽へ行くのやがな」。

「極楽へ行ってどうするの」。

「ろうそく立てになるのやがな」。

と言ったという落し話がある。


一片の笑話に過ぎぬが、この小話の中にはなかなか辛辣な諷刺がある。

キリスト教では天国へ行くことを唯一の光栄とするし、仏教ではお浄土参りを最大の幸福のように教えるが、極楽へ行ってどうするかということは、お婆さん達一向に考えておられんようだがどうであろう。

暁烏敏さんのお父さんは、「極楽へゆくとうまいものが沢山ある、さてもとうとや南無阿弥陀仏」と説教されたそうだが、そんなものだろうか。

この言葉を聞くと、働いても働いても貧しさにつきまとわれて、一生うまいもの一つ口に出来なかった封建時代の貧農群の姿が目に浮かぶ。そうした貧農群には極楽とはうまいものの食えるところだと教えられたであろう。

年中焼けつくような沙漠の中に暮しておる回教徒にとっては、涼しい泉の湧く杜が天国の第一条件であった。

甘党にはふんだんに牡丹餅を食わせてくれるところが極楽であり、左ききには年中山吹色の八功徳水を湛えておらんことには、極楽とは受取りかねるであろう。じゃがそんなものであろうか。

こんな話もある。昔、ある儒者が仏者に訊ねた。

拙者は生来酒が三度の飯よりも好物じゃが、極楽にも酒はありますかな。酒のないような極楽なら拙者は真平じゃ。

仏者が答えた。

昔あるところに白い犬と黒い犬がご座った。犬の社会では白い犬は人間に生れ変るという伝説がござってな、黒い犬が白い犬に向って「おぬしは仕合せ者じゃのう、来生は人間さまに生れるんじゃぜ、綺麗な着物を着てしゃなりしゃなりと立って歩けるんじゃ、結構なことじゃのう」と言うたら、白い犬が声をひそめて「一つ心配なことがある、わしはあの糞というものが一番好物じゃが、人間になってもあれが喰べられるじゃろうか」と言ったということじゃ。貴殿が酒が呑めるかと言うのは、まずそんなものでもござろうかな。

それにしても極楽へ行ったら毎日何をして何を喰べることか気にかかることである。

平田篤胤も何かに書いておった。

極楽極楽と皆往きたがるが、そんなところへ往きたがる者の気が知れん。毎日行儀よう蓮の花の上に坐っておらんならんようなことが、第一窮屈でいかぬ。ひょっと坐相の悪いご人が居睡りでもして池の中へ落ち込んだらどうしよう。それよりはやっぱりこの世の方がよいじゃないか。上戸なら鰹の刺身に灘の生一本、下戸なら宇治の玉露に虎屋の饅頭、好きなものを喰べて、皆とおもしろおかしゅう暮すに越したことはない。

もし極楽が蓮の花の上につくねんと無為に坐っておるところであったら、一向につまらん話だ。と言って、うまい物を喰ったり酒を飲んだり、歌をうたったりするところであったら、浅草の延長みたいなところになってしまう。

ここに面白い話題があるから、聞かっしゃい。

二

かねておなじみの雪峯義存大禅師のところへ、三聖慧然和尚がはるばると訪ねて来た。

三聖は大覚・宝寿・興化等の兄貴分で、先師臨済和尚の末後に天晴れみごとな一喝を吐いて、臨済から正法眼蔵を委嘱されたほどの傑物である。臨済録の編輯者でもある。臨済の歿後、諸国を遍歴して歩いたが、どこへ行っても特別待遇で賓客あつかいだったそうだ。

三聖、雪峯に相見の礼をすますと、真向から斬り込んだ。

「網を透るの金鱗、未審し、何を以てか食と為ん」。

網を透るの金鱗とは、勿論釣針にかかるような小魚ではない。鰯網や鯛網にすくい上げられるような雑魚でもない。たとい鋼鉄の網を持って来ても、一ぺんに尻尾ではね破ってしまうような、南溟の鯤とやらにも似たものすごい大魚である。そのような霊性的大魚が躍り出して来たら、いったい何を喰べることでござろうと、今にも雪峯の皺くちゃ頭を一かぶりにしそうな勢である。

昔から戦争にはスパイがつきものである。自分の祖国と同朋を売るような没義道なことをどうしてするであろうと考えられるが、皆自分の好きな物のために釣られて了うのだそうである。

酒の好きな者には酒、金の欲しい者に金、色の好きな者には色仕掛けと行けば、大概の者が網にかかって秘密を泄らすそうだ。好きな物のあることは人間の大きな弱点である。天下に求むるもののないほど強いことはない。

西郷南洲は「生命も要らぬ名も要らぬ金も要らぬという男は、始末に困る。しかしこの始末に困るような男でないと役にはたたん」と言ったそうだが、けだし名言である。かかる男を、大丈夫の漢というであろう。

がそんな小さな世間事ではない。煩悩妄想の網を突き破り、論理葛藤の網をはね返し、生死涅槃の網を蹴破り、仏見法見の網を打ち抜いて、一挙に三級岩を跳躍して、向上の大空に飛び上る黄金の鱗の生えたような大魚が出て来たら、いったい何を食べることでござろう。

五千四十余巻の巻寿司だの、一千七百束の手打うどんなぞはもうとっくに喰べあいたわい。美食飽人の食に中らずか。眼高うして看て黄金に到らずか。「某甲こそは及ばずながら網を透った金鱗でござるが、さあ和尚、何をお振舞い下さるか」と詰めよった。

怖ろしい勢じゃ。あたかも敵の陣営深く斬り込んで、雑兵共には目もくれず、まっしぐらに本陣目がけて突進し、陣太鼓をぶったくり、連隊旗を奪い取ると言った有様、富士の巻狩の仁田の四郎ではないが、猪の太っ首に打ち跨り、針金の生えたような尻尾をもねじ上げんずる勢じゃ。過量底の人とは、方にこのことであろう。「傍若無人」と風外を評しておる。

すると雪峯、徐ろに答えて曰く、

「汝が網を出で来らんを待って、汝に向って道わん。——お前さんがなあ、その網をみごと透って来なさったら、その時お答えしましょうかい」。一体このおいぼれ親爺、三聖将軍の名乗りを聞いておったのか、聞いておらんのか、そのギラギラ光る皿のごとき眼玉が目に入らんのか。とぼけるにもほどがあるというもの。

「僕が優等になったら、お爺さん何をくれる」。

「まず優等になりなさい。そうしたらそのとき言うてあげる」。

と言った塩梅であるか。

雪峯老人、実に老練なものである。相手の言葉に乗らんところ、相手を眼中におかん自信の強さ、あたかも十重二十重と陣営を固めて、前を瞻(み)、後を顧(かえり)みて、蟻の通るすき間もない堅固な守勢である。敵勢が男浪女浪と押し寄せ押し寄せても、みな追い返されてしまうような陣構えである。

さすがの三聖も手も足も出まいというところ、それどころかあべこべに、さあ出て来て見よとばかりに、頭から大網をぶっかぶせられてしまった。

昔、馬鹿息子がその兄に尋ねたそうだ。

「兄さん、来年の正月と二月はどっちが先きだい」。

馬鹿兄が答えた。

「来年になって見んことには、来年のことが今からわかるかい」。

馬鹿親爺が感嘆して言った。

「兄は兄だけあって賢い」。

聞いておるとこっちが馬鹿になりそうだ。」

「汝が網を出て来らんを待って、汝に向って道(い)わん」

と。実に天下の豪傑を馬鹿あつかいにしきった返事である。

三

だが、そんなことで引き下がる三聖ではもとよりない。直ちに言う。

「一千五百人の善知識、話頭(わとう)もまた識らず。——一千五百人の善知識、当代無二の大導師と承わって来ましたが、それではさっぱり物言うすべもご存知ないようじゃ。まるで口のきき方も知られんと見える」と、なおも肉薄して敵将の首級を揚げずんばおかん勢である。真実力量がないとこうは言われぬ。

「極楽へ行ったら何を喰べさして貰えるでしょう」。

「それはお前さんが極楽へ来たら、そのとき言うてあげる」

では答にならんではないか。遁辞と言おうか、詭弁と言おうか。「そのくらいのことが答えられんようでは、一千五百人の善知識とは申されまい」と、「迅雷霹靂可煞群を驚かす」と、一歩も後退かぬすさまじさである。

するとこ老雪峯、答えて曰く、

「老僧住持事繁し。――いや、それは気が付かなんだ。何分わしも齢をとって、あんまり忙しいもんでなあ、つい無調法を申しますわい。大方もうぼけたのじゃろう。ははは……」実に人を喰った挨拶じゃ。

金城鉄壁、難攻不落、みじん動きもせぬ要害の固めである。片や三聖の突撃隊、片や雪峯の籠城兵。竜虎相撲つというか、竜翔り鳳舞うというか、いやはやすさまじい天下無双の好取組である。

先師峨翁老漢がよう言うておられた。神戸の徳光院におる頃、裏が砂山で雨が降るたびにボロボロ砂が落ちて溝を塞いでしまう。そのたびに師匠竜淵老和尚が鍬を持って出て溝をさらえられる。気の毒だとも思うが、つまらんことだと思って、自分は手も出さず、縁側で煙草ふかして見ておった。

「老師つまらんことはもうお止めなさい。雨が止んでから川崎に言うてやれば、男衆が来てさらえてくれますわ。いくらさらえても次から次ぎ落ちて来るのだから無駄ですよ」

と言うと、静かに鍬を使いながら、

「つまらんこと！ 無駄だって！ お前公案をしらべた時に、〝労して功無し〟という語をおかなんだか。せいぜい無駄ができんようじゃいかん」

と言われた時は、まったく恥しくて冷汗かいたと。

またこんな話をされたこともある。三十五歳になった正月元旦、竜淵老漢は恰度七十になられたが、隠寮へ行って新年の挨拶を述べると、

「フン、お前も三十五になったか。今迄は俺の半分にも足らん奴じゃったが、ようよう半分になりよった。これからはもうたった三十五違うだけじゃ。じ

やがお前がなんぼあせっても、三十五だけはおれに追いつけんぞ」

と言われたそうだ。恐ろしいことを言うもんだ。如何に怜悧俊発で見師に過ぎておっても、三十五の隔りは防がれんというものか。

三聖いかに越格の力量を持つといえども、恐らく三十五の隔りがあったであろう。この角力雪峯が柔かに下手に出たから、雪峯の負けだなぞと言うまい。イヤ三聖がついに黙ってしまったから、三聖の負けであろうなぞとも言うまい。一出一入、一挨一拶、未だ勝負を分つことあらずだ。

老練の横綱と若手の大関が、しっかり四ツに組んで、押しつ押されつ、押されつ押しつ、土俵の真中にとり組んだまま、両方が額から油汗を流しながら動きのとれぬと言ったところ、雪竇行司、とうとう軍配を揚げて、この角力勝負なしと宣言してしまった。

四

「老僧住持事繁し」この一語、実に千鈞の重みありだ。さすがの猛者三聖をして、遂に口を緘せしめてしまった。

この語、一見顧みて他を言うがごとくであるが、そうではあるまい。立派に網を透るの金鱗に食を与えておるのである。一句能く消す万劫の飢だ。

仏教の目的が極楽往生にあるのではなくして、実に還相廻向の方にあることは、親鸞聖人の言わるるごとくであり、また往生が十万億土の西でないこともわかり切ったことであり、往相と還相とはそこに弾指のすき間もあってはならぬはずだ。

網を透るの金鱗は内面的外面的一切の纏縛を截断したことであって、世界と現実を超出したのではない。現実肯定の道こそ大乗仏教の真髄であるとするならば、極楽へ行って何を食うか、網を透るの金鱗が何を食とするかは、最早わかり切った問題である。三聖がこのわかり切ったことを訊ねておるのは借事問であり験主問でもある。相手の力量をはからんとする賊機である。

「老僧住持事繁し」。

飯に遇うては飯を喫し、茶に遇うては茶を喫するじゃ。と言ってもそれは米の飯ではない、番茶の茶ではない。灰頭土面の飯であり、入鄽垂手の茶であろう。

大悲三十三応身、観音三昧の大活躍こそ、還相菩薩の真実相、「老僧住持事繁し」とはここらの消息を示されたもの。

そこで雪竇得意の喉自慢を歌っていう。

網を透るの金鱗
云うことを休めよ、水に滞ると。
乾を揺かし、坤を蕩かし
鬣を振り、尾を擺う。
千尺の鯨噴いて、洪浪飛び
一声の雷震うて　清飇起る。
清飇起る。
天上人間知んぬ幾幾ぞ。

「網を透るの金鱗、云うことを休めよ、水に滞る」と。三聖のごときは実に臨済門下の俊傑であり、まさに過量底の人物である。「汝が網を出で来らんを待って」などと、小僧あつかいはして貰いますまい。魚はとっくに竜と化してしまっておるのに、まだそこらを泳ぎ回っておるように言われては、それこそ「痴人猶お戽む夜塘の水」の譏を防がれませんぞ。そんなことは冗談にも言うて貰いますまい。

三聖が「網を透るの金鱗、未審し、何を以てか食と為ん」と、雪峯に迫った時には、まさしくピシリッと鬣を振り尾を擺うて、天地もためにひっくり返るかと思われた。

更に「一千五百人の善知識、話頭もまた識らず」と、息もつがせず攻め立てたあんばいは、あたかも千尺の巨鯨が汐を噴き上げて、大海たちまち狂瀾怒濤を捲き起したごとくであったわい。

しかし雪峯もなかなかどうして老々大々の作家である。「老僧住持事繁し」などと、そらうそぶいて、さしも虎豹のごとくたけり立った相手をして、おとなしく尻尾を巻かしめた底力は、尋常一様の手腕ではない。あたかも一声雷が鳴りはためいて、降りしぶった長雨がからりと晴れ、颯々たる清風が吹き起ったようなものであろうか。

「清颷起る」。嗚呼何と気持のいい風じゃないか。この涼しさを、いったい誰が知ってくれるであろう。雪峯和尚！　わしとあんたと二人ぎりじゃなかろうかと言わんばかりの歎息。

「天上人間知んぬ幾ばくぞ」。やい雪竇(せっちょう)！　ぬかすな。無文(わし)もおるぞ。

竜ともなれるいろくずの
いつかは水にとゞまらむ。
鬣(かみ)を振りては雲を呼び
尾を擺(はら)うては雪を喚ぶ。
沛雨(はいう)千尺、白浪滔天(とうてん)。
かしこしや、一声の雷轟けば
乾坤忽ち清風起る。
清風起る。
天地(あめつち)の際(きわ)、知るや誰そ。

（三十年一月）

趙州至道無難

趙州至道無難（第二則）

垂示に云く、乾坤窄く、日月星辰一時に黒し。直饒、棒は雨点の如く、喝は雷奔に似たるも、也未だ向上宗乗中の事に当得せず。設使三世の諸仏も、只自知す可し。歴代の祖師も、全提不起。一大蔵教も、詮注不及。明眼の衲僧も、自救不了。這裏に到って作麽生か請益せん。箇の仏の字を道うも、拖泥滞水。箇の禅の字を道うも、満面の慚惶。久参の上士は、之を言う事を待たず。後学の初機は、直に須らく究取すべし。

挙す、趙州衆に示して云く、至道無難。唯嫌揀択。纔に語言有れば是れ揀択、是れ明白。老僧は明白裏にも在らず。是れ汝還って護惜すや也無や。時に僧有り、問う、既に明白裏に在らず、箇の什麽をか護惜せん。州云く、我も亦知らず。僧云く、和尚既に知らず、什麽としてか却って道う明白裏に在らずと。州云く、事を問うことは即ち得たり。礼拝し了って退け。

頌に云く

至道無難、言端語端。
一に多種有り、二に両般無し。
天際日上り月下り、檻前山深うして水寒し。
髑髏識尽きて喜び何ぞ立せん。
枯木竜吟銷して未だ乾かず。
難々。
揀択明白君自ら看よ。」

一

碧巌録一百則の本則は、もとより仏祖の真骨髄であり、暖皮肉であって、われらが身命を賭して実参実究すべき、金科玉条である。これに加うるに雪竇禅師の百首の頌章は、古今の絶唱、毫端一々光を放って、錦上花を添え、祖道の鼎をして愈々重からしめるものである。

しかも各則毎に提示されておる圜悟禅師の垂示は、実に懇切丁寧にしてしかも的確に宗旨を明示され、その雄勁なる文字は、この録をして更に宗門第一の書たるの権威を全からしめるものである。中にもこの則の垂示のごときは、まさに垂示中の白眉といえよう。

この第二則は、三祖鑑智禅師の作である信心銘の冒頭にある「至道無難、唯嫌揀択」の八字にからまる、趙州観音院住持従諗和尚の逸事である。趙州和尚はその師南泉老師から「平常心是れ道」の一句を示されて、大徹大悟されたのであるが、したがって道ということに関心が深かったのであろう。常にこの至道無難唯嫌揀択の一句を拈提して学人たちを啓発されたらしい。

三祖大師の歌われておる信心とはつまり至道のことであり、言葉を換えれば平常心でもあろう。信ずる心と信ぜられる心とが不二であるところの、決定の心でなければならぬ。すなわち自己の仏心に徹底自信を確立することである。されば臨済禅師も示される、「病不自信の処に在り」と。

今日信心といえば、大方善男善女の宗教的情操を指すもので、極めて他力的なニュアンスが濃い。しかしここに言われる禅門の信心も、他力の信心も、理において畢竟一つであらねばならんであろう。なぜかなら信心とは、凡仏一如、自他不二の絶対の境地だからである。されば親鸞聖人も歌って言われる。「信心よろこぶその人を、如来に等しと説きたもう。大信心は仏性なり、仏性即ち如来なり」と。

後連の二句は、涅槃経中の言葉であって、信心とは仏心の確信に外ならぬ。

そこで圜悟禅師の垂示である。劈頭から「乾坤窄く、日月星辰一時に黒し」と、極めて端的に示されておるが、これには前提が略されておると見ねばならぬ。すなわち信心が決定するならばとか、あるいは仏心が自覚されるならばとか、至道が手に入るならばとか、何とか前置きがあるべきところである。

もし諸君が真実信心決定し、至道が手に入るならば、たちまち天地もその大を失って窄くるしいものとなり、日月星辰も一時にその光を失って、豆炭みたいなものになってしまうであろう。「尽大地撮し来るに粟米粒の大いさの如し、面前に抛向するに漆桶不会」というところである。

また古来、臨済門に入れば喝、徳山門に入れば棒などと言われ、棒喝は禅僧の奥の手であるが、たとい土砂降り雨のように棒を乱打し、雷鳴の狂奔するがごとく三喝四喝怒鳴り散らして見ても、到底この至道を表現することは出来まい。仏心の当体を披瀝することは出来ぬであろう。向上宗乗中の事とは仏法のギリギリ、悟りの極地の意味である。

またたとい三世諸仏が応化されても、この信心のうま味は、ただ自知するばかりで、口にも筆にも説けまいし、歴代の祖師が影響されても、仏心の全貌を丸出しにすることは出来まい。またたとい一切蔵経五千四十余巻を繰りひろげてみても、至道の端的を説尽す金文はどこにもないであろう。少々小利巧な衲僧輩が、一かどわかったような法螺を吹いても自分の尻さえぬぐえぬ始末さ。

ここに至っては、たった仏の一字を使っても、雨上りの泥をかぶったようなもので、見られたざまではなし、禅という一語を口にしてさえも、恥かしゅうて顔向けも出来ぬものだ。としたら後生輩はどういう手段を施してこれを学び取ることが出来ようか。また先生方はどのような方便を用いて、これを指示することが出来ようか。

日月星辰一時ニ黒シ

頭のこっ禿げた古狸のような雲水はしばらくおく、新米の諸子は、こういう公案にしっかり眼を着けて、要点を誤らぬように見てとらっしゃい、と圜悟禅師の懇切な垂示である。

二

三祖大師は二祖に遭われる前に、すでに老、荘、孔、孟の道に精通された学者であったということであるが、老子は言う、「道の道とすべきは常の道に非ず、名の名とすべきは常の名に非ず」と。すなわち言葉で規制出来ぬもの、名字をもって呼称出来ぬものこそ、老子のいわゆる道であり、三祖の至道であらねばならぬ。

中庸は示して言う「天命之を性という。性に率う之を道という。道を修むる之を教という。道は須臾も離る可からず、離るべきは道に非ず。是の故に君子は其の睹ざる所を戒慎し、其の聞かざる所を恐懼す。隠れたるよりあらわるるは莫く、微かなるより顕らかなるは莫し。故に君子は其の独を慎しむ」と。

先天的自性に帰順することが、すなわち信心に随順することが孔子の道でもある。思うに人間は瞬時も自性を離れてはならぬもの、信心を棄ててはならぬものである。中庸は更に言葉をついで言う。「喜怒哀楽の未だ発せざる、之を中という。発して節に中る、之を和という。中なるものは天下の大本なり、和なるものは天下の達道なり。中和を致して天地位し、万物育す」。

世間の道路でも、脱線や衝突や追突や顛覆や、この頃のように交通事故が多くては、他人を傷つけ自己を破滅せしめるばかりである。人間関係の交通路もまたその通りである。信心の舗装を堅固にし、各自が自性のルールに随順してさえおれば、至道は難きことなしである。はからいを棄て分別を捨て、身をも心をも仏の方に投げ入れて、仏の方より催されて無心に生きられるならば、この世ながらの安楽国であろう。

なぜ信心が決定しないか、なぜ自性のルールが自覚されないかとならば、そこに自我のはからいがあるからである。利己的分別がとれないからである。自我のはからいがあれば、当然憎愛の感情を妨がれないし、憎愛の感情が少しでもきざせば、直ちに至道を脱線して、奈落の谷底に顚覆しなければならぬであろう。次に「但だ憎愛無ければ洞然として明白なり」とその逆を歌われておる所以である。

趙州和尚は常にこの一連の偈を愛誦され、為人の方便に利用されたが、それについてある時こんな素晴らしい垂示をされた。「『至道は難きことなし、唯揀択を嫌う。但憎愛無ければ、洞然として明白なり』と、三祖は示されたが、まことにその通りで、もし一句を吐かば、それが揀択か明白か、直ちに判ってしまうであろう。揀択は厭うべき妄想であり、明白は希うべき悟りの当体だが、老僧は実はその明白という絶対の境地にも尻をすえてはおらんぞ。この絶対の境地にもおらんところを、みんなよく護ってゆけるか、どうじゃな」。

実にはっきりとして行届いた垂示である。すると一人の僧が釣針にかかって来た。「明白のところ、すなわち絶対の境地を堅固に護持せよとおっしゃるなら話はわかるが、その明白のところにもおらんとおっしゃると、いったい何を護るのですか」。理窟はその通りだが、明眼の衲僧も自救不了じゃ。

趙州はさりげなく答えた。「そこのところはどうもわしにもわからんナ」。三世諸仏もただ自知すべしだ。

「知らんとおっしゃっても、いま現に、明白裏にも在らず、と言われたじゃありませんか」と、僧は更に喰ってかかったが、拖泥滞水、可愛想に無縄自縛の体である。

「そうじゃ、言うだけ言うたら、さっさと頭を下げてお帰り」。趙州も阿呆らしゅうなって、この愚僧に引導を渡したであろう。蟷螂の斧を振って竜車に向うがごとく、老趙州に喰い下ったこの僧の若さこそ愛すべきである。しかも孫のごとき青小僧をほどよくあしらって、洒々落々(しゃしゃらくらく)たる趙州の円熟した境地こそ、慕わしい限りである。

三

そこで雪竇はこの一幕を歌って言う。「至道無難、言端語端」。三祖は「但だ憎愛無ければ」と示しつつ「揀択を嫌う」と歌われたが、揀択を嫌うこともつまり憎愛ではなかろうか。三祖は「洞然として明白なり」と歌われたのに、趙州は「明白裏にも在らず」と示されたが、それはどこの食い違いであろう。揀択がよいのか明白がよいのか、言端語端、言葉こそ怪しき生き物である。

「一に多種有り、二に両般無し」。卯も切りよう、物も言いよう。至道というても、信心というても、仏性というても、何というても同じこと。二に両般無しで、真理に二つはあるまい。至道がそのまま揀択で、揀択がそのまま至道、憎愛がそのまま明白、明白がそのまま憎愛でなければなるまい。それでこそ至道が無難であり、平常心が是れ道と言われよう。

そこで「天際日上り月下り、檻前山深うして水寒い」眼前展開の大自然が、そのまま至道の顕現と頂かれねばならぬ。日は朝々東に出で、月は夜々西に沈む、鶏は暁の五更に鳴き、三年一閏有り、元旦ともなれば一家揃うて「お目出とうございます」と雑煮祝う、ありきたりの日暮らしが、至道の真只中。「道という言葉に迷うこと勿れ、朝夕おのがなすわざとしれ」とは、至道無難(しどうむなん)禅師の歌である。

至道がもし感情も道徳も無視して、憎愛も善悪もないと、悟りすますことであるならば、それはまさしく灰心滅智(けしんめっち)、声聞縁覚(しょうもんえんがく)の境界である。有気の死人、生ける屍に過ぎんであろう。「髑髏識尽きて、喜び何ぞ立せん」である。

そうではなくて「枯木竜吟、銷して未だ乾かず」。枯れ切った冬木立さえ、凩(こがらし)が吹けばビュウビュウと竜吟を発するがごとく、大死一番、絶後に復活して、悲しければ泣き、嬉しければ笑う人間味が必要ではあるまいか。発して節に中る感情の調和が、大切ではあるまいか。そこに飢え来れば飯を喫し、困じ来れば眠る、健康にして自由なる生活が形成されよう。無難禅師は更に歌う。「生きながら死人になりてなりはてて、思いのままにするわざぞよき」。「老僧は明白裏にも在らず」と示されたのは、方に此間の消息であろう。感情も意欲もありながら、少しもそれにこだわらんということ、憎いも可愛いいもありながら、それに捉らわれないということ、善いも悪いも承知しながら、それに心を縛られんことである。「枯木寒岩に倚って、三冬暖気無し」というような非人間にならずに、嬉しければ素直に笑い、悲しければ心から泣く人間であることが、至道ではあるまいか。

　そうなると揀択することが良いのか、悪いのか、憎愛があってかまわんのか、かまうのか、いったいどっちなんだ。「難々」。至道たるものそう易しいことでもなさそうだ。「難中之至難、之に過ぐる無し」かも知れん。

「乞者隊裏に席を被り、生擒せらるることは甜瓜を貪るによる」と、白隠禅師は自筆の大燈国師画像に讃をしておられるが、大燈国師はまくわ瓜が好きであったために、乞食の群から遂に召し出されて、幸か不幸か帝王の師になられたという。大応国師は荒布がお嫌い、夢想国師は漬物がお嫌い、などと聞くと、古尊宿もなかなかに人間味があって慕わしいではないか。

　十月三十日天竜寺の開山国師毎歳忌には、今日でも一山が前日から漬物を喰わぬことになっておる。開山国師の人間を親愛し、尊重するからであろう。お斎の献立は古来一定不転であるが、漬物をつける代りに、柚子を輪切りにして、その上に大根葉の白あえをつまんでのせることになっておる。

　大正の頃、嵐山の川沿いに、神戸の川崎家の別荘があった。初代の正造翁がこの別荘へ来られると、時の天竜寺の管長台岳和尚が時々招かれて碁をうちにゆかれる。たいがい食事を頂いて帰られるが、漬物が出たことがない。そこである時「川崎さん、漬物を下さらんか」と催促すると、正造翁が「漬物だけは勘忍して下さい。わしは漬物が大嫌いで、臭いを斛ぐのもかなわんのじゃ」ということであった。

そこで管長が「それは珍らしいことですナ。わたしの方のご開山が漬物がお嫌いで、うちでは開山忌に漬物を出さんことになっております」と言われると、川崎翁はすっかり感激してしまって「それは有難いお話だ。自分は今まで恥しい癖だと思って、実は内心卑下しておったが、夢窓国師のような偉いお方が漬物がお嫌いだと聞いて安心した。今日からわしは夢窓国師の信者になろう」ということで、神戸に天竜寺派の寺が一軒建つことになった。布引の徳光院である。漬物嫌いが縁になって、天竜寺は有力な末寺が一カ寺増えたわけである。とすると好き嫌いもまんざら嫌うたものではない、一軒寺の建つほどの功徳もある。阿呵々。

そこでわれわれの社会生活において、好き嫌いがなくなったら、人生これほど殺風景なものはないであろうし、善し悪しの分別がなくなったら、これほど危険なこともなかろう。と言って、好き嫌いに捉われたら、これほど嫌なものはなかろうし、善し悪しにこだわったら、これほどまた厄介なものはないであろう。好き嫌いを捨てずして、嫌いに落ちず、善し悪しにこだわらずして、善し悪しのけじめを正してゆく、そこに至道の妙味というものもあろう。

さて皆さん、好き嫌いがおありですか、ありませんか。好き嫌いにこだわっておられますか、おられませんか。とっくり反省してご覧じろ。「揀択明白、君自ら看よ」と、雪竇禅師のお年玉である。

（三十七年一月）

黄檗噇酒糟の漢

黄檗噇酒糟の漢（第十一則）

垂示に云く、仏祖の大機、全く掌握に帰し、人天の命脈、悉く指呼を受く。等閑の一句一言、群を驚かし衆を動じ、一機一境、鎖を打し枷を敲く。向上の機を接し、向上の事を提ぐ。且らく道え、什麼人か曾て恁麼にし来る。還って落処を知る有りや。試みに挙す看よ。

挙す、黄檗、衆に示して云く、汝等諸人、尽く是れ噇酒糟の漢。恁麼に行脚せば、何れの処にか今日有らん。還って知るや、大唐国裏に禅師無きことを。時に僧有り出でて云く、只諸方の徒を匡し衆を領ずるが如きんば、又作麼生。檗云く、禅無しとは道わず、只是れ師無し。

頌に云く

凛々たる孤風自ら誇らず。
寰海に端居して竜蛇を定む。
大中天子曾て軽触す。
三度親しく爪牙を弄するに遭う。

一

十年も前のことであろうか、NHKのアナウンサアーが、朝の訪問ということで来られたことがある。その時の質問に「新興宗教をどう思うか」と尋ねられた。

そこで老僧答えた。「新興宗教を別に良いとも悪いとも思わない。およそ宗教にも幼稚園から大学まであるだろうから。

幼稚園の子供というものは、親や先生に甘えることしか知らない。貰うことしか知らない。宗教も神さまや仏さまに、ああして下さい、こうして下さいと、甘えること、ねだることしか知らない宗教は、幼稚園だと思う。

小学校の子供になると、親や先生に半ば甘えると共に半ば怖いことを覚える。宗教も神さまや仏さまに半ば甘えてかかると共に、半ば怖いことを覚え、悪いことをすると神さまが見ていらっしゃるとか、罰をあてなさるとか、怖れるようになるのは、小学生である。

中学生にもなるとよほど成長して、親や先生に甘えたりねだったりしなくなる。感謝とか尊敬とかいうことがわかって、素直に言いつけを聞くようになる。宗教も神さまや仏さまの教えをよく聞いて、道徳的になり、世の中や他人のために奉仕をするようになると、これは宗教の中学生である。

高等学校の生徒になると智能が更に発達して、頗る懐疑的になる。そして家の親父は大分頭が古いとか、先生はあんなことを言うが本当だろうか、などと考えるようになる。宗教も神はあるかないか、神と仏とどちらが尊いか、などと考えて来たら高等学校である。大疑の下に大悟ありで、一度疑って見て信じられれば、更に深く入信するし、そこで信じられなければ、あっさり信仰を捨てることになるであろう。

大学の学生になると、親も先生も、自分に劣らぬもの、出来るならば自分より優れた人物を作ろうとして教育する。学生もそのつもりで勉強する。宗教も大学になると、よほど理性的人格的になって、精神の最高峯にまで向上し、人間の中に神を発見し、人間の中に仏を発見せしめようとする。各自がまた先覚者達に勝るとも劣らぬ者になろうと努力するようになる。

大乗仏教は宗教の中の大学だから、幼稚園や小学校より信徒の数は少いかも知れぬが、心配することはない。生活さえ安定すればだんだん卒業して、やがてはこちらへ入って来るようになる。文化の高さにはどうしても生活の安定が必要だと思う」

と答えたら、それが放送されて、旧知の老居士から早速手紙が舞い込んだ。「宗教学校論、近頃珍らしい痛快な話だった。だがなぜもう一つ突込んで、禅宗は宗教の大学院だと言わなかったか、和尚でも遠慮するのか」と言って来られたが、老僧もいささか遠慮したかナ。

由来仏教は難しいと言われ、殊に禅は高踏的だと言われ、孤高だと非難される。それは禅者が高踏的でも孤高でもないのだが、禅者ほど庶民的なものはないはずだが、禅そのものが高踏的であり孤高なのだから、何とも致しかたはない。弁解する余地はない。

文化の高いものはみな孤高である。無形文化財と言われるようなものは、みな高踏的である。原子化学のごときも、いわゆる先進国だけが持っておるもので、はなはだ高踏的と言わねばならぬ。しかもこれが今日最も尊重されるのは、それが真理であり、そして人類の生活に役立つからである。

この高踏的にして孤高な宗教も、やがて人類の生活に大いに役立つ時が必ず来ると思う。欧米にはすでに来つつあるのではなかろうか。産業と経済が充足され、生活が安定するならば、人類は文化的に向上するより外、行く道はないであろう。そういう文化向上の時代が遠からず来るならば、その時求められるものは、人類最高峯の文化である。すなわち宗教の大学院とも言わるべき禅でなければならん。それまでわれわれはこの峻厳にして孤高なる大道を、淋しくも守らねばならんであろう。向上の機を接し、向上の事を提ぐとは、まことこのことである。

　もしここに釈迦達磨にも相応するような偉大な機らきを掌中に握りしめ、しかも全人類を活かすも殺すも自由というような権威ある指令権を持ち、さりげなく吐いた片言隻語があるいは人心をして興起せしめ、あるいは人類の危機を救い、無意識に振舞う些細な行動が、群集の昂奮をほぐし、逼迫感を解放するような、天下無双の力量を持ち、常に文化の最高峯に立って、最高の人物をのみ指導して行くというような、そのような大人物がもしあるとしたら、いったいそれは誰のことであろうか。そういう偉大な人物がここに一人おられるのだが、まあ次の話を聞かっしゃい、と圜悟禅師は垂示をしておられる。

二

　勿論それは本則の主人公である、洪州高安県黄檗山万福寺の開祖、黄檗希運禅師を謳われたものである。黄檗は実に唐代希有の大徳、臨済の厳父であり、百丈の竜子であり、馬大師の鳳孫である。百丈は大機、黄檗は大用と、当時すでに評価された俊猊である。

「身の長七尺、額に円珠有り、天性禅を会す」と、史家は記録するが、器量重厚、生れながらにして禅者の風格を具えておったようである。始めて百丈に相見した時、馬大師の一喝に三日耳聾した話を聞くと、豁然として大徹大悟してしまったという。そして百丈に嗣法したのである。もっともすでに馬祖下の老宿塩官の斉安国師の下で、多年潜行密行を積んでおられたのではあるが。

　さてこの黄檗大和尚が、一日大衆に向って、実にもの凄い、寒けのするような垂示をされた。「汝等諸人、尽く是れ噇酒糟の漢、恁麼に行脚せば何れの処にか今日有らん。還って知るや、大唐国裏に禅師無きことを——貴様たち！　どいつもこいつも糟喰らい坊主ばかりめが！　彼方に一年、此方に半年とうろちょろしおって、そんなざまで何になる。老僧の今日のまねさえ出来んぞ。だいたい今の時世、大唐四百余州に禅のわかったような坊主は一人もおらんが、わからんか？」と。

まことに嶮峻じゃ、孤危じゃ。寄りつけたものじゃない。じゃが、血滴々、まさに累卵の危きにある大法を衷心憂うる、血の涙のご垂示じゃ。

噇酒糟の漢とは、当時人を罵詈する最悪の俗語のようだが、日本にもそんな落し噺がある。若い衆の寄合いに、皆が晩酌をやってよい顔色をして集まるので、阿呆の三太郎もお袋にねだり込んだ。お袋が仕方ないので酒の糟を喰べさせたら、それで良い機嫌になって出掛けた。

そこで皆が「三太、今日は良い顔しとるじゃないか」と目を見張ると、「俺かって呑むわい」。「ほう何本呑んだ」、「三枚呑んだ」。「ははあ酒の糟か」と、どっと笑われてしまった。

帰ってお袋に話すと、「三枚というてはあかん。そういう時には三本呑んだと言うんじゃ」と入智慧され、また糟喰うて出掛けた。「三太今日も良い顔やな」、「ウン、今日は三本呑んだ」。「そうか、それは豪勢じゃ。燗して呑んだか冷で呑んだか」、「焼いて呑んだ」。とやっぱり馬脚を現わしてしまったということじゃ。こういう手合を噇酒糟の漢といわれるのじゃろう。

さて黄檗和尚が大見栄を切って、群を驚かし衆を動ずる底の一言を吐くと、一人の僧が進み出て尋ねた。「只諸方の徒を匡し衆を領ずるが如きんば、又作麼生——それならばあちらこちらに三百五百七百と雲水を集めて道場を開き、参禅をきき提唱をしておられる立派な老師さま方が沢山おられますが、あの老師さま方も禅がわかってはおらんのですか」。

正受老人見送る

「也（また）好し一拶を与うるに——うまい、うまいことやった」。「機に臨んで恁麼ならざるを得ず——そうじゃ、そう出ねばなるまい」と圜悟も下語しておるが、まさに好一拶じゃ。こう出られてはさすがの黄檗もしどろもどろの体たらくであろう。

そこで黄檗云く「禅無しとは道わず、只是れ師無し——それは、その、いや決して禅がないと言ったわけではない。只、その、つまり、師が無いと言っただけじゃ」。まことに苦しいぎごちない答弁じゃが、ここに黄檗の素朴にして純粋な、人柄の良さが窺えてうれしいではないか。

この春頃であった。ある週刊誌の記者が写真家を連れて問答に来られた。その時「仏教には今日の混乱を救う力があるかどうか」と質問された。そこで老僧つい口がすべって「だいたい今の世の中に仏教があると思っていますか」と言ってしまった。

幸に今日の報道人は人が良くて紳士だから「それならあちらこちらの名僧知識が講演や著述で伝道しておられるのは、あれは仏教ではありませんか」などと意地の悪い逆襲はして来なかった。もしそう出られたら「教無しとは道わず、只是れ仏無し」さ。

三

そこで雪竇（せっちょう）は歌って言う。「凛々（りんりん）たる孤風、自ら誇らず。寰海（かんかい）に端居して、竜蛇を定む。大中天子曾て軽触（きょうそく）す、三度親しく爪牙（そうが）を弄するに遭う」と。

身の長七尺、威風凛々として嶺南より来るとたたえられた黄檗の示衆である。如何にも高踏的であり、孤高である。ややもすれば増上慢のごとくにも感ぜられよう。しかし決してそうではないぞ。うぬ惚れや自慢でこんな垂示は出ぬぞ。もし出たとしたら黄檗自らに禅なしである。

ただ寰海に端坐して竜蛇を弁別し、大所高所から当時の禅界を大観した時、痛身この感慨なきを得なかったであろう。

後世、白隠はその師正受老人徹悃（てっこん）の垂示を追憶して「又曰く、今世界を一掃して関鎖禅を扶起する師を尋ぬるに、白昼に星斗を見んと要するが如しと。予半信半疑にして窃かに謂へらく、今世上の名藍大刹、高名の師麻の如く粟に似たり。斯る貧困の小庵に居ながら比類もなき大憍慢なる哉。如かじ請暇して佗方に往かんにはと」。と、壁生草に述懐しておられるが、洋の東西を問わず、時の古今を論ぜず、大唐国裏禅師なきの嘆を誰か禁じ得よう。竜蛇を識別する道眼明らかにして、令法久住の切々たる道情あるものならば、何時の時代にも、この長嘆息はまぬかれぬであろう。

白隠が正受を辞する時、老人は恋々として二里あまりも山道を送って来て、別離の情尽き難きものがあったという。愈々別れに臨んで老人は白隠の手をしっかりと握り、「一個両個真の種草を打出せんことをつとめよ、決して多きを望むな、専ら大法を久住ならしめよ」と、懇ろに委嘱しておられる　孤高の道を行く者のみの味う苦衷である。

大中天子とは唐の宣宗皇帝のことであるが、在位の年号を大中と言ったので、大中天子と頌われたものである。穆宗の弟であるが、幼少のころ兄の玉座に昇って群臣を接する模倣をしたというので、穆宗の子武宗から野心あるものと憎まれ、半殺しの刑に遭うて追放された。

そこで僧形を装うて、香厳智閑禅師の許に身を寄せた。一日香厳が相伴って廬山に遊んだ。香厳は詩人だから、瀑布を眺めつつ、「雲を穿ち石を透って労を辞せず、地遠くして方に知る出処の高きことを」と口ずさんで、大中の意中を探って見た。すると大中は直ちに「渓澗豈能く留むれども住め得んや、終に大海に帰して波濤と作る」と、下の二句を付けたので、その人物の凡庸でないことを知ったと言う。その後、塩官斉安国師の会下に投じたが、塩官はその文筆の才を重んじて、書記の役を命じた。

その時黄檗もまた塩官の会下に在って首座であった。黄檗は額に礼拝こぶと言うこぶが出来たほど、毎日仏殿の敷瓦に頭を打ちつけて、礼拝を行ぜられたということであるが、一日大中がそれを見とがめて尋ねた。「仏に着して求めず、法に着して求めず、僧に着して求めず、礼拝して何の求むる所ぞ」。これは維摩経の語を引いて、揶揄したものであるが、黄檗は「仏に着して求めず、法に着して求めず、僧に着して求めず、常に礼拝すること是の如し」と答えた。

すると大中が更に「礼を用いて何か為ん――そうわかっておるなら拝むことは要らんじゃないか」と突っこむと、黄檗は何も言わずにこの未来の皇帝の横っ面を撲ってしまった。

そこで大中が「大麁生――乱暴するな」と言うと、黄檗は「這裏什麽の所在ぞ　麁と説き細と説く、――礼拝も要らんというなら、乱暴だの丁寧だのという分別もあるまい」と言って、また撲ってしまったというのである。

そこを雪竇が「大中天子曽て軽触す、三度親しく爪牙を弄するに遭う――大中天子も馬鹿な手出しをしたものだ。三度も黄檗の爪に引っかかれてしまった」と歌っておるが、これは黄檗の峻厳な風格を端的に表現する挿話と言わねばならぬ。

それにしても額にこぶの出来るほど礼拝を行ぜられた黄檗の一面こそ、限り無く追慕される芳蹤ではあろう。

（三十五年十一月）

香林坐久成労

香林坐久成労（第十七則）

垂示に云く、釘を(と)斬り鉄を(と)截って、始めて本分の宗師たる可し。箭を避け刀に隈れば、焉んぞ通方の作者たらん。針劄不入の処は則ち且らく置く。白浪滔天の時如何。試みに挙す看よ。

挙す、僧、香林に問う。如何なるか是れ祖師西来意。林曰く、坐久成労。

頌に云く

一箇両箇千万箇
籠頭を脱却し角駄を卸す。
左転右転後に随い来る。
紫湖劉鉄磨を打たんことを要す。

一

例によって圜悟禅師が垂示を示しておられる。

「釘ッと斬り鉄ッと截って、始めて本分の宗師たる可し」。古材などを製材に掛けると、見えぬところに釘があったりして、鋸の方がまいってしまうことがある。そういう場合、釘もろともに断ち斬ってしまうとしたら、すばらしい鋭利さである。また戦に臨んだならば、兜でも鎧でも、鋼鉄を自由に切断してしまう、そういう名剣のような力量と鋭利さがあって、始めて禅門の指導者ということが出来よう。

「箭を避け刀に隠れば、焉んぞ能く通方の作者たらん」。箭が飛んで来たら首をすっこめてしまったり、刀を見てあわてて身をかくすような卑怯者では、どうして一人前の禅僧となれよう。作家とか作者といえば、今日多く小説家や芸術家に使われる言葉だが、それは創作家の意味で、禅とは人生を創作すべきものであるから、古来有為な禅者のことを、作家とか作者とかいわれる。通方はどこの世界にも通用する天下御免のこと。敵の威力を見て、逃げかくれするような卑怯者では、どうして天下御免の作者などになれよう。

「針箚不入の処は則ち且らく置く」。針は金の針、箚は竹の針だと申す。どちらも細いものであるが、その細い針の先で突く場所もない、一分の隙もない、いわゆる仏祖も窺いしれぬ、魔外も計ることの出来ぬという、綿密な境涯の消息は且らく置くとして。

「白浪滔天の時如何ん」。針箚不入が絶対消極的静寂の境地ならば、白浪滔天は相対積極的躍動の世界である。ひとたびこの絶対静的主体が躍動して、与奪縦横、殺活自在と大用現前し、驚天動地の大波瀾を起こすとしたら、どんな怖ろしい活動が転回されるであろうか。

「試みに挙す、看よ」。ここに面白い話があるから聞かっしゃいと、大いに本分の宗師、通方の作者を謳われたものであるが、どうもこの垂示は、本則の公案にぴったりせんようである。大慧が碧巌録を焼いてから、垂示が欠けた則があったり、入れ間違った則があるといわれておるが、この則もその一つであろう。

二

「挙す、僧、香林に問う。如何なるか是れ祖師西来意。林曰く、坐久成労」。

「挙す」は「さて」。香林はキョウリンともコウリンとも読まれるが、益州青城の香林院の澄遠禅師といわれる人である。益州は今日の四川省の成都であるから、蜀の奥地で暮された人である。雲門下の傑物で「銀椀裏に雪を盛る」と言ったかの巴陵とは兄弟弟子になるわけ。非常に鈍根な人で、雲門大師に十八年も師侍しておっても見性が出来ず十八年目にやっと見性したと言われる、世にもとうとい大鈍根である。

雲門の侍者をしておったが、毎日「遠侍者」と呼ばれる。「ハイ」と返事をすると、「是れ什麼ぞ」と言われる。「今そこで返事をした奴は何か、そりゃ何じゃ」ととっちめられるのだが、どうしても、返事が出来ない。黙ってしまう。「遠侍者」「ハイ」「是れ什麼ぞ」黙ってしまう。これを十八年やって、十八年目にようやく悟れたというのだから驚くべき大根機である。

そういう鈍根な人は、えてして真ッ正直なものである。常に紙の衣を着ておって、雲門大師がフイフイと吐かれる、幽妙深玄な言句を忘れぬうちに、その場で、衣に書きつけ、後に雲門の語録を編纂されたという忠実な人である。世に紙衣侍者と称せられておる。

末後に臨んで「老僧四十年、方に打成一片」と、言い訖って溘然として遷化されたという。わしは寺を持ってから四十年になるが、その間、打成一片で、一念の妄想もなしに打っ通したというわけである。四十年間を一瞬のごとく、一仏心で打ちぬいたと言われるのである。大変な禅定力である。正念相続のお手本、まさに衲僧の道標と仰ぐべき和尚である。

この香林和尚のところへ、ある時、僧が来て訊ねるのに「如何なるか是れ祖師西来意」。これはしばしば禅門に出て来る問答で、祖師は達磨大師のことで、平たく言えば、達磨大師はどういう意志で、インドから中国へやって来られたかという質問である。

達磨大師がインドから中国へ来られた時には、相当大がかりな準備をして来られたのではないかと思われる。三年もの日子を費しておられるが、おそらく船を一艘仕立てて、食糧や雑具を積み込み、従者も何人か連れて、慎重な設備をもってやって来られたものと思う。この頃少林寺拳法というものが流行っておるが、これは空手の一種のような護身術で、達磨のおられた嵩山（すうざん）の少林寺に伝承された武術であるが、もともと達磨を護衛して来たインドの武人から伝えられたという伝説がある。

今から千四百年も前に、インドからはるばるマレイの先端を迂回して、中国まで来られるということは容易ならぬことである。それも木の葉のような帆船で大海の風波と戦いながら、瘴熱（しょうねつ）の地をすぎて病魔にも侵かされず、未知の島嶼（とうしょ）を経て海賊にも襲われず、無事航海を全うするということは、生命懸（いのちが）けの大事業である。今日の人達が南極圏へ行くくらいのことではあるまい。そんな危険をあえて冒し、辛うじて中国へ着かれたのに、嵩山の山奥へ入って、黙々として九年の間坐禅をされたというのだが、一体達磨大師は何のためにこの大旅行を決行されたのであろうか。

如何なるか是れ祖師西来意。これが禅宗勃興期の一つの大きな問題であった。常識的に言えば、大慈悲心をもって中国の迷える民衆を救うために来られたとか、仏祖的々相承の大法を、中国へ伝えるべき時節が来たので、そのためにあえて渡航されたとかいろいろ考えられよう。いわゆる布教のため伝道のため大法のために、はるばるインドから中国まで来られたと言えよう。

戦争中、中国の奥地で、多年その奥地に入り込んで伝道し、孤児院などを開いておるオランダやイタリーの伝道師に逢うて、その伝道力の旺盛なのに感激したことがある。仏教者にはなぜそういう積極性がないのかと寂寥を感じたことさえあるが、達磨大師はインドから東南アジアを経過して中国に来られ、広東に上陸し陸路を北上して南京に到り、更に揚子江を渡って、北上、黄河に沿うて遡行(そこう)し、洛陽の都を空しく経過し、嵩山の山中まで入られたのであるから、その伝道意欲において決してカトリックの伝道師たちにおとるものではない。

問題はその達磨大師にそうした伝道意欲があったのかなかったのか、あるいはそれを意識されたかされなかったか、ということである。中国の民衆を救ってやらねばならぬとか、インドでは仏法はもう栄えんからとか、教外別伝(きょうげべつでん)の禅だけが真実の仏法で、それを伝えなければならぬとか、そういう分別思惟がもし達磨にあったとしたら、達磨もやはりわれわれ凡人と同じことで、悩みや迷いが絶えなかったであろう。「纔(わず)かに意有れば自救不了(じくふりょう)」に違いない。そんな凡夫の野心にも等しい意志があって、のこのこ出て来たのでは、達磨大師もまだ本ものじゃない。と言って意志が全然なければ来られるはずはない。いったい意志があったとしたものかなかったとしたものか。もしあったとしたらどのような意志であったか。実に微妙なところである。

われわれの日常生活においても、そういう微妙なところがある。ことに芸術の世界においてそうである。例えば能の舞を一つ舞うにしても、上手に舞わねばとか、ここはこうしてとか、意識して舞ったのでは能になるまい。と言って無意識で舞えるはずはない。意識があるとしたものかないとしたものか、微妙なところである。字を一つ書くにしてもそうである。うまく書こうなどと力んで書いたら、ろくな字は書けない。そんならといって無意識で書けるはずもない。機微なところである。

理屈をいえば、大拙居士ではないが、無意識の意識とか、無分別の分別とかいう表現を借りなければならんであろう。白隠禅師は既に無念の念を念としてとか、無相の相を相としてとか歌っておられる。惟(おも)うに今から千四百年も前に、達磨大師がインドから中国へ来られたということは、実に画期的な大事業であって、もしそこに意識があったとしたら、とてもわれわれ現代人さえも想像もつかん大企画である。しかしそう意識してやられたとしたら、達磨大師も一箇の事業家でまだ悟ってはおらんということになる。達磨に意志があったかなかったか、禅の大問題ではある。

三

もう一つ、別の立場から考察するならば、われわれ人間は、一体意志があって生れたのか、意志がなくして生れたのかどうか。人間のみならずこの地上におびただしい生物というものが出て来たが、それは偶然に出て来たのか、何らか意志があって出て来たのかどうか。これがまた大きな問題だと思う。この世の中に生命のあるものが生れて出て来たのは、恐らく偶然ではなかろう。そこに生れて来ざるを得なかった一つの力があったに違いないが、その力は何であったか。言葉を換えて言えば、この世の中へいろいろなものが生れて来たが、その生れて来た意志は何か。釈尊のような立派なお方もこの世の中へ生れて来られたのであるが、釈尊のような完全な人格者がどうしてこの世の中へ生れて来られたか。果して偶然であろうか。釈尊ともなると一応理屈がつけられる。それは衆生済度のためにお生れになった、一切衆生を救わずんばおかんという願いを持ってお生れになったということになる。そんならその願いはいつどうして起ったかというに、無限の過去からその願いがあったに違いない。するとこの宇宙の根源にあるものは、一つの大きな願いであって、その願いからすべての生命あるものは生れて来たとも考えられる。

すべての生命あるものは、仏になりたいという願いを持って生れて来たのである。それに対して釈尊は、仏にせずにはおかんという願いを持って生れて来られたのである。これは別のもののようであるけれども、実は一つものである。つまり宇宙の本質は如来の本願というものである。如来の本願というものがあって、この世の中は始めて動いて出て来たのである。仏にならずにはおかんという衆生の願いと、その迷える衆生を仏にせずんばおかんという仏の願いと、別々のようであるけれども、それは一つのものの両面であろう。仏になりたい心と、仏にしたい心とは、本来一つものである。そういう本願というものが、この世界の本質である。そういう本願を信ずることによって、われわれは救われるのだとこういう考え方が浄土門の教えだと思う。

そこでこの宇宙そのものにも、衆生そのものにも、生れて来た意志があるはずである。その意志は何かというに、一面では仏になりたいという意志であり、一面では仏にせずにはおかんという意志である。つまりこの世の中はすべてのものが、それぞれの生命を持って進化の道程を辿っておるが、その進化の行先はどこかと言ったら、人格の完成であり仏になることである。そういう自分でも意識しない意志を持って、全ての生命あるものは生れ出て来たわけである。

しからばその意志の目的地、進化の終点はどこかというに、実は、目的地のない意志であり、終点のない進化である。言葉を換えれば、その意志とは限りのない、終点のない願いである。すなわち「衆生無辺誓願度」であり「煩悩無尽誓願断」である。この二つは別々のようだが、仏にせずにはおかんという意志と、仏にならずにはおかんという意志であって、やはり本来一つものである。次に「法門無量誓願学」であり、「仏道無上誓願成」である。自己を含めた一切衆生を救うために、どうしてもこの二つの願いが更に必要になる。いわゆる四弘の誓願であるが、この願いを持つことが、すなわち菩提心を発すことが、仏教者の出発点であって、最も大切なことである。

われわれが願心を持つこと、菩提心を発すこと、一切衆生を救わずんばおかずと誓うことは、われわれが無意識の中に持っておる本来の意志を自覚することである。無自覚ではあるけれども、人間性の本質として「衆生無辺誓願度」という願いを、誰でも持っておる。その本来の意志をはっきり自覚して、菩提心を発すこと、発心することが、仏教への入門である。それは一面、仏の本願とわが本願とが、ぴったり一つになることで、われわれがこのまま救われることである。初発心時便成正覚とはそのことであろう。

さてそれならその願いが、いつ果せるかといったら、それは果しのない終点のない願いである。衆生は無辺であり煩悩は無尽であり、法門は無量であり、仏道は無上なのだから、やってもやっても切りがない。そういう無限の道程を辿って行くのが、すべての生命の歴史的姿であるが、一たび菩提心を発せば、仏の本願とわが願いがぴったり一つになるのだから、内面的には仏の方に摂取せられて、このまま成仏である。無限の道程を辿りながら、いつも終点である。なぜかならばそのまま仏と同じ世界に生きておるからである。南無阿弥陀仏と唱うることが、或は坐禅三昧を修することが、仏の本願とわが本願が一つになることであり、仏の意志とわが意志が一つになることである。そのまま仏と一つであるから、無限の願いに向って進みながら、一日一日が終点である。それでなければ人類は永遠に救われない。菩提心を発(おこ)せばそのまま菩薩でありこのまま救われるというのが大乗仏教の教えである。

四

こう考えて来ると「如何なるか是れ祖師西来意」ということは、宇宙そのものの意志は何であるかということであり、われわれの生きておる目的はどこにあるかということにもなる。これは宇宙並びに人生の根本的な大問題である。

この宇宙並びに人生の根本的な大問題に向って、香林和尚は、たった一言「坐久成労(ざきゅうじょうろう)」と答えた。雲門宗の伝統である。これには難しい意味はない。読んで字のごとくである。「永いこと坐っておって、ああくたぶれた」ということである。これはどういうことであろう。西来意とは限りのない終点のない、あるいは意識されない幽遠な意志で、そういうものを尋ねておるのに、香林は「ああくたぶれた」ところいう。くたぶれたということは、終点に着いたとき自ら発せられる言葉である。一日外で働らいて夕方わが家へ帰って、坐布団の上へ坐ると、誰でも「ああくたぶれた」と言わっしゃる。目的地へ着いた安らぎの言葉でもある。

無限に終点のない意志を尋ねておるのに、香林は「お蔭で終点へ着きました。ああくたぶれた」と答えておるのである。そこに甚深微妙な味わいがある。そこに何とも言えぬ妙味がある。われわれの人生というものは、永遠に終点には着けないが、しかも毎日が終点である、毎日が終点でありながら、無限の未来に向って向上しなければならん。そういうものが禅の見る人生であろう。

科学に終点はないとよく言われるが、人生にも終点はない。研究すれば研究するほど、問題が出て来るから、科学に終点はないであろう。われわれの社会生活も、なんぼやって見ても完成される時はない。いくらでも新しい問題が出てくるから、終点はない。それではわれわれの救われる時はないじゃないかというに、そうじゃない。毎日が終点で救われておる。それでいいのじゃなかろうか。

安心のないところに安心を得てゆく。終点のないところにいつも終点がもてる。無意識の意識であり、無分別の分別でもある。そこに言うに言われぬ説くに説かれぬ妙味を味わってゆくことが、禅というものでなければならぬ。いや仏法というものでなければならぬ。

そこを臨済禅師は「途中に在って家舎を離れず」と示された。家舎はわが家である。人生は永遠に途中だが、その途中がそのままわが家だと言われるのである。やってもやっても切りのないような事業に頭を突っこみながら、わが家へ帰ってあぐらをかくと「ああくたぶれた」と安らぎを覚える。途中に在って家舎を離れずだ。

進歩進歩とよくいわれるが、進歩ということは、前へ一歩踏み出すことだが、一歩足を前へ踏み出すには、一方の足はしっかり大地を踏みしめておらねばならぬ。一方の足を踏みしめておるから、一方が前へ出る。前へ出した足を踏みしめるから、次の足が出るのである。片足は前へ進みながら、片足はいつも安定しておる。人生にはこの呼吸がなければならん。どうかすると進歩進歩と言って、両足あげてしまうから、安定感を失って倒れてしまうのである。一歩が途中にあるとき、一歩は家舎を離れてはならぬ。

といって両足とも大地を踏みしめてしまったら、そこには大安定はあるかも知れぬが進歩はない。進歩のない人生は死に等しい。そういう独善的虚無的安定観に穏坐（おんざ）する者を古人は鬼窟裡（きくつり）の死漢と叱られ、野狐禅の徒と罵られたのである。今日の仏教者にいかにこの鬼窟裡の死漢の多いことか。そこで臨済は更に一転語を下して「家舎を離れて、途中に在らず」と示されておる。祖師西来意も、這般の消息を会得して、初めて領解されるものであろう。

五

そこで雪竇が詩を作って頌っていう。「一箇両箇、千万箇。籠頭を脱郤し、角駄を卸す」。籠頭は馬や牛の口に被せる籠である。道草を食わんように、あるいは人に噛みつかんように、馬や牛の口にはめる口籠である。馬や牛にしたらまことに迷惑な話である。うるさいに違いない。

その籠頭を脱却し、外して貰って、角駄は振分けに乗せられた荷物であるが、背中の荷物を下して貰ったら、馬や牛も始めてわが身の自由を感ずることであろう。人間なら「ああくたぶれた」と坐りこむところである。

自我の執着という口籠を外し、煩悩妄想の角駄、無常観罪悪観などの振分け荷物をすっかり下ろして貰って、始めて脱落身心、身心脱落の自由が得られるであろう。香林が、「坐久成労」と言った心境は、まさにこの籠頭を脱却し角駄を下ろした境涯でもある。そうして救われたものが、達磨西来以来、二祖慧可大師、三祖鑑智禅師と指を折れば一箇両箇千万箇、まことに数限りないことである。

「左転右転、後に随い来る。紫胡、劉鉄磨を打たんことを要す」。これには因縁がある。紫胡は、衢州紫胡山の利蹤和尚といって、南泉の法を嗣いだ人である。劉鉄磨は潙山の法を嗣いだ有名な尼坊主、劉は名字で、鉄磨は鉄のような臼ということであだ名のようである。よほどお尻の大きな尼さんであったと見える。大抵の男僧がやりこめられたという、なかなかやり手の尼僧である。

あるとき紫胡和尚のところへ、この劉鉄磨がやって来た。そこで紫胡和尚が「爾は是れ劉鉄磨なること莫きや否や」。お前があの有名な劉鉄磨という尼じゃないか、とこう言った。すると鉄磨が「不敢」、さようでございますと答えた。不敢は及ばずながらというような謙遜の言葉である。

そこで紫胡和尚が、つい鉄の臼じゃというから

「左転か右転」か、その臼は左まわりか右まわりかとからかった。すると鉄磨がすかさず「和尚顚倒することなかれ」と答えた。「人のことは右転でも左転でもいらんことです。あなたひっくりかえりなさんなよ、あなたの方がまわっていなさるじゃないか」と。なかなかの作家である。そこで紫胡便ち打つ、紫胡和尚が、直ちに棒でなぐりつけたというのだが、これは大いに、その働らきを褒めて打ったものであろう。「左転右転、後に随い来る」。達磨西来以来、一箇両箇千万箇の人々が救われたが、これから将来にかけて、まだまだ左転やら右転やら、次から次へ跡を断たず出て来ることであろうが、それらの衆生が紫胡和尚に「こいつ味なことを言いおる」と打たれた劉鉄磨のように、「ああくたぶれた」と坐りこんだ香林のように、一人一人が悟ってくれるようにと、大いに達磨の西来を祝福されたものであろう。

未来永劫、無辺の衆生を救ってゆくのが、西来の意志ではあるが、個々の一人一人がそのまま救われてゆかねばならん。個々の一人一人が救われながら、あとからあとから出て来る無辺の衆生を救ってゆかねばならん。西来意がそのまま坐久成労であり、坐久成労がそのまま西来意であらねばなるまい。面白い公案である。

口輪をはずされ、荷をおろされて、
一頭二頭、千万頭。
左からころころ、右からころころ。
ころころ、ころころ、救われよ。
やや諧謔をおびた童謡でもあろうか。

（三十七年十一月）

翠巌夏末衆に示す

翠巌夏末衆に示す（第八則）

垂示に云く、会するときんば途中受用。竜の水を得るが如く、虎の山に靠るに似たり。会せざるときんば世諦流布、羝羊藩に触れ、株を守って兎を待つ。有る時の一句は踞地獅子の如く、有る時の一句は金剛王宝剣の如く、有る時の一句は天下人の舌頭を坐断し、有る時の一句は随波逐浪。若し途中受用ならば、知音に遇うて機宜を別ち、休咎を識って相共に証明す。若し也世諦流布ならば、一隻眼を具し以って十方を坐断し、壁立千仭なるべし。所以に道う、大用現前軌則を存せずと。有る時は一茎草を将て丈六の金身と作して用い、有る時は丈六の金身を将て一茎草と作して用う。且らく道え、箇の什麼の道理にか憑る。還って委悉す麼。試みに挙す看よ。

挙す、翠巌夏末衆に示して云く。一夏来、兄弟のために説話す。看よ翠巌が眉毛在りや。保福云く、賊と作る人心虚す。長慶云く、生也。雲門云く、関。

頌に云く

翠巌徒に示す。千古対無し。
関字相酬ゆ。失銭遭罪。
潦倒たる保福。抑揚得難し。
嘮々たる翠巌。分明に是れ賊。
白圭玷無し。誰か真仮を弁ぜん。
長慶相諳んず。眉毛生也。

一

花園上皇が大燈国師に示された投機の偈に

二十年来辛苦の人
春を迎えて換えず旧風煙
着衣喫飯恁麼にし去る
大地何ぞ曽て一塵有らん

とある。

投機の偈とはお悟りの心境を表現された歌であるが、「春を迎えて」とは、悟りを開いて見ればということであろう。「換えず旧風煙」は元と少しも変ったことはないということで、つまり悟了同未悟、悟って見れば悟らぬ先と一寸も違ったことはないということである。

悟りを開いたからとて、低い鼻が高くもならず、空の財布が重くもならず、麝香のような屁もこけぬ。

朝起きたら相変らず顔を洗って着物を換え飯を食うだけのことさ。いわゆる飯に遇うては飯を喫し、茶に遇うては茶を喫するばかり、飢え来れば飯を喫し、困じ来れば眠るほかはない。鯉魚竜と化して鱗を改めずじゃ。

それなら何も苦労して坐禅したり、骨を折って悟りを開くこともないではないかということにもなろうが、言うならば悟っても悟らんでも、坐りたいから坐るだけのこと。坐らずにはおれんから坐るだけのことだ。ところが実は悟りを開いた者と開かん者とでは、外見は全く同じようでも、心境には大変な隔たりがあるから仕方がない。

趙州和尚は「世人は十二時に使われ、我は十二時を使う」と言っておられるが、悟った者と悟らぬ者ではそれだけの違いがある。使う者と使われる者の違いだ。使う者には自由があるが、使われる者には自由はない。

悟りを開いた者は途中受用で、生活そのままが禅であり現実がそのまま永遠であるが、悟りを開かぬ者は世諦流布で、マスコミの浪に流され生活に追い廻わされるばかりである。つまり悟りの開けた人には自分の生活を生活する自由があるが、悟りの開けぬ人には自分の生活も自分の人生もないことになる。

江戸っ子は蕎麦を食うのに、ちょっと先の方に汁をつけてすすらんとスイでないそうだ。一生そうして蕎麦を食べた男が、死際に一度たっぷり汁をつけて喰べたかったと言ったという笑い話があるが、そういう人生はいったい誰の人生であったろう。

思うに人生は永遠に途中であって終点はないであろう。ところが禅がわかると、その途中がそのまま終点となり、この娑婆がこのまま浄土となる。そういう達人の境涯は、竜の水を得るが如く虎の山に靠るに似たりで、意気洋々一分の隙もあるまい。

もしそれがわからんならば、その一生は全く世間の荒波に押し流され、あたかも角のある牡羊が垣根の中へ頭を突込んだようなもので、二進も三進も行かなくなる。あるいは木の株に頭を打ちつけて兎が死んだのを見て、毎日木の株の番をしたという、大昔の馬鹿者にも似たことになろう。

そういうくだらぬ手あいはしばらくおいて、途中受用の達人ならば、ちょっと口を開いても、ある時は大地をしっかり踏みしめた獅子の咆吼のごとくであり、ある時は一切の葛藤を断ち切る金剛宝剣のごとくであり、ある時は天下人の舌を奪って、ウンともスンとも言わさぬであろうし、またある時は随波逐浪、老人に遇えば老人のように、子供に遇えば子供のように、変転自在の働らきを得るであろう。

もしまた相手が途中受用の達人ならば、同死、同生、肝胆相照らして話のうまく合うことであろう。もし相手が世諦流布ならば、壁立千仞と坐り込んで、そういう俗物などは側へもよれまい。

だから古人も言っておられる、大用現前軌則を存せずと。ある時は塵紙を押し頂いて、仏のおん命と拝むこともあろうし、ある時は本尊様を焼いて尻を炙(あぶ)ることもあろう。そんな風流がいったい何処から出て来るであろう。わかるかな。ここに面白い話があるから聞かっしゃいと圜悟禅師の垂示である。

二

今日世界の識者が注目するところの問題の一つに、中国の人民公社がある。皆が土地財産を共有し、皆が勤労を平等にし、皆が同じ物を食ってゆく集団生活のようである。フルシチョフでさえ、それは行過ぎで成功すまいと見ておるのだがどうであろう。もしそれが成功するならば、それはマルキシズムを東洋的に体認したと言われる毛沢東の人徳によるものと言わねばなるまい。我為人々(ウォイレンレン)、人々為我(レンレンイウォ)という東洋的な、むしろ宗教的な愛情にささえられなければ、一日もあり得ない組織であろう。

ところが歴史上その人民公社によく似た集団生活がすでにあったと思う。それは仏教の僧伽(サンギャ)であり、別して中国の叢林である。禅の叢林は千年以前すなわち百丈禅師以来それをやって来たのである。普請(ふしん)ということが一斉勤労の制度であって、黄檗も臨済も大衆と共に、鍬(くわ)をとり鎌を持って勤労に従事したものである。そして食平等の鉄則は、公社の食生活と全く心を一にしたものであろう。僧伽が僧宝として尊敬されたのも、この人類の理想ともいうべき平和的集団生活に成功したからである。

しかも僧伽に実行された自恣(じし)の制度はまさに今日の中国で言われる自己批判に外ならぬ。一夏(げ)九十日の安居(あんご)が終ると夏末の一日、僧伽の一人一人が大衆の前で自己批判をしなければならなかった。自分の不如法を告白して懺悔するのである。自己批判の出来ぬ者は他人によってそれをさせられねばならなかった。その制度は今日なお起単留錫(きたんりゅうしゃく)の名で叢林に伝えられておる雲水の勤務評定である。

今日の浙江省寧波(ニンポ)の翠巌寺に住職した令参和尚は、五十三歳まで雲水をしたという晩成型であった。ここに出て来る保福、長慶、雲門等と共に、雪峯門下の俊猊である。

九十日の結制の終ったある夏末、講了の日に当って大衆に示して言われた。「この一夏九十日の間、東語西話、胡乱な説法ばかりをして来たが、どうじゃな、わしの眉毛はまだ少しはあるかな、しっかりと見てくれ」と、ぐうっとその髭面を皆の方へ突き出された。

正法を毒するような邪説を唱えたり、あるいは第二義第三義に格下げして、婆々談議をやると、法罰を蒙って眉鬚堕落、眉毛が落ちると、経典に警しめてあるが、俺は親切が余って大分おしゃべりが過ぎたようだ。大方眉毛は抜け落ちたろうと思うがどうじゃな、まだあるかなと言ったあんばい、まさしく翠厳の自己批判である。

しかしそれは単なる自己批判ではあるまい。もし眉毛が落ちておらんとすれば、俺はこの通り第一義を提さげて正法を挙揚して来たのだから、皆もさぞかし大悟徹底してくれたであろうなといわんばかりの、実に意地の悪い挨拶でもある。圜悟が短評を下した。「眉毛どころか、眼玉も落ちたぞ。イヤ鼻も欠けたわい。イヤそれどころか地獄へ真倒さまじゃ」。

この講了の席には、同参の誼みをもって、保福、長慶、雲門などが随喜したものであろう。あるいは一夏中加担をしたのかも知れない。そうした兄弟間の道情は、うれしい極みである。

その講座の最中か、或は講座のすんだあと、おそらく茶礼の時でもあろう。翠厳の自己批判に対する批判が出た。今日ならアナウンサーが、今日のご感想はと一人一人にマイクを向けるところである。

まず保福が口を開いて言った。「さすがに大盗人じゃ。滅多に本音は吐かんわい」と、大方保福も同じ穴の狐じゃろう。

次に長慶は言った。「心配ご無用！　落ちるどころか余計生えたわい」と。裏の裏を欠く悪手段じゃ。

翠巖夏末衆に示す

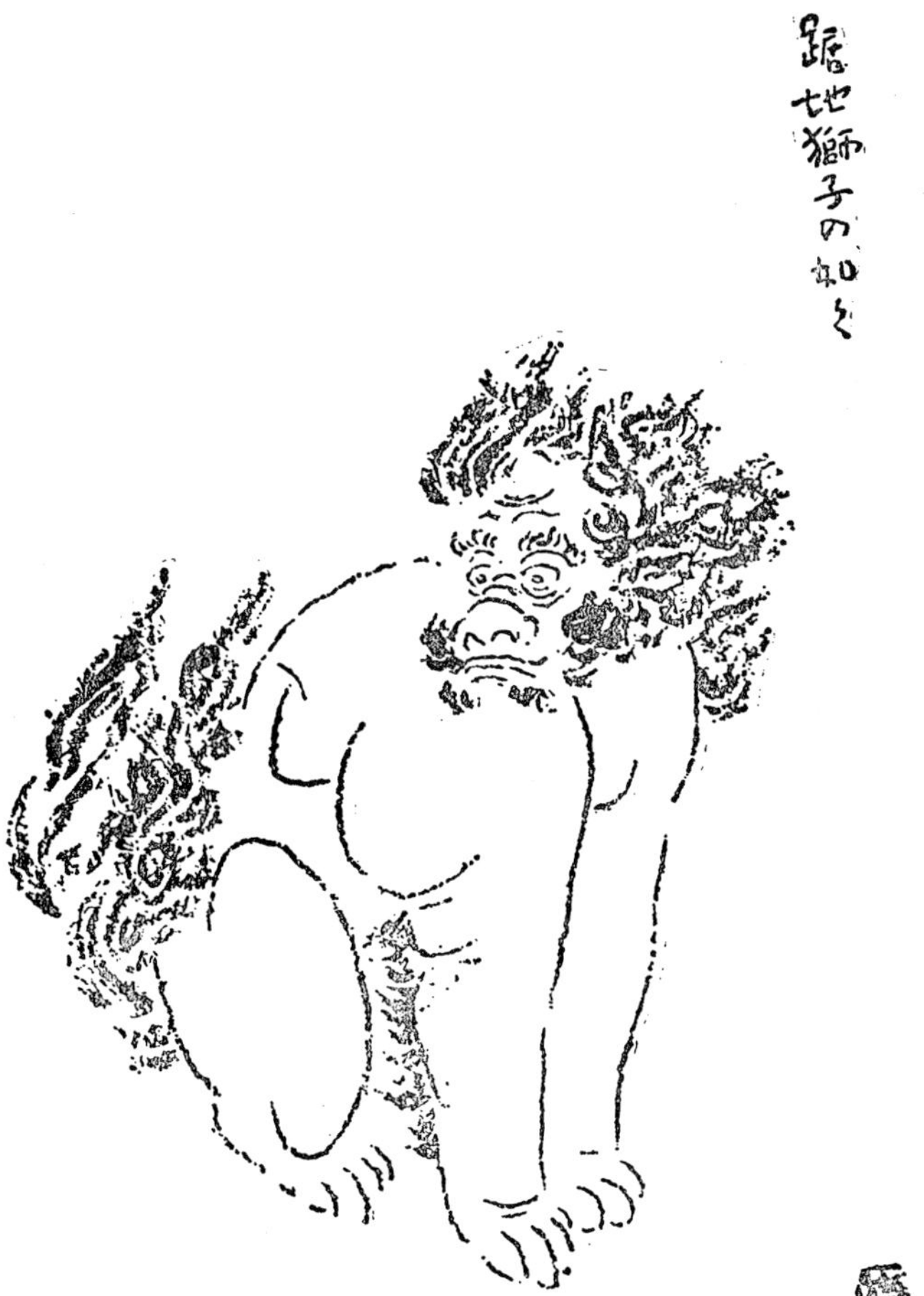

最後に雲門が言った。「関」と。雲門秘蔵の一字言じゃが、こりゃいったい何のことじゃな。

三

雲門云く、「関」と。こりゃ一体どういうことじゃろ。関は関所じゃ。通行証のないかぎり、怪しい者は一切通さぬところである。雲門が翠巌を通さんと言ったのか、翠巌が雲門を通さんと言うたのか、それとも翠巌雲門が気脈を通じて、末代のわれら一切を通さんというたのか、鶏の空音は模倣出来ても、勧進帳の一巻くらい暗記してみても、ちょっとこの関所は通れそうもない。

大燈国師は若くして仏国国師の印証を得られたが、未だ大自在を得ず、更に大応国師の門を叩いて再参された。そしてこの関字のために三年間の心血を濺がれた。大応国師が鎌倉へ移幢されると、更に随行して朝参暮請、ひたすらこの関字に肉薄された。

一日机の上に鍵を投じて、その「ガチャ」という音を聞くと豁然として大悟された。直ちに入室して「幾んど路を同じゅうす」と、一転語を下されると、大応は舌を巻いて驚ろき、「汝は雲門の再来なり」と激賞されたという。

その時大燈国師の呈された投機の偈は

一回雲関を透過し了って
南北東西活路通ず
夕処朝遊賓主没し
脚頭脚底清風起る

外一首であった。

思うに禅とは、真実人間解放を実現せしめ、真実の自由を人に与えるものだが、かくも南北東西に活路通じ、脚頭脚底に清風起る境地こそ、真実自由人の活消息であろう。竜の水を得るが如き、虎の山に靠るに似たる、途中受用の活作略も、ここにおいて始めて手に入ると言えよう。

雲門大師は曽て睦州和尚に折脚されてから跛であ

つたが、その再来といわれる大燈国師も跛脚であった。遷化に臨んで、「今まではお前のいうことを聞いて不自由を忍んで来たが、今日は俺の言うことを聞け」と、曲らぬ脚をべし折って、端坐して遷化されたという。鮮血淋漓衣を染めた。遺偈に「仏祖を截断し吹毛常に磨す。機輪転ずる所、虚空牙を嚙む」とあるが、この偈は寒い。

関山国師は大燈国師の道声を聞かれると、取るものもとりあえず、鎌倉から東海道をひた走り、大徳寺の門を叩いて新到相見を申し出られた。開口一番「如何なるか是れ宗門向上の事」と発問されると、大燈国師は「関」と答えられた。関山国師はさっさと衣の袖を払うて出てしまわれた。大燈国師は「作家の禅客、天然自在」と言って、その禅機を賞揚されたという。

しかも関字に精彩を着けられること三年、明到暗到、遂に牢関を打破され、大燈国師から同じように「汝は雲門の再来なり、宜しく関山と号すべし」と激賞され、輝やかしく法燈をつがれたのである。わが日本の臨済禅は、実にこの応・燈・関の三祖によって、そのゆるぎなき礎を築かれたものであるが、それは臨済の大器大用に加うるに、雲門宗の言句の微妙をもってしたものであり、まことに雲門臨済百花の春を迎えたものであった。本年十二月十二日は、関山国師すなわち無相大師の六百年大遠諱に正当するので、この関字に向って一入感慨深いものがある。

四

そこで雪竇は歌って言う。翠巌の示衆は、実に古今無比の甘露味であるが、雲門に関と逆襲されては、全く泣き面に蜂だ。老ぼれの保福は「盗人たけだけしい」と批評したが、これは賞めたのか毀ったのか。一夏の間しゃべり通して、その上眉毛在りやなどと空うそぶいておる翠巌の賊機はよくわかるが、しかし何処に非の打ちどころがあるというものだろう。終日説いて未だ曾て説かざる底の妙趣をいったい誰がわかってくれよう。生えたぞ生えたぞとあべこべにアジッタ長慶こそ、まさしく知音でもあろうか、と。

翠巌のたわ言　古今無類。
関と出られちゃ　盗人に追銭。
おいぼれ保福め、ほめたかくさしたか。
しゃべりまくって　しゃしゃぬかす。
きずに玉じゃが　わかるかな。
長慶、うまい、　生えたぞ生えたぞ。

（三十四年十二月）

趙州田庫奴

趙州田厙奴（第五十七則）

垂示に云く、未だ透得せざる已前、一えに銀山鉄壁に似たり。透得し了るに及んで、自己元来是れ鉄壁銀山。或は人あって且つ作麼生と問わば、但だ他に向って道わん。若し箇裏に向って、一機を露得し、一境を看得せば、要津を坐断して、凡聖を通ぜざるも、未だ分外と為さず。苟し或は未だ然らずんば、古人の様子を看取せよ。

挙す、僧、趙州に問う、至道無難、唯嫌揀択と。如何なるか是れ不揀択。州云く、天上天下、唯我独尊。僧云く、此れ猶お、是れ揀択。州云く、田厙奴、什麼の処か是れ揀択。僧無語。

頌に云く

海の深きに似。
山の固きが如し。
蚊蝱空裏の猛風を弄し。
螻蟻鉄柱を撼かす。
揀たり択たり。
当軒の布鼓。

一

アメリカで『禅への道』という本を書いてベストセラーになり、一躍有名になった、アラン・ワットという人が、彼の著書の愛読者十数名を引連れて、先般日本へ来た。アメリカ禅の家元のようにいわれるが、彼は最も禅くさくない、軽快な青年であった。彼自らも謙虚に、坐禅をしたことはないし、禅も深くはわかっていないと言っていた。

ただ西欧思想が、自然を征服するという考え方に傾いておることが誤りだと思う。東洋ことに日本は自然と人間とが融和して、極めて調和のある生活をしておる。それが禅だと思うというようなことを言っておった。だから彼のこのたびの訪日は、禅の研究というよりも、日本人がいかに自然とマッチした生活をしておるか、それを実際に見聞したかったためのようである。

まことに彼のいう通りで、自然を征服するというような考え方には、われわれも賛成出来ない。これから夏山登山のシーズンに入るが、古来の日本の登山はすべて宗教行事であった。水垢り（みずごり）をし滝にうたれ、六根清浄と身心を浄め、山の神霊にふれ、山の霊気に接して、廓然洞豁（かくねんとうかつ）という心境に悟入するにあった。決して山を征服するというような憍慢（きょうまん）な心ではなかった。

はるかに白雲輝やく頂上を仰ぎつつ、峻坂を攀（よ）じ、巉巌（ざんがん）にいどむ、苦難の道を自ら選ぶのも、青春の意気といえよう。その苦難を乗り越えて、ついに頂上を極めた時には、勝利の微笑を禁じ得ないでもあろう。征服したという感懐（かんかい）も、必ずしも不遜ではないかも知らぬ。山を征服したというよりも、大自然を征服し、天下を征服したような、優越感さえ覚えるであろう。そこにも禅に通ずるものがあるかも知れぬ。天上天下唯我独尊である。

頂上を極めるまでは、文字通り山は銀山鉄壁であるが、頂上を極めてしまえば、自己すなわち銀山鉄壁である。

道というものもちょうどそんなものであろう。至道といわれるもの、自然の大道といわれるもの、それは社会科の中で教えられるの、いや道徳教育でなければならんのという、そんな道ではない。教えることも出来なければ、習うことも出来ない、文字に書くことも出来なければ、本で読むことも出来ない、しかも誰でも生れながらにして持っておるものである。そして心の扉さえ開けば、自由に極めて容易く手に入るものである。

だから心の扉の開けない者には、道は銀山鉄壁、前に立ち塞がって、手も足も出ないであろう。しかし一たび心の扉が開けたならば、濶達自在、歩々清風、自己元来、鉄壁銀山であったことがわかるであろう。

どうしてそういうことになるかって？　ちょっとした機みさ。ボタン一つの押し方で、たちまち人間ロケットが発射されて、大気圏外に突入し、無重量地帯を優遊することにもなるし、あるいはたちまち水素爆弾が発射されて、原爆雲は天地を覆い、何十万人が即死することにもなる、といったようなものか。

ちょっとした機みで、心の扉が開け、真理の横顔がかいま見られるならば、たちまち殺活自在、与奪縦横の活作略も、朝飯前ということになる。わかるかな。わからぬとならば、ここによい話があるから聞かっしゃい。といつもの圜悟禅師の垂示である。

二

至道無難、唯嫌揀択。これは三祖鑑智禅師の著作である『信心銘』の冒頭にある言葉であるが、趙州が常に愛誦措く能わず、またよく人に示された言葉のようである。彼はまた自ら至道庵とも号した。

というのも彼の悟入の動機が、この「道」ということにあったからである。あるとき彼はその師である南泉に尋ねた。「如何なるか是れ道」と。南泉は直ちに答えた。「平常心是れ道」あたりまえの心が道だよと。

ところであたりまえの心とはどんな心であろうか。なにが人間のあたりまえの心であろうか。先生に登山ナイフを突きつけるような中学生も、本人に言わせれば、「僕のいつわらざるあたりまえの心だ」というであろう。なにがあたりまえであるか、心の扉が開かなければ、銀山鉄壁である。

「そのあたりまえの心は、どこで手に入れますか」と趙州が反問したら、「手に入れようなどと思ったら、もうあたりまえじゃないぞ」と、南泉が答えた。

「でも手に入れようと努力しなければ、いつまでたっても、そのあたりまえがわからんじゃありませんか」と更に突込んで尋ねると、南泉はおもむろに答えた。いつもの南泉とちがう親切な言葉で諄々と言って聞かされた。

「道徳というものは、わかったと言ってもいけないし、わからんと言ってもいけない。わかったと言えば、それは道徳の知識に過ぎない。わからんと言えば無自覚だ。知識も無自覚も、どちらも道徳にはならん。ただ天真爛漫、赤子のような無心な境地になるならば、あるいは青天白日、秋晴れのような爽やかな心境になるならば、生れたままの美しい純粋な人間性が自らそこに流露してくる。そこには良いとか悪いとか批判する余地はない。それが人間のあたりまえの心で、道徳というものである」。この言葉を聞いて、趙州は豁然として大悟したのである。なるほど至道は難しくないナと合点したであろう。

この頃『天皇さまのお還暦』という本を、人がくれて拝読した。たんたんとして天皇さまのご日常が記されておって、いろいろ教えられることがある。なによりも天皇さまは非常におもいやりの深いお方だという印象をうけた。

那須野で植物の採集をなさっても、標本として一本しかお採りにならない。一本しかない珍らしい植物を発見された時には、そのまま大切にしておかれて決してお採りにならない。それを採れば種がつきるからである。二、三年して株のふえるのを待って、一本だけお採りになる。何というおもいやりであろう。

葉山の海浜で微生物の採集なさるにも、必要な一匹だけをお採りになって、あとは海へお返えしになる。それも砂地でとったものは砂地へ、岩礁でとったものは岩礁へ、それぞれもと住んでおった場所へお返えしになるということである。そうしなければ、生物は死んでしまう。なんという細かいお心遣いであろう。

いったいこういうことを、誰が天皇さまにお教えしたのであろう。お教えしたのでもない、習われたのでない。これこそ天皇さまのあたりまえの心ではなかろうか。よく外国の使臣が天皇さまにお目にかかって、「随分世界各国の大統領とか元首とかいわれる人達に会ったが、日本の天皇さまほど謙虚で純粋なお方にお目にかかったことはない」といって感激するそうだが、さもあろうと思う。

孔子は「天の命これを性という、性に率(したが)うこれを道という」と示しておられるが、生れたままの純粋な心を人間性という、その純粋な人間性のままに生きることが、道徳だという意味であろう。

その点においてわれわれの心などは、貧しさのために、あるいは環境のわるさのために、虐たげられ歪(ゆが)められて、決して生れたままの純粋さではない。しかし天皇さまのようなお方は、幼ない時から、人に虐たげられたこともあられず、人と争ったこともなく、妬(ねた)んだことも憎んだこともなく、純粋な人間性のままに、すくすくと生長されたようなお方であろう。すなわちあたりまえの心のお手本のような方ではなかろうかと思うのである。

三

さて趙州が、ことごとに「至道無難、唯嫌揀択」

を振りまわされるので、あるとき僧が尋ねた。「道徳は少しも難しいものじゃない、ただ選りきらいさえしなければいい、といつもおっしゃるが、この世は千差万別で、善人もあれば悪人もある、美人もあれば醜婦もある、敵もあれば味方もある、選りきらいをせんわけにはいきません。選りきらいせんとは、いったいどういうことですか。それは世にいう悪平等というものではありませんか」と。一応問題の盲点をついた質問である。

すると趙州は答えた。「天上天下唯我独尊」。これは釈尊がお生れになった時の産声（うぶごえ）だと言い伝える言葉である。しかし釈尊が、他人と比較して、自分だけがひとり尊いと言われたという意味では勿論ない。普遍的な誰でも持っておる人間性の尊厳を宣言されたものだと思う。

天にも地にも唯われひとり尊し。世界に満つる森森羅列（られつ）する如何なる物質よりも、人間の心こそ最も尊重されなければならぬ。人間の心こそ造物者であり、大愛であり、世界の主人公であると言わねばならぬ。

それは森羅万象と全く次元を異にするものである。それは写真機のレンズのごとく、無色透明で公平無私で、すべてを平等に受け容れてゆくものである。写真機のレンズの前には富士山も小豆も平等である。太平洋も茶碗の水も平等である。写真機のレンズの前には、一切が大小を失い、善悪を失い、美醜を失ってしまう。写真機のレンズの前には一切の存在が平等なる影像に過ぎない。

それは写真機のレンズが、努力して選択しないのではない、元来選択する能力がないのである。嫌う底の法なしとは、そのことであろう。臨済はまた「火に入っても焼けず、水に入っても溺れず」と言っておるが、火事を写しても、写真機のレンズは焼けはせん、洪水を写しても、写真機のレンズは溺れはせん。それは、次元を異にしておるからである。

昔、花園天皇が大燈国師を宮中へ召された時「万法と侶たらざるもの、是れ什麼人ぞ」とご下問になった。万法と侶たらざるものとは、ここにいう森羅万象と次元を異にするものという意味である。言葉を換えると、万民と次元を異にする、天皇の立場にあるものはどういう心境であるべきか、というご質問であろう。

　すると大燈国師は持っていた中啓をひろげて扇ぎながら「皇風とこしえに扇ぐ」とお答え申上げた。「天皇のお仁慈が万民の上に永遠に行き亙ることです」とお答えしたので、花園天皇は大変ご満悦で、それ以来月に何回ときめて、国師を宮中へ召され、禅話を聞かれたということである。

　もう一つ今の天皇さまのことを書き添えたい。天皇さまは相撲がお好きだということである。三時からテレビで相撲の実況放送があるので、侍従方はおかけになったらと思うが、天皇さまは五時にならぬとテレビをおかけにならぬそうだ。それはお察しするに、人民がみんな五時まで働らいておるのに、自分だけ仕事を休んで、好きな相撲を観ておることは出来ぬというお心持ちだろうというのである。おもいやりである。ごひいきの力士は誰かなどと聞きたがるものだが、そういうことは絶対におっしゃらぬそうである。天皇のごひいきは某だといえば、いわれた本人は喜こぶかも知れぬが、いわれぬ者は淋しいであろう。天皇のごひいきは、力士全員であるに違いない。そういう揀択はおありにならない。

　揀択がないということで、人間性を写真機のレンズにたとえたが、それはあくまで譬えであって、人間性の写真機のレンズと違うところは、おもいやりのあることである。愛情のあることである。平等なる大慈悲心のあることである。

四

　趙州が「天上天下唯我独尊」と答えると、この僧どう受けとったか、「やっぱり揀択があるじゃありませんか」とちょこざいた。唯われといい、独り尊しといえば、やはり他を排斥し、多を卑しめたことでそれも揀択だと思ったであろう。来って是非を説く者、便わち是れ是非の人じゃ。どうにも度し難い。

するとさすがの趙州もこらえかねて、「この田舎者めが、どこが揀択ぞ」ときめつけられたので、この僧ついに黙ってしまったというのである。まことに鉄壁銀山、寄りつけたものじゃない。

そこで雪竇が、この問答を歌っていわれるのに、

底の知れぬ腹の深さ、
歯もたたぬ鉄骨頂。
虻蚊が何で近寄れよう、
蟻螻にどうして撼かせよう、
ぼとん！　ぼとん！
布張り太鼓で、音もせぬ。

（三十七年九月）

定上座臨済に問う

定上座臨済に問う（第三十二則）

垂示に云く、十方を坐断して、千眼頓に開け。一句に截流して、万機寝削す。還って同死同生底有りや。見成公案、打畳不下ならば、古人の葛藤。試みに請う挙す看よ。

挙す、定上座臨済に問う、如何なるか是れ仏法の大意。済、禅床を下って擒住し、一掌を与えて便ち托開す。定、佇立す。傍僧云く、定上座何ぞ礼拝せざる。定、方に礼拝せんとして、忽然として大悟す。

頌に云く

断際の全機後蹤を継ぐ。
持し来って何ぞ必ずしも従容に在らん。
巨霊手を抬ぐるに多子無し。
分破す華山の千万重。

一

政党が分裂する、労使が分裂する、組合が分裂する、全学連が分裂する、夫婦が分裂する、親子が分裂する、そして精神が分裂する、分裂は昨今の流行病のようである。苦悩とは意識の分裂だと、西洋の誰かが言ったそうだが、分裂症には必ず苦悩が伴う。苦悩はやがて流血の惨事を引起し、自殺他殺の悲劇をも生み出す。ここに現代世界の直面する苦悩がある。

なぜこのように分裂現象を生ずるかというに、人間の意見というものは一人一人違うのだから、一人一人が自分の違った意見を通(と)うそうとすれば、分裂を来たすのは当然である。言うならば代議士が六百人あるなら、意見は六百あって、政党が六百出来ても仕方ないわけだ。この意見の違った人間が二十六億も集って平和な世界を造って行こうというのだから、むずかしい話だ。

そこで聖徳太子も「人皆心あり、心に各々(おのおの)執(と)られあり、彼が是とするところは、我が非とするところなり。我が是とするところは、彼が非とするところなり。我必ずしも聖に非ず、彼必ずしも愚に非ず。共に是れ凡夫のみ。是非の理、たれか能く定む可けん」といとも懇切に示されて、反対の意見に感情的にならぬこと、寛容であること、互いによく話合って協力すべきことを、諭されておるのである。

仏教では心のことをアラヤ識と名づける。翻訳(ほんやく)して含蔵識(がんぞうしき)という。つまりアラヤとは蔵ということである。どんな蔵かというならば、記憶の蔵である。一切の経験と知識を貯えておく蔵である。記憶というものが人間の脳細胞のどこに貯えられるか、今日の心理学生理学でもわからぬそうだが、とにかくどこかに貯えられておる。生れてからの経験と知識どころではない。親の経験、先祖の経験から、人類以前の記憶まで、潜在意識として貯えられておると心理学者は言うのである。

このようにして経験と知識は一人一人違うのだから、意見が一人一人違うのも当然である。老人と若い人とは、経験と知識が全く違うのだから話の合うはずがない。俺の意見がわからんかと力んで見ても、俺の経験と知識を知らんかということに過ぎんのであって、そう威張れたことでもない。

そこでこの世の中に絶対に正しい意見などというものはありえない。すなわち我の是とするところは彼の非とするところである。昨日の善が必ずしも今日の善にはならないと同じく、理想の善が必ずしも現実の善にもならない。

そこで話合いが大切だということになる。相手の気持になって考える寛容性が必要だということになる。幸いに心の蔵は無限に広いから、どんな反対意見をも受容れる余裕は充分にある。相手の言うことも一応聞いて、自分の意見と折衝して、中庸の道を執るのが、現実として一番良いことではなかろうか。

もしこの世の中に絶対真実なものがあるとするならば、ただ一つある。それは経験以前知識以前の純粋な心である。生れたままの赤子の心である。生まれたままというても、すでに親の遺伝があるから、言うならば親も生まれない先の心、父母未生以前の心である。

その塵も垢もそまない清浄無垢なウブな心を、自性清浄心と名づける。鏡のごとく清浄だから大円鏡智とも言う。日本のカミという言葉はカガミがつまったのだといわれるが、鏡のごとく清浄なる心こそ神の心であり仏の心であろう。

この絶対真実の境地、神の心仏の心に徹するために、われわれは坐禅ということをする。経験と知識と、それによって醸し出される我執と偏見と、一切の妄念妄想を捨てる修行である。「一句に截流して万機寝削す」とはそのことである。一言の下に妄念の奔流を截断して、万般の心理作用を閉鎖してしまうのである。大死一番死に切るとはこのことである。

大死一番、真乎死に切って、そこから絶後に蘇って復活して来ると、そこに全く新らしい世界が展開する。諸法実相の浄土である。真理を見る知恵と慈悲の眼が一時に開ける、肉眼天眼慧眼法眼仏眼の一切の眼が開け、千手千眼が同時に開ける。「十方を坐禅して千眼頓に開ける」とはこのことである。

しかもこの心境は、一人一人が意見を異にする世界ではなくして、歴代の祖師と手を把って共に行き、眉毛あい結んで同一眼に見、同一耳に聞く境地である。すなわち普遍的人間性の世界である。われわれに求められる唯一絶対の真理とは、この普遍的な人間性と共通の世界観を把握することである。「同死同生底の人」とは、この普遍的人間性と共通の世界観を把握した人のことである。

二

本則の主人公である定上座といわれる人は、臨済嗣法の弟子の中でも有力な人物であるが、その来歴は明らかでない。何でも体格も立派な腕力も強い巨漢であったようだが、大山名刹に住したような風もない。

臨済歿後の話であるが、当時巌頭・雪峯・欽山という三人の有名な雲水があった。一口に雪巌欽と親しまれる間柄で、彼らはいつも三具足のように、三人がコンビで諸国行脚を続けたようである。

あるきと臨済和尚の道誉を慕うて、是非相見を得たいものだと、はるばる河北の方へ出掛けた。途で巨大な雲水に出遇うたので、自分達の意志を述べると、その雲水が定上座で「せっかく尋ねて来られてお気の毒だが、臨済和尚は遷化された」と伝えると、三人は非常に落胆し、「われら薄福にしてかかる名僧に生前に相見を得なかったことは、かえすがえすも遺憾である。せめてのことに臨済和尚の遺されたお言葉の一句なりとお示し願いたい」と懇請した。

しからばというので定上座はちょっと小高いとこ

ろへ上って、臨済上堂の言葉を復演した。「赤肉団上一無位の真人有り、常に汝等諸人の面門より出入す、未だ証拠せざる者は看よ看よ」と、あたかも定上座が臨済であるかのごとき迫力をもって、臨済上堂の中でももっとも大切な一句を唱えた。

　すると巌頭覚えず舌を吐く、巌頭はグワッと口を開いて驚歎した。雪峯は「臨済大いに白拈賊に似たり――なんと臨済とはまるでギャングの親方みたいな恐ろしい和尚じゃな」と感嘆の声を放った。ところで欽山がつい口を辷らせた。「何ぞ非無位の真人と曰わざる」と。

　すると定上座がやにわに飛び下りて欽山を捩じ伏せ、「無位の真人と非無位の真人と相去ること幾ばくぞ、道え道え」とギュウギュウ押えつけたので、欽山は真青になって目を白黒させ、今にも息が絶えそうであった。

　そこで巌頭と雪峯が中へ入って、「とんだ無調法なことを申し大徳のご機嫌を損じて、まことに申訳けござらぬが、何分この男はまだ駆出しの青小僧で何もわからんのでござる、なにとぞこの場はお見逃しを願いたい」と詫びを入れたので始めて手をゆるめ、「もしこの二人の先輩がいなかったら、う奴みたいなやつはひねり殺してやるところだった」と言って許したが、本当に殺しかねない勢いだったという。

　定上座とはそんな逸話の持主だが、この公案は上座がまだ臨済の会下で修行中の出来事であり、しかも臨済の一言の下に衆流を截断し、万機を寝削して、大悟したという大切な一則である。

　時に定上座が臨済に尋ねた。「如何なるか仏法の大意」。すると臨済は曲彔から飛び下りて、上座の胸倉を捉え、横っ面を一つぶん撲って、後へ突き飛ばした。臨済は四尺そこそこの小男であったというから、この巨大漢を取扱うには随分骨が折れたであろうが、そのきびきびとした働らきが目に見えるようだ。

　すると定上座は撲られるまま倒れるまま、やがて

定上座臨済に問う

むくむくと起き上ったが、まるで失神したようにぼうおっと立っておった。そこで傍にいた僧が「定上座、なぜ礼拝しなさらぬか」と注意すると、ようやく気がついて礼拝しようとして頭を下げた途端、忽然として大悟してしまった。

この定上座の大悟と臨済の大悟とは全く揆を一にするものであって、かつてのその師黄檗の働らきと今の臨済の働らきとが、全く轍を同じゅうすると申すほかはない。まことに同死同生底の消息ではないか。

雪竇(せっちょう)が断際の全機後蹤を継ぐと歌っておられるのはこのことである。

かつて臨済が黄檗に尋ねた言句は「如何なるか是れ仏法的々の大意」であった。的々の二字は多いが定上座のそれと全く同じである。その時黄檗は二十棒撲った。三度尋ねたら三度共撲った。何のために撲られたか臨済にはわからなかった。

そこで泣く泣く黄檗の下を辞し、高安県に大愚和尚を訪ねて事情を訴え、自分のどこに過失があったかと尋ねたところ、大愚は思わず「黄檗恁麽(いんも)に老婆なり——なんと黄檗という和尚は親切な男やなあ」と叫んだ。その一語を聞いて臨済は忽然として大悟したのである。そして思わず口走った。「黄檗の仏法多子無し——なんだ黄檗の仏法とはたったそんだけのことか」と。

仏法の大意とは、理窟でなく説明でなく、哲学でなく、講義でなく、仏法のギリギリ肝心要(かな)めのところはどうかというのである。そんなことが口で言えるはずはない。言葉で述べられるわけがない。そこで黄檗は止むを得ず六十棒撲ったのである。「わかったか？　わかったか？　わかったか？」というように。臨済はまたここで定上座の胸倉を把え、張り倒し、突き飛ばしたのである。「まだわからぬか、これでもわからぬか」というように。

むかし日露戦争の頃、広島の陸軍病院に眼を失い耳を失った傷病兵があった。病状が悪化するとしきりに母親の名を呼ぶので、広島の山奥から母親を呼び出して面接させた。しかし肝心の傷病兵は眼も見えなければ耳も聞えない。恋い慕う母親が枕頭に来ておるのにそれを知らせる術がない。どうしたものかと一同が気をもんでいると、その老婆はやにわに胸を拡げて乳房を出し、その兵隊の口にふくませた。彼は思わず「お母さんか」と言って母親に抱きついたということである。

われわれ凡夫はすべて法の前に盲目であり、仏の前には聾唖ではないか。何をもって示したら真理を悟らせて貰えるであろう。黄檗の六十棒も、臨済の一掌も、思えばこの老婆の乳房にも等しい大慈大悲の活手段であった。

三

むかし常不軽菩薩という菩薩があって、誦経するでもなく坐禅するでもなく、ただ毎日街頭へ出て出遇う人をすべて礼拝されたということである。「我常に汝を軽んぜず、汝まさに作仏すべし」と礼拝されたので常不軽菩薩と名づけられたという。拝まれた人が気しょくが悪いから腹を立てて、あるいは罵倒し、あるいは石を投げ、あるいは棒で叩いても、逃げながら「我常に汝を軽んぜず、汝まさに作仏すべし」と礼拝された。この菩薩が、実は釈尊の前生のご修行であったと、法華経には示されておる。

六方礼経というお経には、あるところに一人の青年があって、毎朝顔を洗うと東西南北上下の六方を礼拝しておった。釈尊がふとその姿をご覧になって「お前は毎朝そうして礼拝するのか、どういう意味で六方を礼拝するのか」とお尋ねになった。

その青年は「ただ親から教えられたままをしておるので意味は知りません」と答えた。そこで釈尊は「せっかくよいことをするのに意味を知らなくてはいけない。わしが教えてあげよう」と仰せられて次のように示された。

東の方へ向って拝む時には親の恩を思うて礼拝せ

よ。南の方に向って拝むときには先生の恩を思うて礼拝せよ。西の方を向いて拝む時には妻子の恩を思うて礼拝せよ。北を向いて拝む時には友達と社会の皆さんの恩を思うて礼拝せよ。上を向いて拝む時には宗教者の恩を思うて礼拝せよ。下を向いて拝む時には召使いの恩を思うて礼拝せよと。

親や先生の恩を思うて礼拝することはよくわかったことであるが、妻や子の恩を思うて礼拝せよと仰せられた釈尊の教えはなんと民主的ではないか。宗教者を礼拝するのは多くの社会の風習だが、召使いを礼拝せよと教えられた仏教こそ、まことに徹底せる民主主義と申さねばならぬ。

「子を持って知る子の恩」としみじみ述懐した人もあったが、ある戦争未亡人は

　子のために生くるわが身と思いしに
　　子に生かされしわれなりしかな

と歌っておる。子にもただならぬ恩があろう。

親は子を拝み子は親を拝み、夫は妻を拝み妻は夫を拝み、先生は生徒を拝み、生徒は先生を拝み、社長は従業員を拝み、従業員は社長を拝んで行ったら、少しは世の中に分裂と闘争がなくなるのではなかろうか。

定上座は「何ぞ礼拝せざる」と注意されて忽然として大悟したという。

諸君！　何ぞ礼拝せざる！

雪竇に和して臨済を賛しよう。

　因果やめぐる鉄輪の
　蹤(あと)ふむ主ぞすさまじき
　山をも引きさく手力(たぢから)に
　天の岩戸は開かれぬ。

（三十五年六月）

麻谷両処に錫を振う

麻谷両処に錫を振う（第三十一則）

垂示に云く、動ずるときは則ち影現じ、覚するときは則ち氷生ず。其れ或は不動不覚なるも、免れず野狐窟裏に入ることを。透得徹し信得及して、絲毫の障翳無くんば、竜の水を得るが如く、虎の山に靠るに似たり。放行するや瓦礫も光を生じ、把定するや真金も色を失す。古人の公案、未だ周遮を免れず。且く道え、什麼辺の事をか評論する。試みに挙す看よ。

挙す、麻谷錫を持して章敬に到り、禅床を遶ること三匝、錫を振るうこと一下、卓然として立つ。敬云く、是々。雪竇著語して云く、錯。麻谷又南泉に到り、禅床を遶ること三匝、錫を振うこと一下、卓然として立つ。泉云く、不是不是。雪竇著語して云く、錯。麻谷当時云く、章敬は是と道う、和尚什麼として不是と道う。泉云く、章敬は即ち是、是れ汝は不是。此は是れ風力の所転、終に敗壊を成す。

頌に云く

此錯彼錯。
切に忌む拈却することを。
四海浪平かに。百川潮落つ。
古策風高し十二門。
門々路あり空しく蕭索。
蕭索に非ず。
作者好し無病の薬を求むるに。

一

「われわれも時々坐禅をする方がよいでしょうか」。こんなことを訊ねた人がある。

そこで老僧は答えた。

「人間は動物だからね、うごく方が本当ですよ。大いに動かにゃいかん。しかしだね、本当に自主性を持って、人生の目的というものをはっきり見極めて動いておる人が、幾人あるでしょうか。たいがいが惰性で動いておるのとちがうかな。何かに引かれたり、何かに押されたり、あるいは他人のまねをしたりして、盲動しておるのと違いますかな。

みなが学校へゆくからわしも行く、みなが銭もうけするからわしもする、みなが嫁さん貰うからわしも貰う、働かないと喰えんからイヤでも働く、うまい物が喰いたい、面白う遊びたい、一つ市会議員に出て見ようか。

ばたばたして見たところがそれが何になろう。此は是れ風力の所転、終に敗壊を成すだ。

戦争中街の中を歩いていたら、大勢が並んでおるから、何ぞ良い物が配給になるのだろうと思って、後へついて並んだ。次第に片付いて自分の番が来たから出て見たら、葬式の御焼香の場だったという、笑えぬ笑い話があるが、そんな動き方ならせん方がましでしょう。

そこで一度静かに坐って、よく落着いて、自分は一体どっちの方角へ向いて、どのように動くべきかということを、はっきり考える必要がある。

それが坐禅ということである。坐禅とは坐って静かに考えることだ」

と話したら

「それでは坐禅は宗教というより、むしろ、われわれの生活に最も必要なものですね」

と言って帰らっしゃった。

動くことは大切であるが、盲動はいかぬ。想うことは必要であるが、妄想は困る。

あたりが静かになると、室の隅の懐中時計の刻む小さな音さえ聞きとれるように、坐禅してからだが静かに落着くと、如何に心の中が騒々しいものであるかということがわかってくる。

如何に人間と言う者は、役にもたたんくだらんことをよくもまあこうたくさん考えるものであるかということがわかる。

ドブの中からメタンガスが発散するように、次から次へと止めどなく出て来る。過去のつきざる憶い出、あれこれと現実の思案妄想、限りない未来への空想、喜悦あり悔恨あり、愛あり憎しみあり、妬みあり希望あり、苦楽交々、走馬灯のように駆け廻る妄念の姿は、時にはサイパン・硫黄島の死闘にも似たる精神の悪戦苦闘をさえ展開する。まことに醜悪そのもの軽薄そのものとしか受けとれぬ。モーターの空転のごとく、客なき室の扇風機のごとく、精神の浪費にほかならぬ。

白隠和尚でさえ、ものの本に書いておられる。

「坐禅しておって三年前に隣の婆さんに、黒豆三合と小糠一升貸してやったことを思い出した」と。そんなものだ。

こうした妄想を解消する一つの方法は、意識を行動に移すことである。スポーツをやるとか仕事に熱中するとか映画を観るとか、なんらかの行動に移すことによって、ある程度この妄想の束縛から救われることが出来る。

ところが今度はそうなるとその行動の世界で、すぐ何かに捉われる。眼は美しい色に捉われ、耳は良い声に捉われ、鼻は好ましい香に捉われ、舌はおいしい味に捉われ、からだはこよなき触覚に捉われ、意識は喜怒哀楽のそれぞれにたわいもなく捉われてしまう。色声香味触法の世界を六塵といわれる所以である。それらはみな意識の清純を汚す塵になり勝ちだからである。

内面的には妄想に捉われ、外面的には経験に縛られ、これでは人間、精神の救われる時はあるまい。

それらはみな心が動くからいけないのだ。心を動かしさえしなければそう言う悩みはない、見ざる聞かざる言わざるに如かずと合点して、もっぱら心を虚無妄誕に澄ますならば、これまた流れる水が氷結したと同じことで、心のあるべき本然の姿ではない。

あるいはまたここに人あって「自分は心を動かしもしないが、凍らせもしない」等と、悟り顔にとりすますならば、これまた勘定合って銭足らずという口で、徒らなる観念の遊戯に外ならぬ。

難しいものは健全なる正常な心のあり方である。もし真実生命の根源に徹し、流るる水のごとく、澱みなくこだわりのない、意識自体生命自体を生きてゆく達人があるならば、それは竜の水を得るがごとしと言おうか、虎の山に靠るに似たりと喩えようか、雄気凜々、あたるべからざる生命の躍動を感ぜさせることであろう。

逃がした魚は大きく感ぜられるとも言うが、手を放して無心に眺めれば、瓦や石ころさえ限りなく光を放つものである。手に捉んで懐に入れてしまうと、さしもの黄金も色を失って小汚くなるものである。「手にとるなやはり野におけ紫雲英（れんげそう）」の心境こそ、不即不離殺活自在の妙趣を歌ったものであろう。さあここに一つ面白い話があるから聞かっしゃい。

二

麻谷山の宝徹禅師、章敬寺の懐惲禅師、南泉山の普願禅師、ここに出て来る三人の立役者は、ともに馬祖大師の高足である。その他馬祖門下には百丈山の懐海和尚、西堂寺の智蔵禅師、大梅山の法常禅師等、名僧知識がザラザラござる。何しろ門下に法を得る者百三十九人、一方に法幢を建てて化を盛にする者八十四人と言われるほどであるから、一箇半箇でも等と、しみったれたことは言わっしゃらない。

そこで話の主人公は麻谷の宝徹禅師だ。臨済録に顔を出す頃は、よほどの老耄であろうが、この時分はなかなかどうして、血気壮んなものだ。

　諸国遍歴の修行に出た序に、兄弟子である章敬寺の懐惲和尚の許を訪ねた。方丈に入ると和尚の坐っておる曲彔(きょくろく)のまわりを三度ぐるぐると廻って、三拝するかと思ったら何のその、錫杖をゴツンと突立て、和尚の顔をぐっとにらみつけた。

　さてそのような芝居をどこかで見たような気がするが、そうじゃ永嘉(ようか)和尚が始めて六祖大師を訪ねた時の一幕じゃ。

　永嘉和尚はるばる曹渓山に六祖大師を訪ねると、つかつかと方丈の中へ入り、黙って六祖のまわりを三度廻って、ゴツンと錫杖を立てた。六祖が「出家という者は由来三千の威儀、八万の細行を具えておらねばならぬ。しかるに大徳はどこから出て来て、そのような暴慢な振舞いをするのじゃ」と、たしなめられると、「いつ死ぬかわからぬのにぐずぐずしておられますか」永嘉が答えた。「それなら生死のないところを明らめたらよかろう」と、すかさず突っ込まれると、永嘉はさもしたり顔に、「さようです、悟ってしまえば生死はござらぬ。無常もないのです」。

　そこで六祖大師が「そうじゃそうじゃ、ま、そんなものじゃ。まああわてずに一晩くらい泊って行かっしゃい」と言って、直ぐに印可されてしまったので、一衆唖然として驚いたと言う話がある。それで永嘉大師のことを一宿覚とアダ名したものである。

　さて麻谷禅師その有名なる永嘉大師の猿まねをするつもりであったかなかったか、章敬和尚の顔を見るとその周囲を三度廻ってゴツンと錫杖を突立てた。

　すると章敬和尚は「是々」と言った。「そうじゃそうじゃ」と肯ってしまった。

　雪竇(せっちょう)はここに著語して言う「錯」と。

　麻谷禅師今度は得々として南泉山へ出掛けて行った。同じく師兄である普願和尚の心胆を寒からしめてやろうとばかり、南泉の顔を見ると、例によって三度廻って錫杖をゴツンと立てた。圜悟が「依然として泥裏に土塊を洗う」「鰕跳れども斗を出でず」等と下語（あぎょ）しておるが、まるで馬鹿の一つおぼえのようで歯がゆいことだ。

すると南泉は「不是不是」と言った。「いかんいかん」とはねてしまった。

雪竇はまたここで著語して言う「錯」と。

そこで麻谷が言うのに「章敬和尚はこれでよいと申しましたのに、貴方はなぜいかんとおっしゃいますか」。まずいセリフだが、これも相手の力量を探ろうとならば、油断のならぬ挨拶である。

すると南泉和尚の云く「章敬はもちろんそれでいいさ、お前がいかんのじゃ」。しかもさらに言葉を添えて曰く「此は是れ風力の所転終に敗壊を成す」と。「そんな意味のないカラクリ人形のようなまねをして何になると言うもんだ」と、きつい止どめを刺されたがまことに老婆心切である。

話はこれだけである。

そこで問題はおなじ振舞いをしたのに章敬はなぜ「是々」と言い、南泉はなぜ「不是不是」と言ったのであろうか。そして雪竇はなぜこの両者に同じく「錯」と著語したであろうか、と言うことにかかる。

錯とは「まずいな」とか、「あかん」とか、「なっとらん」とか言ったような感歎詞であろう。この公案のミソはまさにこの「錯」にある。

大きな錫杖を室の中まで担ぎ廻った上、「是々」に捉われ、「不是」にこだわって、どうにも動きのとれぬところに、麻谷の不調法がある。何ともお気の毒千万と言う外はない。

圜悟も「主人公什麽の処に在る」とか、「這の漢元来人の舌頭を取る」とか、「漏逗し了れり」などと下語をしておるが、そんななりかばねでいったいどこに主体性があると言ったものか。何処に人格の自由があると言ったものか。

是とも言えるし不是とも言える、肯定したければ肯定も出来るし、否定したければ否定も出来る、ここに選択の自由があるではないか。

口では是と言ってもかならずしも肯定にかかわる必要はない、口では不是と言ってもかならずしも否定にこだわることはない、そこに意志の自由があるではないか。盲動でもなく、反射運動でもなく、さればと言って無関心でもなく、創造的主体性をしっかり把握して行くところに人間の尊厳があるであろう。

「是々」と言うたは章敬の自由であり、「不是不是」と言うたは南泉の自由であり、その両者共に「錯」と否定したのは雪竇の自由である。ただ自由に見限られた麻谷こそあわれと言わねばならぬ。

殺人刀、活人剣、殺すも活かすもわが手中にある自由を獲得してこそ、はじめて生命に実参したものと言われ、禅を会得したものと言われるであろう。竜の水を得るがごとく虎の山に靠るに似たりとはそのことだ。われに自由を与えよ、しからずんば死を与えよだ。

三

釈尊は曰う「一切衆生悉く皆如来の智慧徳相を具有す。只妄想執着あるを以ての故に証得せず」と。仏法の全領域はこの一語の中に極まる。

白隠和尚は歌って言う、「衆生本来仏なり、水と氷の如くにて、水を離れて氷無く、衆生の外に仏無し」と。凡夫と仏の差は水と氷の差に過ぎない。妄想執着があるとないの違いに過ぎない。

水と氷は科学的に見て、まったく同一成分である。ただその姿と働きにおいて大いに異なるものがあるだけだ。水は温いもの氷は冷いもの、水は流れるもの氷は流れぬもの、水には形はないが氷には形がある、水は叩いても壊れぬが氷は壊れる。水はどんなところへもしみ込んでゆくが、氷はしみ込まない、水は魚を生かし草木を育ててゆくが、氷は魚を殺し草木を傷めてゆく。

科学的成分はまったくおなじであるのに、その働きはこんなにも違うのである。仏と凡夫の関係もちょうどそれによく似ておる。本質的には少しも違わない同一者であるのに、その働きは大変な違いである。

仏の心は温いが凡夫の心は冷い、仏の心は水のように流れるが凡夫の心は流れない、仏の心には形はないが凡夫の心には俺が俺がの固まりがある、仏の心は不生不滅であるが凡夫の心は生滅する、仏の心は誰とでも融和の出来る柔軟心であるが、凡夫の心は和合出来ない圭角だらけ、仏の心は一切衆生を育ててゆく大慈悲心であるが、凡夫の心は人を傷めても己さえよければよいと言う利己的根性である。大変な違いである。

そんなら全然別物かと言えば、そうではない全くおなじものである。

そこでわれわれの氷のように冷たく固まった凡夫の心が融けて、さらさらと流れる水のような自由な心になれば、これを仏と言うのである。

流水滾々として昼夜を舎かずか、水なる哉水なる哉。水こそ生命そのものの象徴であろう。水こそ仏の心であろう。妄想もなく執着もなく時世と共に流れるは仏の心、よどみなくこだわりなくさらさらと流れるは水の心。

湯の盤の銘に曰く、「日に新に日々に新に又日に新なり」と。殷の湯王は毎日顔を洗う金盥に、そう言う文字を刻りつけて自らを反省されたということである。日々新なる心、念々新なる心、これこそ水の心であり、これこそ禅の心である。

いつか新聞にこんな漫画があった。

お彼岸で婆さんが、お仏壇の前で線香上げて手を合せておると、爺さんが、「婆さん、お茶くれんか」と言う。「御自分でお上りなさい」と婆さん冷たい。「煙草くれんか」。「御自分で買っていらっしゃい」といよいよ冷たい。そこで爺さんが側へ寄って「いったいどうしたのか」と聞くと、婆さん鼻つまらせて「貴方と言ったら里の法事のあった時、わたしをやってくれなかった」と言ってすすり泣く。爺さんあっけにとられてしばらく考えていたが、「そりゃお前四十年前のことと違うか」と言うのである。

この婆さん嫁に来た頃、帰りたくて仕様のない里の法事にやってくれなかったことを思い出して、四十年後に番茶と煙草で敵討ちしておる。これを愚痴と言うか、これを執着というか。一場の笑い話ではすまされぬ深刻な諷刺がある。

うれしいと言い悲しいと言い、憎いと言い可愛いいと言い、腹が立つと言いくやしいと言い、われわれの日常はこだわることとひっかかることばかりではないか。

流れる水は腐らぬと言い、流れる水は凍らぬと言われるが、われわれの意識の停滞が、いかに心を腐らせ、仏性を凍結して了うことであろう。心よ。水のごとくさらさらと流れぬものか。

麦の種は自己を否定することによって麦の芽となり、麦の芽は自己を否定することによって麦の苗となり、麦の苗は自己を否定することによって麦の花を咲かし、麦の花は自己を否定することによって麦の実を結ぶとよく言われる。

自然の世界もお互いの肉体も、つねに新らしき自己を建設すべく古い自己を否定して止まない。それだのにああそれだのに。人間の意識ばかりはなぜに、こう古いことに停滞するのであろうか。この病あるがゆえに仏性を証得出来ないのである。

つねに自己を否定することは、つねに新らしき自己を建設することである。つねに世界を否定することは、つねに新らしき世界を肯定することである。

否定こそ肯定へのもっとも堅実な足場である。放行すれば瓦礫も光を生じ、把住すれば黄金も色を失する消息が、そこに体験せられるであろう。

雪竇和尚の「錯」こそ、この断えざる否定の生活を示唆するものである。断えざる否定は断えざる肯定の母である。

雪竇の歌を唄おう。

これも錯、あれも錯、
この錯をさえ手放さずば
四海波平かに、千林風静か。
錫杖は高し、万斛の清風
蕭索と鳴る、十二の空門
いや、それも錯
一切合切、皆錯、錯。

（二十九年二月）

蓮華峯拄杖を拈ず

蓮華峯拄杖を拈ず（第二十五則）

垂示に云く、機、位を離れずんば、毒海に堕在す。語、群を驚かさずんば、流俗に陥る。忽ち若し撃石火裏に緇素を別ち、閃電光中に殺活を弁ぜば、以て十方を坐断して、壁立千仭なる可し。還って恁麼の時節有ることを知る麼。試みに挙す看よ。

挙す、蓮華峯庵主、拄杖を拈じて衆に示して云く、古人這裏に到って、什麼としてか肯て住せざる。衆無語。自ら代って云く、他の途路に力を得ざるが為なり。復云く、畢竟如何。又自ら代って云く、榔栗横に担って人を顧みず。直に千峯万峯に入り去る。

頌に云く

眼裏の塵沙耳裏の土。
千峯万峯肯て住せず。
落花流水太だ茫々。
眉毛を剔起すれば
何の処にか去る。

一

彼は一度も悪いことをしたことがない。それは良いことをしようと思ったこともないからだ。こんな人生に果してどんな価値があるとしたものだろう。

善もない悪もない、美もない醜もない、愛もない憎しみもない、生もない死もない、迷いもない悟りもない、などとないないずくしの阿呆陀羅経のような悟りを開いて、ここが仏祖不伝の妙道だなどと坐り込むなら、雑魚一匹すまぬ毒海に堕在すというものである。

　三十あまりわれも狐の穴にすむ
　　いまばかさるる人もことわり

と大燈国師が述懐されたのも、この絶対無の洞窟、若き日の白隠が正受老人からこの穴蔵禅坊主めと叱られたのも、この一相平等という虚無観であったろう。その無差別平等という位を抜け出さなければ、禅坊主らしい生きた働らきは出来まい。

世間の地位とても同じこと、人間は一度尻が温まると、その座席が離れにくいものと見える。大臣や社長の回転椅子は勿論のこと、組合長だの委員長だのと地位にありつくとつい譲りたくなくなるものらしい。

俗人はとにかく世外の出家でさえも、管長だの老師だのと言われて、大座布団の上へ一度坐ると、もう衣の袖に手脚をまとわれ座布団につまずいて身動きが出来なくなるらしい。これも毒海に堕在すというものか。

精神的にも物質的にも、われわれは何らのポストも持たない自由人でなければならぬ。何やら長であることを離れて、常に一介の人間でなければならぬ。でないと人は死物になってしまう。

天竜寺の竜淵老漢がよく「提唱々々というが、今ごろ提唱の出来るような師家は一人もおらぬ、まあ南禅の毒湛和尚くらいのものか」と言われたそうだが、提唱というからには、かつて人の言わん新らしい言葉を提げて大法を唱えるのでなければなるまい。釈迦も達磨も言わんようなことを言うてこそ提唱である。

近ごろのように一子相伝の書入本とやらいう玉手箱を秘蔵して、絶対人には見せず、高座の上でカンニングをやっておったのでは、お世辞にも提唱などとは申されまい。

位を離れて、自由自在に働らき、群衆をアッと言わすような新鮮な一句が口を突いて出てこそ、人天の大導師と申されよう。

むかし三河の足助というところに山田泰諄という医者があった。老僧血縁の者であるが、質素倹約、一代にして巨財を積み、天保の大饑饉にことごとく散じたという変り者である。

用がなければ夜でも燈をつけず黒闇に坐っておったそうだ。客があっても話は黒闇でも聞えるからというわけだ。人が来るとまず火燧石を打つ。客はその間に先生の位置と自分の坐る場所を見てとって這って行かねばならぬ。帰りにはまた火を打ってくれるので、その間に自分の履物の有場所を見届けねばならん。

ある時元気の良い皮肉な男があって、先生が帰りの火を打とうとすると、「イヤ先生勿体のうございます。石がへるといけません。わたくしは履物を帯の間へはさんで来ましたから」と言ったら、先生すかさず「お前達は経済ということを知らん。そんなことをしたら帯が早くいたむじゃないか。そこらへ塵を落せば後でわしが掃かんならん。箒がちびるじゃないか」と言ったという逸話がある。

石をカチッと打った刹那に相手が白か黒かちゃんと見てとり、電光がピカッと光った間に相手が活きておるか死んでおるかを見とどけてしまうような、機敏な働らきがあってはじめて、天下を風靡し何者も寄りつけぬ、真実の禅者と言えるであろう。

そういう境涯に皆なれるかどうじゃなと、圜悟禅師が大きな眼玉をむいて睨みまわしてござる。

二

「如何なるか是れ祖師西来意」ということが、中国唐初からの大問題であった。祖師はもとより始祖菩提達磨大師である。達磨大師ははるばるインドから中国へ来られたのであるが、その意志はどこにあったか。なにが彼をそうさせたかという問題である。

今から千四百年も前にインドから中国まで来るということは容易ならんことである。達磨大師は海路を来られたのであるが、勿論帆船であるから風と櫓によらなければならん。ベンガル湾を出航されたとして、東へ東へ帆を向け、更に南下してマレイ半島を迂回し、更に潮流と季節風をまって、インドシナ海を北上しなければならん。三年の日子を費やしてようやく広東へ到着されたというが、さもありなんと思われる。

それに乗組員は何十人であったか、糧食はどうされたか、暴風暴雨にもまれなかったか、悪疫疾病に襲われなかったか、海賊の難もあったであろうなどと考えると、実に容易ならぬ航海である。そうした危険を冒してまで渡海された達磨大師の意欲はどこにあったか。

もし一相平等、絶対無、上に求むべき仏もなく下に度すべき衆生もない、というようなことが仏祖の真正の悟りであるならば、達磨大師はこんな冒険を肯えてされるはずはない。

この問題について「若し意有れば自救不了」と臨済禅師が批判しておられるように、何かの意図があったならば、それはすでに分別でありはからいであって、それに束縛されてしまって真の自由は得られない。達磨ともあろう達人にそんな自己を束縛するような意図があるはずはない。まさに廓然無聖の心境であろう。それなら西来の意志はどこから起ったか。なかなかむずかしい問題である。

またこの質問に対して、趙州和尚が「庭前の柏樹子」と答えたのは有名な話である。庭先の柏の樹だというのである。おそらくその時、庭先に柏の樹があったことであろう。これは日本で柏餅をつくる柏の木ではなくて槇柏（しんぱく）の木である。檜（ひのき）に似た木で今日でも中国へ行くと、寺や廟にその巨木がたくさんある。

「達磨大師は何の意志でインドから中国へ来られたか」「庭先の柏の樹だ」とはいったいどういう意味であろう。柏の樹は植物だから勿論意志などはない、しかし芽を出し枝を伸し生長してゆくところを見ると、全然意志がないとも言えぬ。達磨の意志もちょうどそのごとくないようであるなどと言えば、一応説明がつくようだが、それでは理窟に過ぎない。趙州ともあろう名僧がそんな屁理窟をいうはずはない。

柏の木に意志があるかないかということは植物学の問題であって、禅の問題にはならない。趙州が庭前の柏樹子と答えたのは、柏樹子に意味があるのではなくして、趙州が達磨と全く同じ境地になって眺めた時、庭前の柏樹子がさながら西来の祖師に見えたのであろう。それで思わずそう答えたものと思われる。すなわち達磨の心境になって眺むれば森羅万象（しんらばんしょう）何もかも達磨に見えるのである。問題は柏樹子にあるのではなくして、柏樹子を達磨と見た趙州の心境にあるのである。それは一念の念もない、一片の意志もない、自性清浄心そのものでなければならぬ。

関山（かんざん）国師がこの趙州の答話を批判して「柏樹子の話（わ）に賊機（ぞくき）有り」と示されたこともまた有名である。この趙州が庭前の柏樹子と答えた言葉の中には、われわれの胸中から一切の妄想妄念を奪い尽さずんばおかんという、怖ろしい盗人根性（ぬすっとこんじょう）があるというのである。

一切の妄想妄念を払い尽して、一念の念もない。一片の意志もない境地こそ、人々本具（にんにんほんぐ）の自性清浄心であって、趙州の心境、達磨の心境もそこになければならぬ。本則の主人公蓮華峯庵主が拄杖（しゅじょう）を拈じて

「這裏」と言っておるのもその境地に外ならぬ。

しかし、もしその一念の念もない一片の意志もないという位に止まってしまったならば、すなわちこれ毒海に堕在することになる。達磨大師がもしその無念無想の世界すなわち這裏に安住されたならば、はるばる万里の波濤を冒して中国まで来られるはずはない。しかし現に来ておられるところを見ると、これは何としたことであろう。ここに面白い話があるから聞かっしゃい。

三

庵主というのは今日もっぱら尼僧のことを指すようであるが、本来の意味はそうでない。尼僧は多分に小庵に住するからでもあろうが、本来は悟後の修行、聖胎長養のために、世を逃れて山野の草庵に隠栖されておる、修行の完成した大道人をいうのである。

わが国では東山の雲居庵に隠れ、昼は五条橋畔の乞食の群に混って修行された大燈国師のごとき、昼は農家のために労働奉仕をし、夜は草庵に坐定された伊深の関山国師のごとき、江戸至道庵の無難禅師、信州飯山の正受老人のごとき、皆それである。

本則の主人公は天台山中の蓮華峯に庵居して、祥庵主と呼ばれた道人である。雲門の法嗣道深に嗣法したと言われるが、世間についに名を知られなかった人である。大地名藍の住持という位を厭うて、民衆の中に融けこんでしまったからでもあろう。

常に人が訪ねて来ると拄杖を拈出して示して言われた。

「古人這裏に到って什麽としてか肯えて住まらざる」と。拄杖は払子・如意のごとく禅僧の常に手にするところの法器である。山から切り出して来たばかりの加工しない杖で、天台山中に産する楖栗の材をもっとも佳とするということであるが、ここでは禅の悟りを象徴するものである。

這裏はここの意味である。這裏とか這箇とかよく言われるが、自性、仏心、悟りの境地の代名詞である。本来名がないのであるから自性と呼んでも水臭い、仏心と言ってもよそよそしい。だからここである。こいつである。

蓮華峯の祥庵主は常に人の前に拄杖を突き出して言った。

「昔の祖師方はなぜここにじっと尻をすえていないで、飛び出してしまったんだろう」と。その言葉の裏には、当今の禅者達は、自分だけ悟りすまして大地名藍の奥深く坐り込んでおるが、なぜもっと社会へ飛び出して働らかないのかという憤懣が溢れておるようだ。

古人とは仏々祖々である。仏々祖々は大円覚を成就され、大涅槃を悟得され、孤峯頂上に到達されておるのに、みな這裏に安住せずして、六凡四生の真只中へ飛び出しておられるのは何故であろう。

釈尊はなぜ菩提樹下を起って鹿野苑へ向われ、四十九年席温まる暇無なく横説竪説されたか。達磨大師はなぜ生国を棄てて遙かに異国の山深く雪の中に籠られたか。臨済禅師はなぜ黄檗山頭を辞して、是れ河南に非ずんば是れ河北と、あてもない旅に出られたか。

蓮華峯庵主はこうして二十年間、来る人来る人に訴えたが、遂に誰一人これに答える者がなかったという。この一語よく群を驚ろかしたことであろうから、彼も俗流に堕するを防がれたと言えよう。

遂に一日、あるいは遷化の日であったかも知れん。辛抱が仕切れなくなって、自ら大衆に代って言った。「他の途路に力を得ざるがためなり——お前達が、ふぬけばかりだからじゃわい」と。

それでもまだ腹の虫が治まらなかったか、「畢竟如何ん」と駄目をおし、また自ら代って言った。

「榔標横に担うて人を顧みず、直に千峰万峰に入り去る」と。

これは厳陽尊者という人の語だそうだが、灰頭土面、入鄽垂手、尻はし折って杖ひっ担ぎ、上は三十三天の頂きから下は奈落のどん底まで、六道四生の間を一っ走りじゃわいと言わんばかり。北は北極オスロの下、南は南極昭和基地、人工衛星にも打ちまたがれば、宇宙旅行も朝飯前というところ。跣足（はだし）で拄杖を担いだ布袋の絵がよく禅画にあるが、この蓮華峯庵主の境涯でもあろうか。

そこで雪竇（せっちょう）は歌っていう。

眼にほこり耳に砂、
ゴビもサワラも何のその、
ラインの波におどる花、
眉をあぐれば今いずこ。

（三十四年十月）

南泉一株花

南泉一株花（第四十則）

垂示に云く、休し去り歇し去る、鉄樹花を開く。有り麼有り麼、黠児落節。直饒七縦八横なるも、他に孔鼻を穿たるることを免れず。且く道え、誵訛什麼の処にか在る。試みに挙す看よ。

挙す、陸亘大夫、南泉と語話する次、陸云く、肇法師道く、天地と我と同根、万物と我と一体と。也甚だ奇怪なり。南泉庭前の花を指して、大夫を召して云く、時の人此の一株の花を見ること、夢の如くに相似たり。

頌に云く

聞見覚知一々に非ず。
山河は鏡中に在って観ず。
霜天月落ちて夜将に半ならんとす。
誰と共にか澄潭影を照して寒き。

一

「仏道をならうとは自己をならうなり、自己をならうとは自己を忘るるなり」と道元禅師はおっしゃる。

仏道を学ぶということは、仏法の難かしさを知ることでもなく、経文の深い哲理を理解することでもなく、宇宙の本体について考えることでもなく、寺院の経営法を覚えることでは勿論なく、真実の自己を発見することである。

真実の自己がわかればそこに仏が発見され、深遠なる哲理がわかり、宇宙の本体が捉めるわけでもあり、寺院の経営も自ら活溌になろう。

真実の自己とは、いわゆる常識的自分ではなく、近代的自我でもなく、西欧的人格でもない。また法的個人でもない。

天上天下唯我独尊と、表現される自己であり、「常に独り行き常に独り歩す、達者同じく遊ぶ涅槃の路」と歌われる自己である。

「一人にて喜ばば、二人と思うべし、二人にて喜ばば、三人と思うべし、その一人は親鸞なり」と力強く言明される自己である。

それはまた「汝自らを灯とし、汝自らを依所とせよ、法を灯とし、法を依所として住せよ、他を依所とすることなかれ」と訓された自己であり、また「我を見る者は法を見る、法を見る者は我を見る」と示された自己でもある。

それは阿耨多羅三藐三菩提（あのくたらさんみゃくさんぼだい）と言われ、仏性とも心とも呼ばれ、自性清浄心とも大円鏡智とも名づけられ、即心即仏とも本来無一物とも表現され、説示一物即不中（せつじいちもつそくふちゅう）と投げ出された自己である。

臨済禅師は無位の真人と銘打って、装幀を新しくして宣伝されたが、それには常に「汝等諸人の面門より出入す」と効能書まで添えてあった。趙州はこれを無と名づけ、白隠はこれを隻手の声と呼び、浄土ではこれを南無阿弥陀仏と唱え、法華では南無妙法蓮華経と太鼓を叩く。

近代人はこれを霊性的自己と捉み、絶対無的主体と明らめ、絶対矛盾の自己同一と説き、無分別の分別と論じ、意識が意識自らを意識すると解釈する。

老僧はこれを何物にも限定されぬ自己だとしばしば申上げる。

男でもなければ女でもない自己、若くもなければ老人でもない自己、学者でもなければ無学者でもない自己、金持ちでもなければ貧乏でもない自己、善人でもなければ悪人でもない自己、有でもなければ無でもない、赤くもなければ白くもない、円くもなければ四角でもない自己、如何なる言葉をもっても表現出来ない自己、まことに説示一物即不中である。そんな自己が真実の自己だと、一応説明しておこう。

そこでまず真実の自己がわかるためには、常識的な自己、近代的自我、法的個人、自分だと思っておるある一種の観念、そういうものを綺麗に一掃してしまう必要がある。自己をならうとは自己を忘れることである。

白隠和尚がなにかの本に書いておられた。時々碁を打ちに行く家があって、奥の座敷で夜おそくまで碁を打っておると、女中が台所の火鉢にもたれて居睡りしておる。時々奥の方をにらんでは、「和尚、よい加減に帰らんかなあ、わしが寝られやせんがな」と、恨んでおるように見えた。

その中に女中子、どうしたはずみか大きなお屁をブッとぶちおった。お屁を出すのは生理的現象で、別におかしくはないが、その後で「エヘン、エヘン」と咳きばらいをして、お屁をごまかしおった。それが面白い。人間というものは居睡りしておっても、自分をよいものに見せようという考えがとれぬものだと、なにかに書いてあった。

泣きながら良い方をとる遺品わけ
という川柳もあったが、母親が亡くなられて、自分も一緒に死んでしまいたいほど悲しいと、悲嘆の

ど ん底に泣きながら、さあ遺品わけだとなると、サッとよい方をとってしまうというのである。

人間はどんな場合にも、この自我の執着を離れることは出来にくいものである。しかし一応その自我のとらわれを離れ、自己を忘れてしまわんと、真実の自己は捉めないと言うのである。自己をならうとは自己を忘れることである。

この自己を忘れること、自己を離れることを「休し去り歇し去る」と言うのである。大死一番とも言われる。

二

仏法ではじきに無だとか空だとか、消極的なことを言うからきらいだ、無ではつまらんじゃないか、空では無意義じゃないかと、今のお若い人は言わっしゃるであろうが、この無は決して単なる無ではないのだ。ただの空ではないのだ。それは無限の有を孕んだ無である。

「自己を忘るるとは万法に証せらるるなり、万法に証せらるるとは、自己の身心及び他己の身心をして脱落せしむるなり」という、曠大な境地がそこから展開して来るのである。

これを絶後に蘇ると言い、鉄樹花を開くというのである。

お釈迦さまは六年苦行の暁、尼連禅河に水浴され、正覚山菩提樹下で坐禅三昧にお入りになった。無におなりになった。自己をお忘れになった。しかしそこは黒漫々地と言って、まだお悟りではなかった。

その無が、その黒漫々地が、休し去り歇し去って、極処に達した時、たちまち暁の明星によって打ち破られたのである。「あった、俺があった、俺が光っておる」とお釈迦さまは実感されたと思う。

白隠和尚は夜明けの鐘の音を聞いて悟りを開いたと言われるが、無字三昧が鐘の音によって打ち破られた時、無が鳴り出したと感じられ、そして同時に俺が鳴ったと受けとられたであろう。

悟を開くとは自己でないものによって自己が証明されることである。言葉をかえて言えば、自己でないものが自己になることである。全世界を自己と受取ることである。自己を忘るるとは万法に証せらるるなりとはこのことである。

卑近な言葉で言えば、悟りとは相手を自己と発見することである。恋愛は神聖なりという言葉が昔はやったが、相手の中に完全にして崇高な自己を発見することが、恋愛というものではなかったか。

母親は、子供に自己を発見する。そこでどんな汚いこと、辛いことでもいとわずに世話が出来る。そして子供はすくすくと育つのである。学校の先生は、児童の中に自己を発見することによって、真実の教育が出来るであろう。

芸術家は一本の花の中にも、一匹の猫の中にも自己を発見し、これを把握し、これを表現せずにはおられないであろう。詩人は雨の中にも風の中にもあらゆる風物の中に自己を発見し、これを歌わずにはおれぬであろう。事業家は事業の中に自己を発見して、最大の幸福を感じ、科学者は真理の中に自己を発見して研究が止められぬであろう。人間苦と社会悪を自己反省として受けとれる人にして、はじめて真実の社会運動が実践されるであろう。

仏とは全世界と全人類に、自己を発見された方である。真実の自己がわかるとは、すなわち仏になるとは、全世界を自己と受取ることである。

「万法に証せらるるとは自己の身心及び他己の身心をして脱落せしむるなり」。世界をそのまま自己と受取れる大らかな悟りと慈愛から、自己も救われ、他人も救われる調和と共存の社会が現成するであろう。ここに自己他己とある言葉が有難い。自己とは自分という己であり、他己とは他人という己であって、どちらも己であることにかわりはない。

生きておる者をたしかに知りにけり
泣けどわらえどただ何もなし

で、真実の自己は絶対無であるが、それが単なる無ではなくして、全世界を我と受取り、これと共に泣きこれと共に笑う無である。絶対無はたちまち絶対有に飛躍する。

かかる飛躍を、「休し去り歇し去って、鉄樹花を開く。有りや有りや」と、圜悟禅師は垂示されたのである。

そのような真実の自己のわかった男が、果しておるかなどうじゃ、と詰問されるのである。口先でなんぼ似たようなうまいことを言っても、偽物ではだめじゃ。「黠児落節、他の鼻孔を穿たるることを免れず」である。

山岡鉄舟居士の高弟に小倉鉄樹という老人があった。院展同人の遊亀さんの御主人である。戦争中亡くなられて鎌倉の浄妙寺で葬儀があったが、その時東海寺の大梅老漢が破れ鐘のような大きな声で「鉄樹花を開く劫外の春」と一句吐いて、跛引き引き焼香されたことが、今も印象的に頭に残っておる。

鉄樹老人も若い頃は手におえぬ横着者で、鉄舟居士から三年間八幡の円福僧堂にあずけられたりして随分苦労したものである。一朝一夕にして鉄樹に花は開くまいて。

三

陸亘大夫という人は、姓が陸、名は亘、字を景山と言った。浙江省の蘇州の生れで、唐朝に仕えて役人となり、宣州歙州の監察使から、御史大夫にまで累進した人物で、禅史上陸亘大夫で通っておる。

南泉普願禅師に法を嗣いだというから、趙州、長沙等とは兄弟になるわけ、なかなか俊滂な禅機を持った男と見えて南泉が遷化されたとき、棺前で呵々大笑してしまった。

院主が聞きとがめて、師匠が遷化されたというのになぜ哭きなさらんかとたしなめると、「道え道え、道い得ばすなわち哭せん」と逆ねじを喰わせた。

ところが生憎なことにこの院主ウンともスンとも

よう言わなかった。すると「蒼天、蒼天、先師世を去って久矣」と言って、声を放って哭いたということである。うるさい男じゃ。しかしこういううるさい男が、一人ぐらいどこの寺にもあってよい。

大夫ある時南泉和尚に見えて、「弟子ほぼ仏法を会す」、だいたい仏教というものはわかってしまいましたと吹いた。「大夫十二時中作麽生」、それでは毎日どんな心境ですかねと、南泉が鎌をかけた。すると大夫「十二時中、寸絲も掛けず」、毎日無でござるとやってしまった。南泉もあきれて「猶是れ階下の漢、道を見ず。有道の君主は有智の臣を納れず」とたしなめられたこともあった。よほど理窟の好きな利口者であったと見える。こういうのを黠児というであろう。

またある時和尚と茶話のついでにこんなことを言い出した。「このごろ肇論を読みましたがね、その中に肇法師が天地我と同根、万物我と一体なりと言っておりますが、なんと奇妙なことを言うたものではありませんか」と。

肇法師と言うのは僧肇のことで、大飜訳家鳩摩羅什三蔵の高弟で、道生・道融・僧叡とともに、羅什門下の四哲と言われた学者である。西紀四一四年、三十二歳で若死した秀才であるが、般若無智論・不真空論・物不遷論・涅槃無名論等の名著があって、これ等を合して肇論と言うのである。いま大夫が引出したのはその中の涅槃無名論の一節である。

なおこの論には「万物を会して己と成す者はそれ唯聖人乎」とか、「然れば物は我に異らず、我は物に異らず」等の語もあって、おおいに禅思想に通ずるところがある。

その中の一節を発見した大夫が、我が意を得たりとばかり得意になって、師匠南泉の前へ出て来たのである。「肇法師道く、天地我と同根、万物我と一体なりと、也甚だ奇怪なり」と。「也甚だ奇怪なり」等と逆語を使っておるが、実は満腔の賛意を表しておるのである。

「天地我と同根、万物我と一体、まあ何とうまいことを言ったものではござらぬか。八万四千の法門も五千余巻の経文も、全部この句の中にこもってしまうではありませんか。禅の悟りというも畢竟これだけのことでしょう。この一句に徹すればもう公案も坐禅もいりますまい」と言ったあんばい、大変な権幕である。「そうじゃその通り、肇法師の言う通り、お前さんの見る通り」と、大いにほめられるつもりでもあったろうか。

　ところが南泉老漢の眼から見ると、肇法師と言い、大夫と言い、共に是れ両個の黠児たるを免ぬかれぬ。

　そしてそんな寝言に貸す耳はないと言わんばかりに、時たま庭前に咲き誇っておる一株の牡丹の花を指して、しかも特に「大夫」と呼びかけて、「時の人この一株の花を見るに、夢のごとくに相似たり」と、返事とも他所言(よそごと)ともつかぬことを言ってしまわれた。

　時の人は世間の人である。今ごろの人達の意である。「世間の人がなあ、この一株の花を見るのになあ、たいがいああ綺麗だなあとか、よう咲いたなあとか、ぼんやり夢のように見過すだけだ。真実この花と自分とが一体だなどと見る人が幾人あるかな。眺める我と眺められる花と同根だと感じ得る人が何人あろうかな。お前さんの言うのは理窟じゃないか。観念の遊戯という奴じゃろう。そんなことで禅がわかったの、仏法を悟ったのと思っておっては、大変なお門(かど)違いじゃ」と、まあきつうたしなめられたわけである。

「陸測る罔(な)し」と五灯会元の記者は記しておるが、大夫、鳩が豆鉄砲喰ったようなポカンとした顔して、何のことやら皆目解らなかったらしい。果然黠児落節じゃ。猿も木から落ちると言うか、小利口者の大しくじりと言うものだ。さすが七縦八横の弁士も南泉和尚にかかってはみごと鼻を開かされたわけである。

四

未だ到らざる者にも、すでに到り得た者にも、廬山の煙雨が麗わしいものであり、浙江の潮がすばらしいものであることはともに真理である。しかし未だ到らざれば千般恨消せずじゃ。

悟った者にも悟らぬ者にも、天地が我と同根であり、万物が我と一体であることは、立派な真理だ。しかし未だ悟らざれば千般恨消せずである。

休し去り歇し去って、真実死に切った者でなければ、そしてそこから大活現前して、鉄樹花を開く大歓喜を得た者でなければ、這箇の真消息はわからぬと言うことである。

そこで臨済和尚も、大きな眼をむいて叫ばれる。「赤肉団上一無位の真人有り、常に汝等諸人の面門より出入す、未だ証拠せざる者は看よ看よ」と。真実の自己がわかったかどうか、まだわからぬか、これでもわからぬか、さあ看よさあ看よと肉薄されるのである。

だいたいこの世界は我と非我との二つに分けられるであろう。主観と客観の二つである。人と境の二つである。しかもその二が実は二つではなくして一つだと徹して行くことが、天地我と同根、万物我と一体の理である。

世界なるもの客観なるもの非自己なるものは、決して自己を離れてあるものではなくして、それは外に出た場合の真人である。主観なるもの、いわゆる自己なるものは、内に入った場合の真人である。天地一枚の無位の真人が、五官を通して、出たり入ったりしておるのである。出ては客観となり境となり、入っては主観となり人となるのであるが、元来別物ではなくして一無位の真人に外ならぬ。

主観は客観に異らず、客観は主観に外ならず、常に主客一枚になって出入自在の営みをしてゆくものが、純粋なる生命自体である。かかる純粋なる生命自体のわかることが、真実の自己のわかることである。

われや月月やわれかとわかぬまで
　のどかに澄める秋の夜の月

かかる主客一如に澄み切った心境こそ、自性清浄心の本質であろう。

うつすとは水も思わず映るとは
　月もおもわぬ　広沢の池

かかる自他の無心に徹し切ることを、休し去り歇し去ると言うであろう。天地我と同根、万物我と一体とさながらに味われる自覚の世界である。道元禅師のごとく「聞くままにまた心なき身にしあれば、おのれなりけり軒の玉水」と受け取られ、大燈国師のごとく「耳に見て眼にきくならば疑わじ、おのずからなる軒の雨だり」と感ぜられる境地には、もはや自他の隔りがないばかりでなく、六根六境の区別さえない円融無礙の世界が展開する。

雪竇（せっちょう）ついにたまりかねて歌い出した。この一頌碧巌百則頌中の白眉と称せられるものであって、三嘆三唱措く能わざる絶唱である。

聞見覚知一々に非ず
山河は鏡中に在って観ず
霜天月落ちて夜将に半ならんとす
誰と共にか澄潭影を照して寒き。

眼に聞きもしよう、耳で見もしよう、鼻で味うことも、舌で嗅ぐことも出来ようもの、自他一枚の世界には、聞見覚知は一々孤立ではなく声色法界は個個別立でない。大円鏡中に映出される山河は、主客の対立を超えたただこれ山であり、ただこれ河であって、そこには観る観られるの沙汰もない。

かかる幽玄なる心境、それは千古の謎を秘めた山中の深淵のような、底知れぬ無気味な静寂を思わしめる。闃寂（げきせき）たる山中の霜夜、月はいつしか西山に落ちてしまって、夜は深々として更けるばかり、猫の子一匹通らぬ風そよともせぬ寂寞、底なき淵沼は白白と水銀のように鈍重な光を闇に湛えて、ただ魔のような黒い山の影を落しておるばかり。

ああかかる静寂をこそ、天地我と同根、万物我と一体とも言うべきものを、いったい誰がわかってくれるであろうか。

ああ南泉和尚、あんたも知音がなくて淋しかったろう。ああ雪竇禅師！　お前さんも淋しかったろう。無文！　わしも淋しいわい。

見るわれも見らるる山も
心無ければ一すじに
さやけき影はみず鏡
霜夜更けつゝ風落ちつ
ひえびえとのみ冴えまさる
天地(あめつち)の心　誰か知る。

（二十九年七月）

大隋劫火洞然

大隋劫火洞然（第二十九則）

垂示に云く、魚行けば水濁り、鳥飛べば毛落つ。明らかに主賓を弁じ、洞らかに緇素を分つ。直に当台の明鏡、掌内の明珠に似たり。漢現じ胡来り、声彰われ色顕われん。且らく道え、什麼としてか此の如くなる。試みに挙す看よ。

挙す、僧、大隋に問う、劫火洞然として、大千倶に壊す。未審し、這箇壊するか壊せざるか。隋云く、壊す。僧云く、恁麼ならば他に随い去るや。隋云く、他に随い去る。

頌に云く

劫火光中問端を立す。
衲僧猶両重の関に滞おる。
憐れむ可し一句他に随うの語。
万里区々として独往還す。

一

このごろ人に誘われて、明治大帝と乃木大将という映画を観せて貰った。この前にも類似の作品があったようだが、つい観る機会がなかったから。

こういう映画が続いて製作される意図はどこにあるのか、もとより老僧などにはわからない。まさか帝国主義を謳歌し、戦争を鼓吹(こすい)するためでもなかろうが、国民のある層に、明治への郷愁を感ずる者の多いことは事実であろう。昼間のせいもあったろうが、観衆は全くちらほらで、気の毒なくらい淋しいものであった。やはり明治は遠くなりにけりという気がする。

ところで老僧はあれを観ていて、実は泣けて泣けて仕様がなかった。自分では相当新らしいつもりでいても、やはり老僧のごときは明治時代の古い人間だなと、しみじみ自意識せざるを得ない。

何がそう泣けたのかと静かに考えて見るに、それは人間の持つ誠実さというものに泣かされたのでないかと思う。明治時代の人間には、上は天皇から下はいわゆる車夫馬丁(しゃふばてい)に至るまで、大将から一兵卒に至るまで、とにかく人間に誠実さというものがあったように思う。

その点今の進歩的な文化人は、学識も深く教養も高く、さわりもよし、言われることは立派だし、慨世の侠気また蔽(おお)うべからざるものもあるのだが、親しめないのはどういうわけであろう。何か一つ欠けたものがあるようである。それは人間の誠実さと言うものではなかろうか。

あの映画を観てもう一つ感じたことは、旅順(りょじゅん)攻略に向った第三軍の戦果がかいもく揚(あが)らず、半歳の日子を空費し、幾万の犠牲者を出し、乃木将軍に対する非難攻撃が国民の間に湧き起り、留守宅には暴徒が侵入して破壊行為をなし、前線にはおびただしい誹謗(ひぼう)の投書が舞込むと言った事態にまでたち至った時、それに少しも動ぜず、最後まで信念を貫徹した将軍及び夫人の態度である。

しかも一度旅順が陥落し大戦果を収めて凱旋するや、国民は旗行列提灯行列をして将軍を迎え、群集はその邸宅に押寄せて歓呼の声を挙げたのだが、その時「愧ず我何の顔有ってか父老に見えん、凱歌今日幾人か還る」と内省して、少しもそうした歓迎に感激しなかった将軍の態度である。当り前のことのようであるが、問題は現代の文化人にあるかどうかということである。

また御前会議にさえ、乃木を後退さすべく進言が出たのであるが、その時毅然としてこれを退けられ、全く将軍を信任された、明治天皇の態度も立派であった。

つい正月気分に浮かれて、とんだ余談に流れてしまったが、人生に不動の信念なるものの必要なことは論を俟たないであろう。殊に今日のようにマスコミの時代、目まぐるしく進転してゆく社会状勢に処して、一々外境の動きや人の批判を気にしておったら、人は全く自己を見失うか、さもなくばノイローゼになるより仕方がない。「違順相争う、之を心病となす」と信心銘は歌っておるが、今日いかに心病者の多いことか。

老僧は数年前二十人の雲水を連れて、二ヵ月間北海道の各地を移幢して接心をしたことがある。その時すでに過労で心身共に困憊しており、大阪から青森まで二十四時間、文字通りぶっ通しに寝てしまったほど疲労していたので、気候風土食物の異なる国で、二ヵ月間の活動に堪えられるかどうか、もし途中で仆れるようなことがあっては、準備して待っておられる各地の多勢の人達に迷惑をかけることだがと、全く心配になって来た。

どの辺であったのか知るよしもないが、うっとり眼を開いて、それとなく車窓の外を眺めていた時、ふと気がついたことがあった。景色は次々と変って行くが、窓は少しも変らないということである。すべて初めて見る新らしい景色であるが、それが一枚一枚異った画面になって、窓枠という額縁の中へうまくはまってくる。しかもその額縁は少しも動かないのである。

二ヵ月間ギッシリつまった盛沢山な日程表を見ると、これはたまらんナと、ちょっと気おくれがして心配にもなるが、一日一日が一枚の画面となってこちらの額縁の中へ入って来るのだ、その時の出来事が向うから窓枠の中へはまってくるので、こちらの窓枠は少しも動く必要はないんだ、従って疲れることもないんだ、とこう考えついた途端とても気が楽になって、心配もなくなってしまった。そして忙しい二ヵ月の旅行を極めて元気に楽しく過して来たのである。

イサム・ノグチ氏が、何かの芸術雑誌に「日本へ来て一番心を引かれるものはやはり禅である。自分の理解するところでは、禅とは生活の技術である」と書かれておったが、こうした考え方も一つの生活の技術であろうか。

一日一日その時その時直面した仕事に全力をあげて行くならば、こちらの心は少しも動揺せずに、しかも仕事の能率を最高度に上げてゆくことが出来るであろう。そして天地がひっくりかえるような大事件が起ったとしても、それは鏡にうつった映像に過ぎないのだ、鏡はそのために、微動だもするものではない、と心を磐石のごとく安定することである。不動の信念とはそのようなものでもあろうか。まことに心は明鏡台のごとしである。

そこで圜悟禅師が垂示して言われる。魚が動けば自然水は濁るし、鳥が飛び立てば自ら羽毛が落ちる。社長と秘書と間違えることもあるまいし、同じように厚化粧していても、素人と玄人でははっきり見分けがつけられる。

妄念妄想さえなければ、心は浄玻璃の鏡のごとく清らかで、宇宙間の出来事、大自然の諸現象、社会の諸変動等、一切映し得て一分の狂いもない。また心は掌中の明玉のごとく、得失是非にかかわらず、喜怒哀楽にこだわることもなく円転自在である。

だからテレビの画面ではないが、男が来れば男を映し、女が来れば女を映し、音楽の演奏も映るしバレーも映る、相撲も映ればボクシングも映る、山河大地飛花落葉、一切現象をさながらに映し出すことが出来るのだ。さて、そのような自由な作用はどうして得られるのかナ。ここに良い話があるからよく聞かっしゃい、と。

二

沢菴禅師が柳生但馬守（やぎゅうたじまのかみ）に禅意を明かされた書翰を集めたものに、『不動智神妙録』という本がある。その中に沢菴禅師が示されるのに、不動の信念ということは、木や石のように無感覚になることではない。そんなのは有気の死人と申して、呼吸はしておるけれども、死人も同じことである。もしそんなことを禅だの悟りだのと思ったら、大変な間違いである。貴殿の剣法で喩（たと）えるならば、他と真剣勝負をする時、心を何か一所に止めてはいかん。相手の刃先（きっさき）に心を止めてもいかんし、相手の手元足元に心を止めてもいかん。また自分の刃先に心を止めてもいかんし、自分の手元足元に心を止めてもいかん。

どこへも心を留めずして、しかも四方八方に気を配っておらねばならぬ。どこにも心を止めぬからこれを不動と申すのであるが、四方八方に気を配っておるから、相手の出方に随って、自由自在に働らける、これを智と申すのである。ここに剣の極意があり、禅の玄旨がある。というような話の筋合いであった。不動というと、直に木か石のように、無感覚無神経になることだと、誤解され易い。また心は明鏡台のごとしというと、直に心の中に何か堅い光ったものがあるように思う。そして肉体は死んでも永遠に残るものかのようにも考える。ここに人の陥り易い禅病があると申さねばならぬ。

だから六祖大師は「菩提本樹無し、明鏡亦台に非ず、本来無一物」と歌われたであろう。また「慧能（えのう）

柳生但馬守

技倆没し、百思想を断ぜず、境に対して心数起る」とも示されたであろう。

乃木大将が不動の信念を持っておったと言っても、木や石のようになって転がっておったわけではない。不動の信念をもって、旅順攻略という大責任を果されたのである。

動かない窓枠の中へ、外の景色が一枚一枚の画面となって入って来るのだと申しても、実は窓枠も汽車も、外の景色と共に動いて走っておるのである。動くことが動かぬことで、動かぬことが動くことである。

さて前置きはこのくらいにして、本則の問題に入るとしよう。一無名僧が大隋和尚に尋ねた。「劫火洞然として大千倶に壊す、未審し、這箇壊するか、壊せざるか」。

劫火洞然とは仏教の持つ古い世界観で、仁王経にも「劫火洞然として大千倶に壊す、須弥巨海磨滅して余り無く、梵釈天竜諸々の有情も亦殄滅す」と示されてあるように、この世界は成住壊空と有為転変を繰り返してゆくものであるが、壊劫というて世界の寿命が尽きて、愈々破滅するときが必ず来る。その時には火水風の三災が起って、まず世界は劫火のために一切焼かれ、そして劫水のために流され、次に劫風吹き散じて、元の空に帰するというのである。

今日もし世界が第三次大戦にでもなって、原子爆弾水素爆弾が火花を散らすことになったらどうであろうか。地球上の一切は焼き尽され、劫火洞然として、まことに世界の末期を思わせることであろう。その時その場合人類はもとより世界と共に全滅するであろうし、その数千年来蓄積されて来たあらゆる文化も一切焼き尽されることであろう。それは科学的必然として止むを得ないことである。

ところでその時に臨んで不動の信念は一体どうなるであろうか。明鏡止水の心境は動かぬであろうか。不生不滅の仏性はそのままであろうか。常住なる法身は変らぬであろうか。〃火に入っても焼けず水に入っても溺れず〃と臨済禅師の示された、這箇（しゃこ）（コイツ）はいったいどこへ行くであろうか。

　この大問題を提げて僧は大隋に肉薄したのである。「劫火洞然として大千世界が一時に壊滅する時、這箇も一緒に壊滅するのでしょうか。それとも這箇だけは壊滅を妨（まぬが）れ、劫火洞然も何のその、鏡に映った現象と眺めて、涼しい顔をしておれるものでしょうか。いかがでしょう」と。

　大隋は極めてあっさり答えた。「そりゃ壊滅するナ」。

　僧は躓（つまず）いた。この僧は仏性は不生不滅だと思っていたのである。涅槃は常住だと思っていたのである。止水明鏡のような悟境は、世界の変動にかかわりないと思っていたのである。劫火洞然として世界の焼かれる時も、「我が此の土は安穏（あんのん）にして天人常に充満す」と信じたかったのである。悟りを開いた者だけにはノアの箱船が用意されておるかと思ったのである。「物有り天地に先だつ、形無うして元寂（せき）寥（りょう）、能く万象の主となり、四時を逐（お）うて凋（しぼ）まず」と徹底していたかったのである。

　僧はびっくりして尋ねた。「恁麼（いんも）なれば他に随い去るや」。

「それでは這箇、コイツ（仏性・霊性・主人公・永遠の生命）も世界に付随し、世界と一緒に焼かれて行くんですか。この物だけは絶対何ものにも支配されない、いな一切を動かしてゆく主人公だと思っていましたが、これも一緒に世界の跡を逐うて壊滅するんですか」と。

　大隋はまた冷然として答えた。「世界に随って壊滅して行くのだ」。

三

　大隋というのは、当時の益州（えきしゅう）、今日の四川省成都（せいと）府にある大隋山という寺に住職された、法真和尚神照禅師のことである。長慶の大安禅師に嗣法しておられるから、百丈懐海禅師の孫に当る。

この無名僧ははるばる四川省の奥地まで出掛けて、大隋和尚に相見し、このような大問答をやったが、遂に大隋の意を解せず、心の中に大きなしこりを抱えて、今度ははるばる河南省舒州の投子和尚を尋ねた。

そして大隋和尚との問答の次第を打開けて示教を乞うと、どうしたことであろう。投子和尚は、威儀を正して線香を立て、はるかに西の方に向って三拝し「何と珍らしや蜀の山中に生仏が出世されたわい、あら有難や勿体なや」と言って讃嘆礼拝した。そしてその僧に向って「馬鹿者奴が、もう一度大隋和尚のところへ帰ってみっちり修行して来い。何をうろうろするか」と叱りつけた。そこでその僧は言われるままに、再び蜀の奥地まで脚を運んで大隋和尚を尋ねると、如何せん大隋和尚は遷化された後だった。そこで空しく山を下り、縁故を慕うてまたも河南の投子山を訪れると、投子和尚もまた遷化された後だった。無常迅速時人を待たず、謹しんで放逸なること勿れじゃ。

さてそこで雪竇は歌って言う。劫火洞然などという大問題を提げて出て来たが、この僧まだ何もわかっておらんのだ。壊とか不壊とか、這箇とか大千とか、すべて相対の世界に在って、観念の遊戯をしておるに過ぎない。しかも「壊す」と断言し、「他に随い去る」と言明された、大隋和尚にして初めて言い得たこの立派な言葉が、少しもわからなかったとは気の毒千万、四川省から河南省へ、河南省から四川省へ、四川省からまた河南省へ、来たり往ったりまた来たり、何とご苦労なむだ骨を折ったことよ、と。

劫火洞然、よい聞きどころ
あわれや僧のはからいつきず
随い去るとさとりかね
万里むなしく往きかえり。

（三十五年二月）

風穴若し一塵を立すれば

風穴若し一塵を立すれば　（第六十一則）

垂示に云く、法幢を建て宗旨を立することは、他の本分の宗師に還す。竜蛇を定め緇素を別つことは、須らく是れ作家の知識なるべし。剣刃上に殺活を論じ、棒頭上に機宜を別つことは、則ち且らく置く。且く道え、独り寰中に拠るの事、一句作麼生か商量せん。試みに挙す看よ。

挙す、風穴垂語して云く、若し一塵を立すれば、家国興盛し、一塵を立せざれば、家国喪亡す。雪竇拄杖を拈じて云く、還って同生同死底の衲僧あり麼。

頌に云く

野老従教眉を展べざることを。
且く図る家国雄基を立することを。
謀臣猛将今何にか在る。
万里の清風只自知す。

一

盤珪さんがよく言うてござる。

人間の本性というものはちょうど鏡のようなものじゃ。本来なにもない。なにもないから物が来れば映る。物が去れば消える。後になにも残らない。物が映ったからというて、鏡の中に生じたものはなかろうがナ。物が去ったからと言うて、鏡の中に滅したものもなかろうがナ。これを不生不滅というのじゃ。

綺麗な花が映ったからと言って、鏡はそのために美しくなりはせぬ。汚い犬の糞が映ったからと言って、鏡は決して汚れはせぬ。これを不垢不浄というのじゃ。

物が映ったからと言うて、鏡の目方は増えはせん。物が去ったからと言うて、鏡の中に減ったものはない。これを不増不減というのじゃ。般若心経に不生不滅不垢不浄不増不減とあるのはこのことである。

われわれの本性もまたかくのごとく、不生不滅不垢不浄不増不減なものである。だがそう長たらしゅう言わんでも、不生の仏心と言えばこと足りる。われわれの本性は不生の仏心じゃとわかれば、それで万事ＯＫである。不生の仏心がわかることを見性成仏というのである。

また言われる。

おのおの方が今日集らしゃったのは、身共の話を聞くためじゃ。じゃから身共の話が耳に入るのは当り前じゃ。いま外で犬がワンワンと鳴いたが、今日ここへ犬の鳴声を聞きに来た人は一人もあるまい。それでもワンと鳴けばワンと聞くじゃろうがナ。聞こうと思わんでも聞こうと努力せんでも、ワンと鳴けばワンと聞く。それが仏心というものじゃ。それは分別や智慧でわかったのではない。先生に習ったのでも、親から教わったのでもない。全く無から出たのじゃ。その無から出る智慧を不生の仏心というのじゃ。と。

白隠禅師は、「直に自性を証すれば、自性即ち無性にて、すでに戯論を離れたり」と歌われる。悟って見れば、自性は本来無なものである。その無とはどういう無かなどという理窟もないのだ。ただ無なのだ。すべて戯論を離れておるのだ。

生きておるものをたしかに知りにけり
泣けど　笑えど　ただ何もなし

老僧はよく何ものにも限定されない自己と申上げる。男でも女でもない、若くもない年寄りでもない、学者でも無学者でもない、金持ちでも貧乏でもない、善でも悪でもない、赤くも白くもない、大きくも小さくもない、有でも無でもない、生でも滅でもない自己、すなわち何ものにも限定されない自己、言いようがないから、しばらく無心とか無念とか言うのである。生でも滅でもないから、かりに不生の仏心と言うまでである。

神秀上座が、心は鏡のようなもので、時々に払拭して、塵埃をつけんようにせねばならん、と歌われたのに対して、慧能行者が、そんな鏡のようなものもありはせぬ、埃をつけようと思っても、埃をつける処がないと歌われて、達磨的々の法灯を継がれ、六代目の祖師となられたのである。「本来無一物、何れの処にか塵埃を惹かん」である。

花園法皇は建武二年、その悟境を偈に作って、大燈国師に示された。

二十年来辛苦の人
春を迎えて換えず旧風煙
着衣喫飯恁麼にし去る
大地那ぞ曽て一塵有らん

と。そしてその末尾に、「朕這の悟処有り師如何んか検せん」と添え書きされた。大燈国師がそれを拝見して、更にその紙端に「老僧恁麼に検す、聻」と記されたものが、今も大徳寺に国宝として伝えられておる。大徳寺では後醍醐天皇の宸筆として伝えておるが、学者の研究するところによると、花園法皇のものということになっておる。

この尽大地一塵なき境地こそ、禅の極地と申さねばならぬ。これを大円鏡智と名づけ、自性清浄心と呼ばれる。

臨済禅師は「儞が一念心上の清浄光、是儞が屋裡の法身仏なり。儞が一念心上の無分別光、是儞が屋裡の報身仏なり。儞が一念心上の無差別光、是儞が屋裡の化身仏なり」と示しておられるが、われわれの心性の上に一塵の念なき清浄無垢の風光こそ、法身の当体であり、禅と名づけられる本質的な心性である。

二

不立文字の旗幟を打建て、教外別伝の宗旨を提げて、無尽の法燈を護持し、一箇半箇の法嗣を打出するために、一生を捧げて専念されることは、世の本分の宗匠方にお任せしておこう。

そういう人々はいわゆる諸縁を抛下して、二十年三十年屹々として、己事究明されたのである。しかしてようやく不生の仏心を手に入れ大事了畢されたのであるが、更にその法燈を嗣ぐ後継者を養育するために、また二十年三十年苦労されねばならぬ。誠にご苦労千万なことであるが、宗旨の慧命を継ぐためには大切なことである。たとい原子爆弾を知らなくても、テレビを見なくても、民主主義をご存じなくても、よし高山植物と笑われても、黙々としてその道一すじに歩むことは貴いことである。

また越格なる識見と力量があって、剣刃上に殺活を論じ、棒頭下に仏魔を弁じ、応機接物自在無礙、教界に人なきがごとく活躍される大善知識があるならば、これまた宗門の至宝として大いに敬意を表しておこう。

ただここで問題にしたいことは、われわれの心性が鏡のように清浄なものであるとは言っても、鏡のような無自覚なものであってはならぬということである。鏡のように清寂なものであっても、鏡のように非活動的なものであってはこまるということである。

よく飯に遇うては飯を喫し茶に遇うては茶を喫すと言われ、また山に遇うては山になり切り、川に遇うては川になり切ると説かれるが、禅とは常に任運騰々自然法爾、ただ受動的に安穏を貪っておれば良いものであろうか。無心とか無念とかいうことは、木石のごとく無感覚になることであろうか。もし禅がそのような寰境をユウ離し、歴史的現実から超然たるものであるとするならば、釈尊の申された唯我独尊という自覚はどこから出て来るであろう。臨済禅師のいわゆる「随処に主となれば立処皆真なり」という主体性はどこに樹立されるであろう。瑞巌和尚のいう主人公とは、いったい何の主人公であろうか。

昨年来朝された米国の老建築家グロピウス氏は言っておられる。「近代性ということは必ずしも時間の問題ではない。たとい三百年五百年前のものでも、独創的なものにはすべて近代性があると言える。その意味において日本の古建築には多分の近代性がある。そして自分の考えによれば、それらはすべて禅から出ておる。日本の皆さんはもう一度禅というものを見直さなければいけない」と。

禅がもし前述のごとく無自覚な非活動的な、そして受動的なものであったら、どうしてそこから独創が出るであろうか。禅とは実に創造的主体性の自覚でなくてはならぬ。

心は万境に随って転ず、転処実に能く幽なりと歌われておる。心は実に鏡のような固定的なものではなくして、万境と共に随時随処に、転轆々阿轆々と、自由自在に運転流動して止まないイキ物である。三世を貫き十方を打抜いて、全宇宙と共に在る心、共に動く心を、不生の仏心というのである。そしてこの一如不二の自覚の下に、広大無辺なる大慈大悲が流露しなければならぬ。愛こそは創造の母である。かかる大慈悲から限りなき創造的活動が展開され、同時に芸術的感興が人生と世界を荘厳するであろう。

「今此三界は悉く是れ我有なり、その中の衆生は皆是れ我子なり」と宣告された法華経の聖語は、決して釈尊の誇張ではない。真実なる自覚者の実感そのままであると思う。

禅がかかる創造的主体性の自覚にあるとするならば、実にそれは世界の精神的主権者になることである。禅はすべての人をして世界の主権者たる自覚に達せしめようとするのである。独り寰中に拠るとはそのことであろう。

一体、かかる精神的世界の主権者になったと思われるものがあったであろうか。もしあったならば、彼はどのような一句を吐いたであろうか。ここに適切な話があるから聞かっしゃい。

三

汝州風穴山の延沼禅師は臨済の嫡孫であるが、その頃、武帝の廃仏以来まだ寺らしいものが復興出来なかったせいでもあろうか、三十八則にあるごとく、役所で上堂したり提唱したり、知事はじめ役人達に鉗鎚を加えると言った進出振りであった。全く歴史的世界に創造的な生活を実践した偉大なる禅者であったと言える。彼こそは世界の主権者であったと言えよう。

かつて知事の李史君をして「仏法王法と一般なり」と思わず讃嘆せしめたほどの禅機を示されたが、ここに「世法仏法と一如なり」とでも言うべきすばらしい垂示がある。

若し一塵を立すれば　家国興盛し　一塵を立せざれば　家国喪亡す

と。一塵は一念である。菩提の一念である。大悲の一念である。人類愛の一念である。あるいは無明の一念でもよかろう。「只此一点無明の焔、練り出す人間活丈夫」である。

いずれにしても主権者がもし正しい一念を奮起す

るならば、国家は興隆し繁盛する。もし旧套を墨守して、新鮮なる一念を奮起し得ないならば、国家は衰亡するより仕方がない。世界の主権者らしい一句ではないか。

この垂示は五燈会元の原文によればもう少し長いものである。

風穴上堂して云く、若し一塵を立すれば家国興盛し、野老顰蹙す。一塵を立せざれば、家国喪亡し、野老妥帖す。此に於て明め得ば、闍黎分無く全く是れ老僧。此に於て明めずんば、老僧分無く、却って是闍黎。闍黎と老僧と亦能く天下の人を悟却せしめ亦能く天下の人を瞎却せしむ。闍黎を識らんと欲すや。右辺に一拍して曰く這裡是れ。老僧を識らんと欲すや。左辺を一拍して曰く這裡是れ。とある。

風穴の言わんとするところに少しく駄弁を弄するならば、もし社会のため人民のために、大悲の一念を起してなにかを企画するならば、国家は大いに興隆する。しかし暗愚の人民どもは加税をおそれたり、公役を嫌うたりして眉をひそめるであろう。二乗声聞の徒は涅槃寂静の境地を失却することを恐れて嫌悪することであろう。

一念を起さないならば、国家は衰微するより仕方ない。しかし人民どもは太平無事を喜び、二乗声聞の徒は、これこそ寂静の境地であると安心するであろう。

さてここの道理がとくとわかるならば、不生の仏心にもはや用はない。専ら老僧のひとり舞台である。もしここの道理が会得出来ぬならば、仏心大いに巾をきかしてしまって、老僧身のおきどころもない次第だ。

この仏心と老僧がすっかり天下の人を迷わせたり悟らせたりしてしまう。不生の仏心がわかれば悟であるが、その仏心に住着してしまえば迷いである。老僧もとより迷いであるが。コイツにこだわらなければそのまま悟りだ。

不生の仏心が知りたいかナ。右の膝をポンと打って曰く「是サ」老僧を知りたいかナ。左の膝をポンと打って曰く「是サ」と言ったあんばいであろう。

一塵を立するところは差別の真只中、森々羅列の世界相である。そこには是非あり、長短あり、苦楽あり、嫌揀あり、闘争さえある。だから保守的な野老どもは多分に顰蹙するであろう。しかし国家は興隆する。

一塵を立せざるところは法身の真只中、無差別平等の静寂境である。そこは四海風静かにしてなんらの波瀾もない。小乗的な野老達はとかくこれに妥協を求めたがるが家国は喪亡する。

雪竇今風穴上堂の一二句を提げ来って「若し一塵を立すれば家国興盛し」と垂示して見たが、大衆とんと明不得なるにしびれを切らし、大衆面前に拄杖子を拈出し、四方を睥睨して曰く、「還って同生同死底の衲僧有りや否や」。

どうじゃ、時には一塵を立して家国を興盛せしめ、時には一塵を立せずして家国を喪亡せしめ、時には、老僧を思いのままに働かしめ、ある時には、不生の仏心に安住すると言った、与奪自由、出没自在の衲僧が一人でもおるかどうかと。

四

そこで風穴の示さんとするところ、雪竇の言わんとする究極のところは、大いに一塵を立して、天下に大波瀾を起し、国家を興盛せしめなければならんということである。

事なかれ主義ではいかん。無事甲裏に沈滞してはならん。歴史的現実を逃避せず、しっかり活眼を開いて現実の矛盾と不正を指摘し、勇猛なる一塵を立しなければいかん、と号令しておるのである。

されば臨済録は示して曰う。

「道流、夫れ大善知識にして、始めて敢て仏を毀り祖を毀り、天下を是非し、三蔵経を排斥し、諸小児を罵辱して、逆順の中に向って人を覓む。

所以に我れ十二年中に於て、一箇の業性を求むるに、芥子許りの如くも不可得なり。若し新婦子の禅師に似たらば、便即ち院を趁ひ出されて、飯を与えて喫せしめず、不安不楽ならんことを怕れん。古よりの先輩、到る処に人信ぜず、遞い出されて、始めて知る是れ貴きことを。若し到る処に人尽く肯わば、什麼をか作すに堪えん。所以に師子一吼すれば、野干脳裂す」

と。宗祖臨済禅師の熱烈なる革新的叫びを聞くがよい。

ボーイズ・ビー・アンビシャスである。われ日本の眼とならん、と一塵を起さねばならぬ。われ世界の柱とならん、と一塵を起さねばならぬ。われ人類の大船とならん、と一塵を起さねばならぬ。それでこそ世界の主権者といえよう。

むかし曹洞宗の卍山和尚と、東大寺の公慶上人と、黄檗宗の鉄眼禅師と、三人がたまたま淀の河舟に乗り合せ、大般若経の中に、「願心なきは菩薩の魔事なり」とあるが、われわれ三人とも前途なお春秋に富むものである。なにか一代の中に完成すべき願心を起そうではないかと語り合い、卍山和尚は曹洞宗の法脈の乱れたるを正さんと誓い、公慶上人は大仏殿の建立を発願し、鉄眼禅師は大蔵経の出版を祈誓し、三人とも初願を満足してその大事業を完成したと言われる。一塵を立すれば、家国興隆する好箇の模範であろう。されば雪竇の古曲に和して理想の歌を歌おう。

笑わば笑え　しれびとら、
世のため猛き　はかりごと
めぐらしてこそ　男かも
力をあわす　友垣の
有りやなしやも　白雲の
たゞようはたて　風かおる。

（三十年六月）

雪峰尽大地

雪峰尽大地（第五則）

垂示に云く、大凡宗教を扶竪せんには、須らく是れ英霊底の漢なるべし。人を殺すに眼を貶せざる底の手脚あって、方に立地に成仏すべし。所以に照用同時、巻舒斉しく唱え。理事不二、権実並べ行う。一著を放過して、第二義門を建立するも、直下に葛藤を截断せば、後学の初機は、湊泊を為し難からん。昨日も恁麼、事已むことを獲ず。今日も又恁麼、罪過弥天。若し是れ明眼の漢ならば、一点も他を謾ずることを得ざらん。其れ或は未だ然らずんば、虎口裏に身を横え、喪身失命を免れず。試みに挙す看よ。

挙す、雪峰衆に示して云く、尽大地撮し来るに、粟米粒の大さの如し。面前に抛向するに、漆桶不会。鼓を打って普請して看よ。

頌に云く

牛頭没し。馬頭回る。
曹渓鏡裏塵埃を絶す。
鼓を打って看せしめ来れども君見ず。
百花春至って誰が為にか開く。

一

宗教といえば、今日一般に祭祀を司さどるものは、すべて宗教と言われるようである。しかしここで千年前に圜悟が宗教と言っておるのは、そのようなありふれた宗教ではない。宗は宗家とか大本という意味だから、あらゆる教の大本になる教、あらゆる文化の根源になる教ということである。つまり禅のことである。

おおよそこの宗教すなわち禅を天下に挙揚するような人物は、皆千人に優れ万人に優れた、英霊底の大人物でなければならん。凡人のよくするところではない。

禅宗は伝統を尊び、釈尊からずっと法灯の系図を持っておるが、その伝灯の祖師のどの一人を見ても英霊底の漢でないお方は一人もない。どの社会へ出しても必ず第一流の地位を占められるような優れた人たちが、宗門に入って伝灯祖師の位を担っておられるのである。

老僧、先師精拙老漢には二十年随侍したが、老漢のごときは政治家にすれば立派に総理大臣級になれる人物、軍人にすれば勿論将軍になれる人物だったと思う。実業家にしても学者にしても芸術家にしても、必ずその道の棟梁になれる大物だったと思う。よし博徒の中へ入っても立派な親分になられたであろう。

その師匠の竜淵和尚にしてもそうであったし、滴水禅師なおそうだ。白隠和尚や愚堂国師になれば勿論しかりで一国一城の主となり得た人達である。更に関山国師、大燈国師ともなれば一入その感を深くするわけである。今日仏法が栄えんのは、要するに現代の英才俊才が仏教界に少しも入っても来なければ、関心も持ってくれないからと言えよう。

関山国師が、鎌倉建長寺で大覚禅師の五十回忌の法要に参列された際、当今第一の禅者は誰かという噂話が出て、その時京都から来た雲水が、紫野の大燈国師の右に出ずる者はあるまいと力説した。大燈国師とはどのような人物かと尋ねられると、「人を殺して眼を貶（きっ）せざる底の人だ」と答えた。関山国師はその一語を聞くと、取るものもとりあえず、鎌倉をあとに京都へ走せ参じられたということである。

人を殺すというようなことは、人間にとって容易ならぬ大事件である。普通の神経では決行出来ぬことである。今日でも殺人犯というものは多いが、彼らは多くの場合、自分でも解らぬような昂奮状態で無意識的にやってしまうのではなかろうか。だから冷静にかえってから痛ましいほど悔恨し悩み、恐怖感におそわれるのである。

そういう感情的な大事件を、冷静に決行し、瞬（また）きもせずあと振り向きもせず、淡々として次の行動に移れるというような人物であったら、まさに凡人ではない。そういう明確な意識の持主にして、はじめて直指人心見性成仏（じきしにんしんけんしょうじょうぶつ）、相手を立ちどころに成仏させてしまうことが出来るであろう。

そういう人であってはじめて、直観が直ちに実行になり、放（ゆる）すことがかえって擒（とら）えることになり、理想がそのまま現実化され、手段がじきに目的完成に変るような、優れた働らきが出来るであろう。

よしまた一歩譲って、第二義門に下って接得されても、一刀に相手の無明を截断してしまうような、眼にもとまらぬ早技を示されたのでは、新米の凡くら修行者どもには、何のことやら理解も出来ず、おそらくとりつく島もあるまい。

そこで雪竇にしても、圜悟にしても、万已（ばんや）むを得ず、第三義第四義の低姿勢に下って、昨日もあのような愧（はず）かしい婆婆談義をやり、今日もまたこのような無益の舌頭を弄（ろう）する次第だが、まことに慚汗（ざんかん）の至り、大法を汚辱（おじょく）する罪過は弥天である。

だが少しく眼の開けたものなら、この苦労もわかってくれようぞ。軽々には見過すまいぞ。しかし全くの無眼子ならば、この公案などはもっとも怖ろしい陥し穽（あな）が仕掛けてあるじゃ。気を付けさっしゃい。あぶないぞ、あぶないぞと、例によって圜悟禅師の実に親切な垂示である。

二

雪峰は福州雪峰山に住された義存禅師（八二二―九〇八）である。徳山宣鑑禅師に嗣法されたが、元来鈍重の性格で、わかい頃から「三たび投子に上り九たび洞山に到る」というほど長い行脚の苦修を続けられたが、容易に悟りが開けなかった。

自らその鈍根を自覚されてか、雲水行脚の間、専ら下座の功徳を積まれ、その功徳力によって、見性の素願を遂せんことを祈られた。どこへ行っても大きな杓子を持って行って、人の嫌がる典座炊飯の苦役を引受けられた。二十人三十人の人員ならとにかく、五百人七百人を擁する大叢林での飯炊きは、容易ならぬ労働で、坐禅をする時間もなかったであろうが、あえてそれを志願して、只管大法の成就を祈念されたのである。今日なお叢林で典座寮のことを雪峰寮というのはそのためである。

しかも人に隠れてよく東司（はばかり）の掃除をされたという。これも何百人もの用便の場所ともなれば相当の広さであったろう。雪峰の姿の見えない時は、たいがい東司に隠れておられたので、東司のことを雪隠というようになったという伝説さえある。

当時雪峰と巌頭と欽山の三人が、臨済を訪ねようとして河北を行脚し、途中臨済の高足定上座に遇うて、小っぴどくとっちめられたことは有名な話だが、この三人は雪巌欽とあだ名されたほどの名コンビの修行者で、そのころ雲水仲間の名物であった。

ある時巌頭と雪峰の二人が澧州の鰲山鎮というところで、大雪に阻まれて足止めを食ったことがある。巌頭は豪放な性格で、日が暮れると布団をかぶって寝てしまうが、雪峰は黙々として壁に向って夜坐を怠らなかった。巌頭が夜中布団の中から首を出して見るとまだ坐っておるから「好い加減に寝たらどうだ」と注意すると、雪峰はか細い声で「俺はまだ貴公のように高いびきで寝れるほど大安心を得ておらぬ。寝るにも寝られぬ」と苦衷を訴えた。

そこで巌頭がむくむくと起き上って「いったい何がそうむずかしいのか、心境を聞かして見い」と相談をかって出た。そこで雪峰が詳しく今までの思想遍歴の次第を打明けると、巌頭が声を励まして「道うことを見ずや、門より入るものは是れ家珍にあらずと、須らく是れ自己の胸中より流出し蓋天蓋地して、方に少分の相応あるべし」と大喝した。雪峰その一語を聞くと忽然として大悟し、思わず巌頭を礼拝して「師兄――今日始めて鰲山成道」と叫びをあげて、大歓喜を会得した。持つべきものは道友である。

かくして雪峰は、道友の誘掖によってはじめて見性し、四十九歳にして雪峰山に住山出来たほどの鈍根であったが、大徹大悟して見ると、その霊器は、渾然として玉のごとく光彩を放った。そしてその会下には、その道声を慕うて参集する修行者が、常に一千五百人を下らなかったという。

しかもその中から、雲門文偃・玄沙師備・長慶慧稜・保福従展・鏡清道怤・翠巌令参等をはじめ、四十数人の名僧知識を打出して、少林の花木をしてうたた爛漫たらしめたのである。

天才肌の巌頭の法流が一向に衰微し、鈍重であった雪峰の門下が後世天下を風靡したことは、大いに考えさせられることである。それはわが国で公武の帰依を一身に集め、一代の栄誉を極められた夢窓国師よりも、一生孤貧と苦修に甘んじられた関山国師の法流が今日栄えておることなども思いあわされて尊いことである。

三

この雪峰山の義存和尚が、ある時大家に示して言われた。「この地球をわしが三ッ指でちょいとつまむと、米つぶくらいのものじゃ。今うっかり皆の前

巖頭
欽山
雪峰

へ吹きとばしたら、どこへ入ったか行方が知れなくなってしまった。一つ皆を召集して、鐘太鼓で探して見てくれ」と。

今日科学は実に急速な進歩をして、世はまさに宇宙時代というのじゃろう。そのうちに月の世界へも遊びに行けようというもの。有史以来はじめて地球の外へ飛び出して、外から地球を眺めたガガーリンは、世紀の英雄として讃えられ、銅像が建てられるやら、切手が刷られるやらの騒ぎだ。たった十五分間地球を離れただけで、シェパードは目下アメリカの人気男である。

老僧のように科学的知識の皆無な者には、人間がロケットに入れられて打ち上げられ、地球を廻転するなどと聞かされても、全く夢物語に等しく、無重量地帯とやらで、どんな生理現象が起るのか、どうしてまた無事地上に帰られたのか、考えてもわかることではない。只々驚嘆の外はない。「気分ははなはだ快適だった」とか「外から見た地球は美しかった」とか報告されても、そういうものかなと感心するより仕方がない。

しかし雪峰和尚の話はもうちっとことが大きい。構想さらに雄大で、ロケットなどとは格段の相違である。「地球をちょいとつまんで見るとモミ粒ほどのものさ。プッと吹いたらどこかへ飛んで見えなくなってしまった。皆総動員で探してくれ」というのである。

はなはだもって非常識である。非科学的である。われわれにロケットが理解出来ないごとく、世間の人が聞いたら、馬鹿か狂人か大法螺吹きとしか受取れぬであろう。禅はアヘンどころか、気違い薬と誤解されよう。

しかしこれは雪峰和尚の創作された発言ではなくして、実はすでに維摩経(ゆいまきょう)の中に示されておる言葉である。すなわち同経の不思議品第六に、維摩居士の言葉としてこう記されておる。

「唯舎利弗(しゃりほつ)よ、諸仏菩薩に解脱(げだつ)有り。不可思議と名づく。若し菩薩この解脱に住すれば、須弥の高広を以て芥子の中に入れて増減する所無く、須弥山王、本相故の如し。而も四天王忉利の諸天、己の入る所を覚えず知らず」

と聞けば、これまた奇蹟の如く、手品のごとく、大法螺のごとく、維摩居士もなんと大風呂敷を拡げたものだと考えられよう。が、そうではない。維摩も雪峰も決して狂人ではないし、雪竇も圜悟も、かく申す老僧も決して法螺吹きではない。精神の構造が、心の神秘が理解出来れば、自ら明快なことである。

たとえば写真機であるが、撮影の撮は、この尽大地撮し来るにの撮であるが、写真機はあの小さなレンズの中へ、どんな大きなものでも撮みこんでしまうではないか。富士山でも太平洋でも、太陽でも月でも、何千万の星でも、あの小さなレンズが一切の存在、森羅万象をことごとく受け入れてしまうではないか。そして自己を小さく感ずることもなく、狭く感ずることもなく、窮屈に感ずることもない。

われわれの心もそうである。瞳孔はレンズよりも小さなものだが、富士山も太平洋も、太陽も月も、何千万の星も、一切を受け入れて少しも窮屈に感じないのである。

なぜそのような奇蹟が行なわれるかと言えば、レンズの中は無だからである。瞳孔の中も無だからである。無ほど大きいものはない。無は無限大に拡大される。

人は言うであろう。レンズにしても瞳孔にしても、影像が映っただけで入ったのではないと。レンズや瞳孔はさもあろう。しかし、われわれの生命ともいうべき心が本来無であることに徹するならば、心は全宇宙を包容して、狭隘を感ずることなく、如何なる難問題に遭遇しても、洒々落々の境地を失わぬであろう。それは心の事実であって決して観念ではない。むしろ排他的な我見を持ち、狭隘なる心境に懊悩することこそ、迷妄なる観念といわなければならぬ。

されば栄西禅師は歌っていう。「大なる哉心乎。天の高き極むべからず、而も心は天の上に出ず。地の厚き測るべからず、而も心は地の下に出ず。日月の光明は踰ゆべからず、而も心は日月光明の表に出ず。大千沙界は窮むべからず、而も心は大千沙界の外に出ず」と。

四

そこで雪竇は歌っていう。「牛頭没し馬頭回る。曹渓鏡裏塵埃を絶す。鼓を打って看せしめ来れども君見ず。百花春至って誰が為にか開く」。

牛頭馬頭は、驢事馬事というも同じようなことで、次々と現われては消える物象事件をさして言う。

曹渓鏡は、曹渓山の六祖大師が「菩提本樹無し、明鏡亦台に非ず、本来無一物、何れの処にか塵埃を惹かん」と歌われた鏡、即ちわれわれの心性のことである。われわれの心性は本来清浄無垢であって、次々に現われて来る牛頭馬頭の物象事件が、すべてありのままに映るけれども、それはただ映るだけで後に一塵を残さない。

そこで太陽と言っても心の鏡の一塵、地球と言っても尽大地と言っても心の鏡の一塵に過ぎない。すべては牛頭没し馬頭回るで、何物も後に影を留めない。だからどこへ行ってしまったか、漆桶不会で皆目わからない。鐘や太鼓で探してくれということになる。

と言って禅は決して虚無主義ではない。否定主義ではない。虚無だの否定だのということがあれば、已にそれが塵埃である。心性は清浄無垢で何ものも跡を留めないが、次から次と現われる物象もまた尽きることがない。春ともなれば、桃紅李白と妍を競い、百花燎爛と咲き乱れるが、いったいこれは誰のために咲く花ではあろう。

誰のためでもない、それは自他を越えた一真実の世界である。主観客観を絶した不二の妙境である。

この一真実なる不二の妙境に遊ぶことを禅という。楽しい限りではないか。天地創造の聖業は、永遠なる現在であり、不二なる心性こそ常に造物者であらねばならぬ。

されば栄西禅師は更に言葉を続けて歌って言う。

「其れ太虚か、其れ元気か。心は太虚を包ねて、元気を孕(はら)むものなり。天地我を待って運行し、四時我を待って変化し、万物我を待って発生す。大なる哉心乎。吾已むを得ずして強いて之に名づく。是を最上乗と名づけ、亦第一義と名づけ、亦般若実相と名づけ、亦一真法界と名づけ、無上菩提と名づけ、亦楞厳三昧(りょうごんざんまい)と名づけ、亦正法眼蔵と名づけ、亦涅槃妙心と名づく」。

（三十六年七月）

巌頭黄巣過ぎて後

巖頭黄巣過ぎて後（第六十六則）

垂示に云く、当機覿面、陥虎の機を提げ。正按傍提、擒賊の略を布く。明合暗合。雙放雙収、死蛇を弄することを解するは、他の作者に還す。

挙す、巌頭、僧に問う、什麼の処よりか来る。僧云く、西京より来る。頭云く、黄巣過ぎて後、還って剣を収得す麼。僧云く、収得す。巌頭頸を引べて近前して云く、㘞。僧云く、師の頭落ちぬ。巌頭呵々大笑す。僧後に雪峯に到る。峯問う、什麼の処よりか来る。僧云く、巌頭より来る。峯云く、何の言句かありし。僧前話を挙す。雪峯打つこと三十棒して趕い出す。

頌に云く

黄巣過ぎて後曽て剣を収む。
大笑は還って応に作者知るべし。
三十山藤且く軽恕す。
便宜を得るは是れ便宜に落つ。

一

禅心はよく鏡に譬えられる。大円鏡智だとか、明鏡止水だとか、胡来れば胡現じ漢来れば漢現ずだとか、あるいは清浄無垢だとか。

禅心はまたよく玉に譬えられる。衣裡の宝珠だとか、驪竜頷下の珠だとか、心は万境に随って転ず転処実に能く幽なりとか、無価の珍だとか。

と同時に禅心はしばしば剣に譬えられる。殺人刀活人剣だとか、金剛王宝剣とか、仏に逢うては仏を殺し祖に逢うては祖を殺すとか、趙州露刃剣だとか。

鏡が、禅心の体を象徴するものであり、玉が、禅心の相を象徴するものであるとするならば、剣は、禅心の用を象徴するものと言えよう。

勿論剣をもって象徴されるからと言って、禅心がサツバツなわけでも、喧嘩や戦争を好むわけでもない。蚊を殺すことも蚤を殺すことさえも出来ないのが禅心である。鉄舟居士は幕末第一の剣客であったが、あの国家多事の際、人を一人も傷つけなかったと言われる。彼の剣こそ活人剣であったであろう。

殺人刀が人を殺すものでないとするといったい何を殺す剣であろうか。自己を殺すのである。

「ころせころせわが身をころせころしはて何もなきとき人の師となれ」と、至道無難禅師は歌っておられる。「流転三界の中、恩愛断つ能わず、恩を棄てて無為に入るこそ、真実恩に報ずる者なり」と示されるように、断ち難き恩愛のキズナ、執着のケバクを切断する剣であると言えよう。

大楠公はよく若いころから仏法に帰依し、坐禅もしたと伝えられるのであるが、あれほどの人でも、生死岸頭に臨んでは、やはり心中未穏在なものがあったのであろう。

血刀提げて広厳寺に飛び込み、明極禅師に相見され、「生死交謝の時如何」とうったえられた。生死の末後に臨んではどう覚悟すべきかと、卒直に訊ねられたのである。「両頭共に截断すれば一剣天に倚って寒し」と明極禅師は示された。公はそれでも領解出来ず、「畢竟如何」とつめよられると、禅師は威を振ってカアーと一喝された。公覚えず腋下に汗を生じ、胸臆頓に開け、恭しく三拝しおわると、奮然湊川に向って出陣されたと伝えられる。

　生死の両頭、是非の両頭、憎愛の両頭、苦楽の両頭、すべての両頭を截断してこそ、清々しい人生の白道は展開する。かかる生命が生命みずからの道を切り開いてゆく禅心の妙用を、宝剣に譬えられるであろう。

「関将軍の大刀を奪い得て手に入るるが如く、仏に逢うては仏を殺し、祖に逢うては祖を殺し、生死岸頭に大自在を得、六道四生の中に向って遊戯三昧ならん」と示される、清寥々白的々の生涯こそ、趙州露刃剣とたたえられる禅心の妙用と申すべきである。

臨済禅師の説かれるところは更に老婆である。

「大徳五無間の業を造って方に解脱を得ん。問う如何なるか是れ五無間の業、師云く、父を殺し母を害し、仏身血を出し、和合僧を破り、経像を焚焼する等、此は是れ五無間の業なり。

　云く如何なるか是れ父。師云く無明是れ父。儞が一念心起滅の処を求むるに得ず、響の空に応ずるが如く随処に無事なるを、名けて父を殺すと為す。

　云く如何なるか是れ母。師云く貪愛を母と為す。儞が一念心欲界の中に入って、其の貪愛を求むるに、唯諸法の空相を見て、処々無着なるを名けて、母を殺すと為す。

　云く如何なるか是れ出仏身血。師云く儞が清浄法界の中に向って、一念心の解を生ずること無く、便ち処々黒暗なる、是れ出仏身血なり。

　云く如何なるか是れ破和合僧。師云く儞が一念心、正に煩悩結使は空の所依無きが如くなるに達する、是れ破和合僧なり。

云く如何なるか是れ焚焼経像。師云く因縁空心空法空を見て、一念決定断じて、迥然として無事なる、便ち、是れ焚焼経像なり」。

『はだか随筆』先生の高説によれば、男性の本質は盲目的博愛主義にあり、女性の特質は惑溺的母性愛にあるようだ。とすれば、人間性の父とは恐るべき盲目的本能（無明）であり、母とは飽くなき貪婪なる溺愛（貪愛）である。かかる父なる無明、母なる貪愛を殺害してこそ、はじめて人間は真実なる自由をかち得られる。

だからと言って白々しい冷酷な道学先生になりすましてはならんということが、出仏身血である。飯を食う時は飯になり切る。働く時は仕事になり切る。糞をする時は清浄はしばらく神棚に上げて糞になり切る。すなわち処々黒暗であることが出仏身血である。

人間の心とは要するに経験の集積であり、潜在意識の和合体である。従ってわれわれの行動は、意識するとせざるにかかわらず、常に何らかの経験に支配される。かかる経験と潜在意識の和合体である、自我という迷妄なる凝結物を破壊し去ることが、そして常に新鮮なる純粋なる意識に生きることが、破和合僧である。

しかして、因縁所生の一切の現象はことごとく空である、われわれの心性も元来鏡のごとく空である、この空の眼に映ずる世界もまたすべてそのまま空であると達観出来るならば、そこにはじめて仏の叡知が開け、如何なる事物にも執われない、創造的生活が営まれるであろう。これを焚焼経像というのである。すべての物質的精神的偶像を破壊することである。

このようにその時その時その場その場において、心のこだわりになるものを切り捨て切り捨てて、常に生命のために新らしい道を開いてゆくことが、禅心という利剣を手に入れることであり、臨済は五逆罪を犯すと示されたのである。

二

菅原道真公が献言して、唐との国交を断絶するに至ったほど、さすが盛唐の文化国も、その末期には、政治は腐敗し秩序は紊乱し、ところどころに暴徒が蜂起するに至った。その首領に王仙芝なる者があって、叛乱軍を組織して一時猖獗を極めたが、間もなく討伐された。

その頃、黄巣なる男があった。彼は一応修学にも志し、経史にも通じたインテリであったが、進士の試験に落第すると、性来の侠気にかられて、人民軍の中に投じてしまった。ホーチミンのような男である。

しかも彼は天から一ふりの剣を授かって、その剣に「天黄巣に賜う」という銘が刻してあったというのですっかり自信を得て、われこそは唐末の乱世を統一すべき、天命を担うたものであると宣伝し、自ら衝天大将軍と称し、再び叛乱軍を集結して、大いに侵略を始めた。この話ははなはだ眉唾ものだが、人心を収攬するには最も効果的だったであろう。

彼の率いる革命軍は遂に長安の都を陥れ、僖宗皇帝は亡命の止むなきに至った。そこで彼は曲りなりにも天下の王者となりすまし、自ら大斉皇帝と称し年号を金統と改元した。その勢は武漢三鎮を攻略し南京入城をあえてし、広東にまで及んだと言われる。しかし彼もまた武運拙く四年にして平定されてしまった。

ちょうどその頃湖北の鄂州に巌頭禅院があって、そこに当時世にかくれもなき巌頭全豁禅師がおられた。一日行脚の僧が参問した。例によって「近離什麼の処ぞ」と、禅宗独特の仁義が始まると、その僧は「西京より来る」と正直に答えた。すると、巌頭は「却って黄巣の剣を収得するや」、西京は長安の都で、ちょうど黄巣が討たれた挙句のことであるから、「西京と言えば、この頃、戦争裁判で黄巣が首を絞められてしまったということだが彼が持っておった宝剣をお前さん手に入れては来なかったかな」というあんばい。

恐ろしい問端だ。陥虎の機を提げ、擒賊の略を布くとはこのことだ。ここらでこの僧が、目先を利かして「人殺しや」と大声をあげて叫んだならば、巌頭も手の出しようがなかったろうに、惜しいことをしたと、誰かが批評しておる。

ところがこの僧極めてお人よしだったと見える。「ハイ手に入れて参りました」と、うっかり相手の言葉に乗せられてしまった。陥穴にどっぱまってしまった。このラチナシ奴がとまた誰かがぼやいておる。

もうこうなったら思いのまま、死蛇を弄するとはこのこと、猫が鼠をなぶるようになぶられてしまう。しかし決してとって食おうというのじゃない。何とかして活きかえらせようという涙ぐましい努力じゃ。

この僧剣を手に入れましたと、そりかえっておるから、巌頭すかさず頸をさし伸べ「㘞！」とやった。「さあ斬れ！」と言わんばかりに、首を差し出して睨みつけた。

世間の喧嘩でもそうだが、さあ切れと裸になって坐り込んだ男に斬ってかかるのは、よほどの間抜けかあわてものだ。この僧ここで大いに笑ってやればよかったにと、白隠和尚もくやしがっておられるが、もう遅い、屋島壇ノ浦の戦を今日応援しておるようなものだ。

すると「師の頭落ちぬ」。貴方の首は、もう落ちましたと、すましこんだ。曳かれ者の小唄ではないが、この僧自分の首のとっくにないことも気がつかずに、とんだよまいごとを言ってしまったものだ。もっとも名人に首を切られると曲り角を廻るまで首がついておるというから、巌頭ほどの名人に切られたのだから、さもあろう。するとやにわに「ハハハハハハハ」と頸を斬られたはずの巌頭が実に痛快に呵呵大笑してしまった。何と小気味の良い、腹の皮のしびれるような笑いではないか。

ここらでこの僧豁然と活き返ってくれればよかったのに、馬鹿につける薬はない。この僧これほどの目に会っても、夕立を浴びた蛙ほどにも感じなかったと見える。しかもその足でしゃあしゃあとして雪峯の門を叩いた。

雪峯と巌頭は、雲水行脚時代からの知音底じゃ。いわゆる、同条に生じ同条に死する底の仲である。

雪峯云く「什麼の処よりか来る」。僧云く「巌頭より来る」。峯云く「何の言句か有りし」と例によって例のごとき仁義があって、この僧くだんの一件を得々と物語った。あるいは巌頭の大笑を賞められたようにでも思ったのであろう。あるいは印可を貰ったように感違いしたかも知れぬ。少くとも鬼の首でも取ったつもりであったろう。馬鹿につける薬はない。

すると雪峯老漢、どうしたことか、持っておった拄杖子というて、山から切り出したばかりのおそろしい長い杖で、打って打って打って、とうとうこの僧を叩き出してしまった。「もっと打てもっと打て、棒がまだ折れておらんじゃないか」と、圜悟がアジっておるが、これも死蛇を弄する手段ではあったろう。

三

そこで雪竇が歌っていう。

黄巣過ぎて後曽て剣を収む。
大笑は還って応に作者知るべし。
三十山藤且らく軽恕す。
便宜を得るは是れ便宜に落つ。

黄巣の剣は何というても当時隠れもなき天下の名剣であった。八ちまたの大蛇の尾から出たと伝える叢雲の剣のようなものである。日本武尊はこの名剣を手に入れてより神威頓に勝れ、天晴れ奥羽平定の大業を完成された。

この僧も黄巣過ぎて後、その名剣を手に入れたというのであるから、さぞかし日本武尊にもおとらぬ大功を立てたつもりであろうが、これはまた何としたことか、大山鳴動して鼠一匹、大いに巌頭老漢の笑いを買ってしまった。

その笑いがおかしかったのか、悲しかったのか、腹が立ったのか、それとも何でもない空笑いであったのか。知る人ぞ知る。さすが作者の雪峯ならわかり過ぎるくらいわかったはずじゃ。「黄檗恁麼に老婆なり」という大愚の一語を聞いて、臨済は豁然と大悟したのだが、凡僧ではそうはゆくまい。雪峯は巌頭の意中を汲んで腹の中は血の涙じゃ。

憤激のやり場がないから、打って打って打って追い出したが、是れまた死蛇を弄する血滴々じゃ。なぜ息の根の止まるまで打ってやらなかったか、雪峯まだぬるいとは雪竇の感慨。

思うに便宜を得るは是れ便宜に落つじゃ。電話という便利なものがあるばかりに、昼夜を問わず遠近を厭わず、近所界隈とりついであるかんならん。馬鹿なことだ。老僧天竜寺におったころ大いにこりておるから、電話は引かんことにしておる。するとこんどは近所の本山から始終呼び出しに来てくれる。申し訳けないことはなはだしい。困ったことだ。便宜を得るは是れ便宜に落つるか。

テレビと言う便利なものが出来たと思って買い込むと、用もない人がのこのこ出て来て、時には子供までぞろぞろつれて来て、相撲にでもなると一日くっついておられるので、たまったもんじゃないとこぼした人がある。便宜を得るは便宜に落つるか。

むかし京都のさる本山から二人の秀才が、東京の大学へ遊学した。下宿屋の近所にすこぶる別嬪の娘がおって、若い二人がいつの間にか井戸つるべのように交替で出入りするようになったそうだ。その中の一方がとうとう金的を射とめて、文学士にはなるし美人は手に入れるし意気揚々として故郷へ帰った。が、その人一向発展もせずに終ってしまった。ところが、一方失恋？　の苦杯を味った方は、悶々やる方なかったのか、あるいは本来願心があったのか、爾来黙々と坐禅をはじめて、遂に一派の最高位にまで上ってしまったという伝説がある。いったいどちらの人生に価値があったであろう。美人を手に入れたという幸福は、その青年の一生を台なしにしてしまったということではなかったか。便宜を得るは是れ便宜に落つじゃ。

百万円くじ二百万円くじ、前後賞で四百万円くじのあたったような人は、さぞかし幸福に暮しておるかと思うに、そうではないようだ。あちらの学校、こちらの団体から寄附を頼まれ、親類朋輩がよってたかって食い倒し、押売り強迫と街のダニ共につけねらわれ、夜も寝られず仕事も手につかず、神経衰弱になるか夜逃げをするか、中には自殺者まで現われて、一人として満足な生活をしておる者はないということだ。便宜を得るは便宜に落つじゃ。

余談はさておきこの僧「黄巣過ぎて後剣を収得すや」と、巌頭に言われた時、ついうかうかと相手の言葉に乗って、調子よく「収得す」と言ってしまったのが、そもそも間違いの本じゃというのである。「囗」と第二の矢を向けられた時、身を飜すだけの働きがあればまだしもよかったのに、惜むべし転身の機を失ってしまった。

第一句の「収得す」にこだわってしまうから、つい「師の頭落つ」などと、いとも情けないたわごとを言わねばならぬ体たらくとなってしまった。そして遂に巌頭には大笑され、雪峯には叩き出されるという憂目に会うた。すなわち便宜を得るは是れ便宜に落つじゃ。何かの席で、この方は非常な茶人でなどと紹介されると、ついその言葉に乗せられてしまって、その席上始終茶人らしい振舞をせんならん窮屈なことになってしまう。この方は大哲学者でなどと言われると、何か哲学者らしい理窟の一つも言って見たくなる。便宜を得るは是れ便宜に落つという人間の弱点がここにある。

剣を収得すとは、そうした一切の捉われこだわりを、斬りすて斬りすて、常に斬新なる生命観に充実して生きることでなくてはならん。無明に捉われず、貪愛に縛られず、イデオロギーにこだわらず、前後截断、川の水が両岸にもへばりつかずに、淡々として流れて止まんような、新鮮なる生命を持続することでなくてはならん。でないと巖頭の大笑を防がれぬであろう。

そこで雪竇（せっちょう）に同和して老僧も歌おう。

よにたぐいなき　いやちこの
剣手にあり　しかすがに
高き笑を　知るは誰。
三十棒頭　己が墓
己が掘りけむ　あわれなり。

（三十年八月）

雲門体露金風

雲門体露金風（第二十七則）

垂示に云く、一を問えば十を答え、一を挙ぐれば三を明らめしむ。兎を見て鷹を放ち、風に因って火を吹く。眉毛を惜まざることは則ち且らく置く。只虎穴に入るが如きの時は如何ん。試みに挙す。看よ。

挙す、僧、雲門に問う、樹凋み葉落つる時如何。雲門云く、体露金風。

頌に云く
問既に宗有り。
答えも亦同じき攸。
三句弁ず可し。
一鏃空に遼る。
大野は涼　颷颯々。
長天は疎雨濛々
君見ずや少林久坐未帰の客。
静かに依る熊耳一叢々。

一

一を聞いて十を知るということが、中国でも日本でもまず秀才の形容詞であろう。言葉は全く逆だが、一を尋ねたのに十も答えてくれる先生があったら、典型的教師と言えようか。

四角い物の一角を示して、直ちに他の三角をも理解出来るような弟子でなければ教えないと、孔子(こうし)先生は言われたが、行きとどいた教育者なら、一角を示すついでに他の三角をも一々丁寧に示して、愚かな者にもわかるように指導してくれるであろう。

教育というものはこのような鈍才(どんさい)教育、精薄(せいはく)教育をしてゆくところにこそ使命があるというもので、そこにはおおらかな根気と愛情がなければ出来ることではあるまい。

生徒達に日々親(した)しく触れて、相手の欠陥を見つけたら、兎を見つけて鷹を放つように、その時その時手ぎわよくためなおしてやる親切が必要であり、相手の長所を見つけたら、風に因って火を吹くように、力強くその長所を助長してやる努力がなければなるまい。

こうした至れり尽せりの鈍才教育は、古来禅門ではあまり歓迎されないところである。丁寧は君徳を損するなどと悪罵(あくば)され、あまり親切だと眉毛が抜け落ちるなどと警戒されたものだ。禅は高踏的だと批判され、一個半個を打出するものだなどと言われるのもそのせいであろう。

しかし真実親切な師家であったら、愛する弟子のために、愚かな大衆のために、眉毛が抜けようが、頭が禿げようが、灰頭土面(かいとうどめん)決して厭(いと)うことではあるまい。

ところでいつもそんな鈍才教育ばかりしておると、時たまずば抜けた天才が飛び出して来た時に、まごついてしまってうっかりとり逃がすようなことがあるかも知れぬ。大切なところである。

虎穴に入らずんば虎児を得ずとばかり、直ちに手元に肉薄して来るような、力量の勝れた相手が現われたらどうしたものであろう。人の師となるもの油断もすきもあったものではない。愛情と根気だけでは人の先生にはなれない。

ここに面白い話があるから聞かっしゃいと、例によって圜悟禅師の垂示である。

二

この公案の主人公である雲門和尚は、韶州雲門山光奉院に住持された文偃禅師と申し上げる方である。禅宗五家の一派である雲門宗の開祖ともなられた唐代の名僧である。

雲門宗は紅旗閃爍と批判されておるが、こんもり茂った宇治か嵯峨の奥深い森かげに、ちらちらと紅い旗がひらめいて見える、外から見るとたったそれだけで一向風情もないが、側へ近よって中へ入って見ると、どうしてどうして幽邃高雅な料亭がそこにあるというわけだ。広荘な広間もあれば閑寂な小座敷もあちこちに散在する、築山もあれば滝もあり池もあるといったあんばいである。

雲門は一字禅とか三字禅とか言われて、あるいは関とかあるいは露とかあるいは咦とか、常に短い言葉で真理を示されるが、それだけその言葉の陰に底の知れない深さがあるわけである。窺い知れぬ深遠な境地が湛えられておるというものである。そして雲門天子の気ありとも評されて、非常に調子の高い宗風でもある。

老僧は二三年前、訪中仏教親善使節団の末席を汚して新らしい中国を訪ねた時、粤漢線途上で、この雲門大師が生まれられ、生涯を送られた韶関の駅を通過して、四囲の風光を火車の窓から眺めて、実に感慨無量であった。そのあたりは大陸に珍らしく山迫り水清く、さながら南画の山水を見るようなところであった。その程遠からぬところには六祖大師のおられた曹渓山もあると聞かされ、なんともたまらない郷愁にも似た感情におそわれた。

雲門をおもい六祖をしたいゆく
　山河とおくつくることなし

その時の述懐である。

この雲門大師のところへ、ある時一人の僧が現われて尋ねた。「樹凋み葉落つる時如何」と。文字の上から見れば、万木凋落し尽した冬枯れの境地は如何でござる、というところであるが、この語には性のわるい刺がある。この僧いっかど禅のわかった男であり、雲門の宗旨をも心得ておる憎い奴じゃ。

樹凋み葉落つる時は、勿論自然の状景ではなくして、脱落身心の時節であり、涅槃寂静の境地である。茶道でいう佗の心境でもあろう。

煩悩も妄想も消えはてたところ、生死も涅槃も絶したところ、仏も凡夫も払い尽したところ、そこの消息は如何でござるというのである。

この僧いささかの得力があり、雲門の室中に飛び込んで、あわよくば天下の老和尚の寝首を掻取ろうという魂胆、まさに虎穴に飛び込んだ命知らずの好漢というもの、うい奴じゃ。

利休の師武野紹鷗は茶道の佗という境地を表わすに、新古今集の定家卿の歌を引いておる。

見わたせば花も紅葉もなかりけり
　浦のとまやの秋の夕ぐれ

まさに満目蕭条たる冬枯れの景色である。樹凋み葉落つる時節である。涅槃寂静の心境である。この境地がわからなければ、勿論仏法がわかったとは言えないし、禅がわかったなどとはうそにも言えない。茶道の佗さえわかったとは言われまい。

しかしもしこういう静寂な境地に尻を据えて、ここをのみ究竟として法悦禅喜にひたっておるならば、畢竟灰身滅智の徒に過ぎないであろう。「枯木寒巌によって三冬暖気無し」と嘯いて焼き出された庵主の類に等しかろう。

三十あまりわれも狐の穴にすむ
　今ばかさるる人もことわり

と大燈国師の歌われた、野狐の見解に外ならぬ。

利休はこの侘の心を同じ新古今集から、

花をのみ待つらん人に山里の
　雪間の草の春を見せばや

という家隆卿の歌を引いて表現しておるが、ここには、単なる清寂があるだけではなくして、早くもそこに、春が動きそめておる。それは三冬暖気なき虚無的清寂ではなくして、明るさと暖かさをとりもどした清寂である。確かに紹鷗のそれより一段の進境のあることを考えられる。

「樹凋み葉落る時如何」、この僧、賊機漫々、雲門の応答次第によっては、ただではすまさぬ権幕であるが、雲門の答や果して如何。

三

雲門曰く「体露金風」。何というすばらしい応答であろう。一句であろう。圜悟は下語して「天を撐え地を拄う」という。「釘と斬り鉄と截る」ともいう。「浄裸々赤洒々」と言葉を添える。「青宵に平歩す」とも批判しておる。すべて同感。

秋は五行の上で金であるから、金風は秋風である。日本晴れの碧空の下に、秋風颯々として吹き漲ったすがすがしさ、そして見わたす限りの曠原には黄熟し切った苅入れを待つばかりの稲穂が、はてしなく黄金の波をうっておるような明るさ、彩色あでやかに秋草を描かれた山楽あたりの金襖を見るような荘厳、ある画家は画面の重厚を現わすために、絹地の裏に金泥を塗ると聞いたが、そのような深さに裏づけられた荘重さ、まことに「体露金風」の一句、汲めども尽きぬ詩趣をただよわしておるではないか。しかもそこに一微塵の軽薄さもない、雲門宗の生粋である。天を撐え地を拄うとは、かくのごときの一句である。

雲門の言句には三種の類型があると言われる。一に函蓋乾坤の句、二に截断衆流の句、三に随波逐浪の句である。

函蓋乾坤とは、函と蓋がぴったり一分のくるいも

雲門体露金風

なく合致するような一句、同声相応ずること符節を合せるような一句である。すなわち全分的肯定の一句である。

截断衆流とは、相手の妄想煩悩、邪念邪見、分別理智の一切を截断してしまうような、鋭脱な一句で、全分否定の一句である。

随波逐浪とは、相手の言句に同調して、あたかも波のまにまに小舟をまかすがごとく、肯定でもない否定でもない軽快な一句をいう。

「樹凋み葉落つる時如何」と、晩秋の清趣を唱え出したこの僧の句に対して、「体露金風」と応えた雲門の一語は、正に適切蓋当、函蓋乾坤の一句であろう。釘と斬り鉄と截り、相手の僧の断空の偏見を一撃に打破したところは、まさに截断衆流の一句でもある。しかもその言句の調子から言えば、手を携えてともに行く随波逐浪の詩情でもある。雪竇が三句弁ず可しと頌に歌ったのは、この意味であろう。

このごろ大拙居士が「ヨーロッパ思想というものは、もとギリシャに発起したものだが、ああいう狭隘な国土でしかもせせこましい都市国家の間に発達した思想は、当然対立的であり排他的にならざるを得ないだろう。そこへ行くと茫漠たるインドや中国の大平原に育った東洋思想は、自ら茫大であり寛容である」と談られたが面白い見方だと思った。

大野は涼飇颯々、長天は疎雨濛々

禅思想発祥の地である、中国大陸の茫大と幽玄をさながら表現しつくすような「体露金風」の四字でもある。しかもそこには天を撐え地を拄える充実感と積極性があふれておるではないか。またそれは換骨の霊法、頤神の妙術を内蔵する是大神呪是大明呪でもある。

四

雪竇の頌であるが、さすがの雪竇もこの雲門の一句の前には、まさにたじたじの感がする。それほどこの「体露金風」の一句は優れており、乾坤をぶちぬいて光っておると思われる。十翰林の才人も、遂にここに至って筆を抛った感じである。

この僧の問に宗旨の現われておることは、前に述べた通りである。若き日の白隠禅師は、正受老人から「穴ぐら禅坊主」としばしば罵られたそうだが、その穴ぐら禅坊主にはなかなかなれるものではない。枯木寒巌の僧は庵を焼出されたが、三冬暖気無き境地を捉み得るものが果して幾人あろう。

この問すでに宗旨を提示するものであり、この答もちろん函蓋相合する名答である。しかも一句の中に雲門特異の三句をしみじみ味あわされる。まことに天下人の舌頭を坐断する底のこの一句は、一鏃空に遼るで、凡俗どもには影も形もうかがい見えぬ高雅なものであろう。

それは涼風颯々たる大陸の曠野に立ち、疎雨濛々たる万里の長空を望むがごとく、浄躶々、赤洒々、天を撐え地を拄え、憶うだも限りなき詩情ではないか。

熊耳峰頭達磨は永遠の眠りに入ったというが、達磨は決して眠ってはおるまい。尽大地すなわち是れ達磨の一隻眼じゃ。おわかりかな。

問もあっぱれ
答も見ごと。
三句手の中
一矢雲外。
熊耳峰頂
秋くれて
達磨眠ると
誰が言うた。
曠野はてなく
風颯々。
長天とおく　雨濛々。

（三十四年十一月）

長沙落花を逐うて回る

長沙落花を逐うて回(かえ)る（第三十六則）

挙す、長沙一日遊山して、帰って門首に至る。首座(しゅそ)問う、和尚什麼(いずれ)の処にか去来(こらい)す。沙云く、遊山し来る。首座云く、什麼の処にか到り来る。沙云く、始めは芳草に随って去り、又落花を逐うて回る。座云く、大に春意に似たり。沙云く、也(また)秋露の芙蕖(ふきょ)に滴(したた)るに勝(まさ)れり。雪竇著語して云く、答(とう)話(わ)を謝す。

頌に云く

大地繊埃(せんあい)を絶す。
何人か眼(まなこ)開けざらん。
始めは芳草に随って去り。
又落花を逐うて回(かえ)る。
羸鶴(るいかく)寒木に翹(つまだ)ち。狂猿古台に嘯(うそぶ)く。
長沙限り無き意。咄(とつ)。

一

月の美しい晩であった。潙仰宗の仰山和尚と長沙の景岑禅師とが、一夜語りあった。時に仰山が天上の月を指ざして、「みんな誰でもアイツを待っておるのだが、遺憾ながらよう使わんわい」と、感慨深くうそぶいた。すると長沙がすかさず聞きとがめて、「それはちょうどよい機会だ、まず貴公にソイツを使って見せてもらおうじゃないか」と持ちかけた。仰山は「イヤそう言う貴殿から使って貰いたいナ」と逃げてしまった。すると長沙はやにわに立ち上って、仰山を一蹴に蹴倒してしまった。なんと手荒い使い方ではあるまいか。

いったいそのアイツとかソイツとか、中国で這箇と言うのは、なんのことであろうか。仰山あられもないていたらくで、むくむくと起き上ると、「一えに箇の大蟲に似たり——まるで大虎みたいな奴だ」とつぶやいたので、長沙和尚は爾来岑大蟲とあだ名されることになった。大蟲とは虎のことである。

それはあたかも袖にすがりつく妻子を足蹴にして、一路出家の旅に飛び立った北面の武士佐藤憲清にも似た手荒さだが、長沙和尚にはその高雅な風懐において、その豊麗な文藻において、その放浪生活において、大いにわが西行法師に似たところがある。

湖南省長沙は洞庭湖の東南岸、いわゆる瀟湘八景を謳われる景勝の地域瀟江の下流にある。もっぱらその地名、長沙の名をもって親しく呼ばれる景岑禅師は、南泉普願禅師に法を嗣いだ傑物であるから、臨済・徳山・洞山等と同時代であり、趙州和尚・陸亘大夫等とは兄弟弟子にあたる。

華厳哲学に通じた学僧であり、しかも南泉の法を嗣いだ禅の達人であるというから、鬼に金棒じゃ。しかも文藻に富むと来ておるから、宗門にもそうザラにない法器である。

もし学人が来て教理において疑いをただすなら

ば、滔々千万言その蘊奥を傾けて遺憾なく示し、詩偈において脱塵の境涯を求むれば、口をついて珠玉の名句を吐くといったあんばい。しかも時に旗鼓堂堂禅の本分をもって法戦をいどむ者あれば、禅機縦横殺活自在の作略をふるってひけをとらぬ。その機鋒の鋭きことは岑大蟲をもって天下に畏れられたこと前言のごとくである。

かかる宗通説通の大力量をもって、はじめ天下の名勝長沙の鹿苑寺に、開山第一世として住山したのだが、なんとしたことかその後は住処不定、飄々として脱塵の生涯に遊戯し、灰頭土面ただ縁にしたがい請に応じて、任運騰々と応機接物をこととしたという変り種でもある。いわゆる一衣一鉢遊山玩水の生涯をまっとうしたのである。

「長沙一日遊山す」。この和尚、元来遊山の常習犯と見える。恐らくこれは鹿苑寺で大衆を接得しておったころでもあろうか、一日ぶらっと裏山を散歩して帰って来た。山門のところまで来るとあいにくと第一座の知客寮に見つかってしまった。たちまち

「和尚什麼の処にか去来す――一山の大和尚ともあろう者が、どこをウロウロして来ましたか」と、とっちめられてしまった。「也這の老漢を勘せんことを要す」と、圜悟は下語をしておるが、機に臨んで師に譲らず、知客寮ともなればこうなくてはなるまい。ことごとに油断なく切磋琢磨して行くのが禅の道場である。

老僧の寺、神戸の祥福寺を中興して、今日の祥福寺を大成されたのは匡道老漢だが、本堂再建の時じゃ。大檀越北風庄右衛門家を訪ねて相談すると、主人がまず心よく賛成して当時の金で金千両の寄進をつけてくれた。その上家族一同としてまた千両をつけてくれた。これだけあればもう寺は建ったも同然である。

安心と嬉しさについ好きな酒をよばれ過ぎて、夜半よい機嫌で僧堂へ帰って来ると門がしまってお

る。とんとんと門を叩くと、知客寮が出て来た。「誰だ」と言うから、「わしじゃ、わしじゃ、開けてくれ」と言うと、「いやしくも叢林の師家ともあろう者が門限を知らんか。開けることはならん。門宿さっしゃい」ときめつけてさっさとはいってしまった。

匡道老漢、それから門前の山根源兵衛の家をおこして、「わしは今日ほど嬉しいことはない。外には北風のような大檀越があって寺は建つし、内には厳格な知客寮がおって俺を叱ってくれる。これでこそ大法は栄えるのじゃ。こんな嬉しいことはない」と言って、涙を流して喜ばれたと言うことじゃ。そこで山根源兵衛が中にはいってようやく裏門からこっそりいれてもらわれたそうだ。有難い話じゃないか。

「和尚什麼の処にか去来す——師家ともあろう者が、どこをウロついて来ましたか」と、きつい訊問である。

「沙云く、遊山し来る——ちょいとなめ、山へ遊びに行って来ました」。ここまでは日常茶飯事の商量で変ったことはないが、この「遊」の一字大いに玩味を要する。

二

ある夜、京都大学の哲学科に席をおくという一人の青年が老僧を訪ねて来た。老僧の前へ坐ったきり二十分くらいなにも言わない。わしも言うことはない。堅苦しい沈黙だ。とうとうわしの方がしびれを切らして、「なんとか言わんか!」と人喝してやったら、びっくりして飛び上りよって、「人間、死んだらどうなりますか」と言うから、「息が切れるじゃろ」と答えてやった。「息が切れてどうなります」と言うから、「冷たくなるのさ」と答えた。「冷たくなってどうなりますか」と言うから、「灰になるのさ」と答えてやった。「灰になってどうなりますか」と言うから、「それから先は知らん」と言ってやった。

「それでは人生の目的はなんですか」と、ほこ先を変えてきった。「遊ぶのさ」と答えてやった。一向こんどは手ごたえがないので、「人生の目的などと言って騒ぐのは、行くべきところへまだ行きつかぬ人間のよまい言じゃ。（あなたどこへ行きますか）。（京都へ行きます）。（あなたはどこへ行きますか）。（奈良へ行きます）。（行ってどうしますか）。（遊びます）。目的地へ着いてしまったら遊ぶより仕様がないじゃないか。（働きます）と言うかも知れんが、（働いてどうするのか）。（金もうけます）。（金もうけてなにするか）。（遊びます）。やっぱり遊ぶのじゃないか。人生の究極は遊ぶことだ」と答えてやったら、わかったようなわからんような顔をして帰って行った。

人生の究極は遊ぶより仕方があるまい。進歩々々とやかましく言うが、進歩ということは途中ということじゃ。仮に進歩の終点へ到着したとして、理想の社会が建設されたとしたら、人間いったいどうなるか。原子力が平和産業に使われて生産力が大いに上る。物は空気や光線のように余って奪いあう者もなければ、争う者もない。みんなが楽しんで一日に二、三時間、働らきさえすればよい。それ以上働くと生産が余り過ぎる。そういう世界が出来上ったとしたら、人間どうしたらよいか。あとの二十時間をどう過したらよいか。遊ぶより仕様があるまい。

文学か芸術か、音楽か演劇か、登山かスポーツかなんでもよい、最も高い最も深い文化を楽しんで遊ぶことが、究極の世界で、それがいわゆる天国であり浄土でもあろう。そこには衝突もなく行詰りもなくただ歓喜踊躍の日々があるばかりである。

理想の世界が建設されれば、当然そういうことになるであろうが、今日只今この矛盾と行詰りだらけのこの現実の世界にあって、しかもその天国そのままの遊びを遊ばしめる者が宗教と言う者ではないか。ここのところを学問の上では、生死即涅槃と言い、煩悩即菩提と言い、娑婆即寂光土と言い、臨済和尚は「途中に在って家舎を離れず」と説かれ、観音経には、観世音は「是の如き等の自在神力ありて娑婆世界に遊びたもう」と示された。この宗教的自在神力が得られるならば、苦しむことが遊びであり、働くことが遊びであり、血みどろの社会革命がそのまま遊びであり、骨をけずるような人間改造がまた遊びでなければならぬ。

「首座云く、什麼(いずれ)の処にか到り来る——行先きをはっきりおっしゃい」と、なかなか厳しい。一歩もあとへは引かぬ。そこで長沙が「清水の観音さんへ詣って来た」とか、「南禅寺の湯豆腐を食べて来た」とか、なんとか素直に言ってくれさえすれば問題はなかったのだが、つい妙なことを口走ってくれたがために、雪竇(せっちょう)も百則頌古などものせねばならず、老僧も電報々々で督促されてつまらぬよまい言を書かねばならぬ始末。

「沙云く始めは芳草に随って去り、又落花を逐うて、回る——行く時にはなあ、れんげやたんぽぽに見とれておる中に、ふらふら出て行ってしまったのさ。帰りはなあ、蝶々のようにひらりひらり風に舞い散る桜の花びらが、きれいだなあと思うとる中に帰って来たんや」。

なんとええ句じゃござんせんか。自由自在なものではござんせんか。「始めは芳草に随って去り、又落花を逐うて回る」。

遊山と言うこと、遊ぶと言うことは、こういう境地でなくてはならぬ。一念の計較分別もなく、一点の住著するところもない達人の境涯である。

自然法爾と言うか、遊戯三昧と言うか、向上とも向下とも今時とも那辺ともつかぬ高邁な世界、超仏越祖(おっそ)の働らきである。遊ぶと言うことはこう言うことでなくてはならぬ。高原に草を喰む牛や羊を見るがよい。彼等でさえ「なんのために草を食うか」などと騒ぎはせぬ。「始めは芳草に随って去り、又落花を逐うて回る」じゃ。自然法爾に、永遠の今をただ草食うばかり、あるべきところに自らをおく喜びにひたっておる。

「座云く、大いに春意に似たり」。この僧いよいよもって手強い。（えらい陽気なことでしたな）と、同調したようだが、どこやら口裡にイバラがある。「この死にそこない奴が」と言わぬばかり、首座なりに一本釘を打ち込んだところ。

「沙云く、也（また）秋露の芙蕖（ふきょ）に滴（したた）るに勝（まさ）れり――色気のないより、ましじゃわい」。この一句実にまた芳草の句におとらぬ珠玉である。

首座がじっと目を見張ったまま、なんともよう言わぬのを見兼ねて、雪竇つい思わず著語して云く、「答話を謝す――まことに結構なお示し有難とうございました」と。雪竇三拝九拝の感激ぶりである。

芙蕖は蓮の葉で、蓮の枯葉に時雨がパラパラとふりそそぐ、蕭条たる晩秋初冬の景色、かかる「枯木寒巌に倚って三冬暖気なきところ」よりはましであろうと言うのである。しかし底意は決してこの涅槃寂静、大地纖埃（せんあい）を絶する底の境地を踏み出してはおらぬぞと言うところ。

三

ある人が京都へはじめて出て来て、渓山人、富田渓仙画伯に逢うて、京都はいつがいちばん美しいかと尋ねたら、「冬」だと答えた。「どこがよいか」ときいたら、「下鴨の糺（ただす）の森だ」と言ったそうだ。それから糺の森の冬をたずねて見たところがなるほど美しい。

あの広い境内に幾かかえもあるような欅の大木が林立していて、みな太い幹を大空にかざしておる。そしておびただしい小枝が互に枝さし交してほのぼの煙っておる風情はなんとも言えぬ。毎年冬に糺の森を訪ねてしみじみと冬の清閑を味うのだと言っていた。

老僧は嵯峨の嵐山に二十何年も暮したが、天下にこんな美しい山がまたとあろうかと思うほど、朝な夕なに眺め暮した。

春ともなればまず高い峰に、辛夷（こぶし）の一群が、白雲のかかるがごとくに咲き輝く。馬酔木が小さな鈴のような花を一面にぶらさげる。紫のつつじが全山を色どり、そして桜の嵐山が展開される。

それから新緑の嵐山、その新緑を縫うて山一面に垂れさがる藤の花房の見事さ。そして河鹿が鳴く、杜鵑が鳴く。

やがて山染の屛風を立てたような紅葉の嵐山となり、月の嵐山雪の嵐山となる。黎明の嵐山、深夜の嵐山、雨の嵐山、霧の嵐山、晴れた日の嵐山、曇った日の嵐山と、およそ嵐山に関する限り千態万容、心ゆくばかり満喫したと思う。

が、なんと言ってもいちばんよいのは冬の嵐山だと思った。桜も楓も木の葉のすべて地に落ちて蕭条とした裸木が枝さし交わし、やがて芽ぶかんとして、その小枝の先がすでに赤味をおび、全山がほのぼのとピンク色に香おる。今日このごろの嵐山ほど美しいものはない。

日本にはこうした四季の変化がはっきりしていて、ことに冬と言うような静寂な季節の与えられておることは、なんと言っても有難いと思う。

昨秋、アラフラ海から帰った真珠採取船の人達が報告しておるところをきくと、南洋には年中燃えておる島があるそうだ。それは決して火山の噴火ではない。ジャングルの火事であるが、島の一端に火が燃え移って行くところには、先の焼跡にもう森が繁茂していて、そこにまた飛び火して燃え出し、結局年中燃えておると言うのである。聞いただけでも暑苦しい話である。

社会の進歩は闘争によってかち得られるかも知れない。しかし明けても暮れても闘争々々に心臓を燃やしておることは、考えても堪えられないことである。戦国の武将達が、時には二畳板目の茶席に端坐して、松風の音に心をすまし、清寂の雰囲気に、心を洗った風情が思いやられる。永遠に連なる生命の清寂、茶道ではこれを侘とか寂と言う。

仏教で言う涅槃という言葉、ニルバーナと言う梵語は、すべてが燃えつくして、灰が地に落ちた寂けさと言う意味だそうだが、貪の炎が燃えつくし、瞋りの火粉が静まりつくし、愚痴のくすぼりが消滅しつくして、一念の憎悪もなく愛着もなく、嫉妬もなく寃恨もない、静寂そのもののような心境を涅槃と言うのである。秋露の芙蕖に滴たる境地、大地繊埃を絶する世界とは、まさにかかる心境を言うのであろう。

長沙遊山の境涯、大いに春意に似たりといえども、その春意の底を突けば、秋露の芙蕖に滴たる閑寂を見失ってはおらぬのである。春意がそのまま寂滅であり、寂滅がそのまま春意であるところに、一隻眼を開かねばならぬ。

そこで雪竇は歌って言う。

寂滅定中眼を開けば
当処すなわち蓮華国。
さいたさいたと浮かれ出て
ちるわちるわと見とれて回る。
されど人なき山里の
雪間の春も見おとさず。
嗟！　長沙和尚
そしてその限りなき風懐よ。

（二十九年四月）

碧巌物語©

昭和三十九年六月十五日　第一刷
平成六年五月二十日　第十五刷

著者　山田無文
発行者　石原大道
印刷所　国光印刷株式会社
三協美術印刷株式会社
発行所　有限会社 大法輪閣
東京都渋谷区恵比寿一—二九—二五
郵便番号一五〇
振替口座　〇〇一三〇—八—一九

《おことわり》

本書には、差別的あるいは差別的ととられかねない不当、不適切な表現が含まれていますが、当時の時代背景、および差別助長の意図で使用していない事などを考慮して、それらの削除、変更はいたしませんでした。この点をご理解いただきますよう、お願い申し上げます。〈編集部〉

碧巌物語（オンデマンド版）

Digital Publishing

2004年7月15日　発行

著　者　山田　無文

発行者　石原　大道

発行所　有限会社 大法輪閣
〒150-0011　東京都渋谷区東2-5-36 大泉ビル
電話 03-5466-1401　FAX 03-5466-1408
振替 00130-8-19番
URL http://www.daihorin-kaku.com

印刷・製本　株式会社 デジタルパブリッシングサービス
URL http://www.d-pub.co.jp/

AB814

ISBN4-8046-1641-1 C0015　Printed in Japan